铜镜史典

图解古代生活第一丽品

这是一次秉烛幽微的文化考察，这是一次知微见著的沉厚书写。这里所记，是侥幸存世的历代铜镜，一面是它的形貌、纹饰和色泽；另一面，则是它贯穿于过去时代的生活镜像。

曾甘霖 著

重庆出版集团 重庆出版社

图书在版编目（CIP）数据

铜镜史典/曾甘霖著. —重庆：重庆出版社，2008.7
ISBN 978-7-5366-9642-6

Ⅰ.铜… Ⅱ.曾… Ⅲ.①古镜—铜器（考古）—简介—中国 Ⅳ.K875.2

中国版本图书馆CIP数据核字（2008）第046409号

铜镜史典

TONGJING SHIDIAN

曾甘霖 著

出 版 人：罗小卫
策　　划：刘太亨 陈 慧 李 彤
责任编辑：曾海龙
责任校对：李小君
技术设计：日日新·雅正图书

重庆出版集团
重庆出版社 出版

重庆长江二路205号 邮编：400016 http://www.cqph.com
重庆海阔特数码分色彩印有限公司制版
重庆长虹印务有限公司印刷
（重庆市长江一路69号 邮编：400014）
重庆出版集团图书发行有限公司发行
E-MAIL：fxchu@cqph.com 邮购电话：023-68809452
全国新华书店经销

开本：787mm × 1 092mm 1/16 印张：20 字数：397千
2008年7月第1版 2008年7月第1次印刷
印数：1—10 000
书号：ISBN 978-7-5366-9642-6
定价：58.00元

如有印装质量问题，请向本集团图书发行有限公司调换：023-68809955 转 8005

前言

“与西方的镜子研究——它充斥整个的图书馆——相比，汉学界的铜镜研究成果则显得太少。”

——德国学者莫之宜佳《〈管锥编〉与杜甫新解》

中国铜镜研究史，与许多专业研究一样，萌芽于宋朝，盛行于清代。研究主要集中于金石学和考古学领域，即对镜进行搜集、整理、著录和鉴赏等。代表作有北宋王黼的《宣和博古图》，清代梁诗正等编的《西清古鉴》，王杰等编的《西清续鉴》，民国罗振玉的《镜话》、《古镜图录》等。随着考古学的发展，1949年以后考古学大为发达，对古镜的研究更加充分。代表作有沈从文的《唐宋铜镜》，孔祥星、刘一曼的《中国古代铜镜》和《中国铜镜图典》，周世荣的《铜镜图案——湖南出土历代铜镜》和《中国铜镜图案集》，管维良的《中国铜镜史》等。随着研究的深入，人们已经不满足于简单的著录、鉴赏古镜，而是将镜子和文化联系起来。这方面的成果在国外颇多，在国内却明显不足。可以说直到上世纪九十年代以来，国人才将古镜研究从考古领域扩展到文化领域，专著如聂世美的《菱花照影》，常智奇的《中国铜镜美学发展史》，刘艺的《镜与中国传统文化》等寥寥几本，这方面的专题论文也不多见。

然而有着四千多年历史的铜镜，它承载的文化可谓丰富多彩、博大精深。铜镜形制特征、类型特点、纹饰发展、铭文演变等都蕴含着深厚的历史文化。源远流长的铜镜虽然于清代后期被玻璃镜所取代，并最终退出历史舞台，但它却给我们留下了丰富而珍贵的实物资料。从中我们可以看到各个历史时期的政治经济、思想意识、文学语言、社会生活、民俗风情、宗教信仰等诸多内容。可以毫不夸张地说，铜镜可谓是我们贴近古人日常生活、了解古代社会风俗的一个重要窗口。而我国目前的铜镜文化研究，尽管在考古鉴赏方面比较发达，但仍存在大量空白，尤其是对其在思想文化、宗教信仰、民俗风情、文学语言等方面的研究明显不够。所以本书的研究便专注于此，即在综合前人考古资料的基础上，对历代铜镜的类型特点、纹饰铭文文化、文学作品中的铜镜意象，及其与社会生活、宗教信仰等关系作一番初步的探索，以期抛砖引玉。

由于作者水平有限，本书定有不少缺点和错误，恳请各位专家、读者批评指正，也希望有更多的铜镜爱好者对铜镜文化做出更为深入和系统的研究。

目录

前　言 /1

绪　论

中国铜镜文化概述 / 1
历代铜镜研究概况及本书特点 / 3

第一章　镜子的起源及齐家文化铜镜

镜子的起源 / 2
齐家文化铜镜 / 6

第二章　铜镜的发展

商周铜镜 / 10
春秋战国铜镜 / 14

第三章　铜镜的鼎盛

汉代铜镜的分期 / 34
汉代铜镜的类型 / 36
汉代铜镜的特点 / 52
汉镜铭文的分类及解读 / 54
汉代镜铭体现的广告意识 / 76
汉镜铭文与汉人的社会追求 / 81
汉镜铭文用字特点及原因 / 92
动物纹饰背后的文化内涵 / 96
汉镜人物纹饰与儒道思想 / 104
西汉透光镜 / 114

第四章　铜镜的中衰

三国魏晋南北朝铜镜类型 / 132

南北铜镜的不平衡发展 / 146

佛教的传入与佛像镜的兴盛 / 151

道教文化铜镜的神奇功能 / 158

铜镜与信物 / 168

第五章　铜镜的再度繁荣

隋唐铜镜的分期 / 182

隋唐铜镜的类型 / 185

盛唐气象下铜镜意象的新发展 / 202

隋唐铜镜铭文举要及浅析 / 211

隋唐铜镜纹饰中的吉祥文化 / 220

外来文化对隋唐铜镜的影响 / 226

隋唐铜镜中的道教色彩 / 234

唐代铜镜与社会生活 / 244

唐代铸镜中心扬州 / 249

第六章　铜镜的缓慢发展

五代宋铜镜 / 252

辽代铜镜概述 / 270

异军突起的金代铜镜 / 273

第七章　铜镜的衰落

元代铜镜概述 / 284

回光返照的明代铜镜 /288

文学中铜镜意象的丰富 / 293

清代铜镜的衰落与玻璃镜的兴起 / 306

附　录：历代铜镜著录 / 310

绪 论

铜镜史典

中国铜镜文化概述

中国铜镜，既为古代人们日常生活用品，同时也是精美的工艺品。它有着长达四千多年的历史，上起齐家文化，下至清代后期。铜镜所承载的文化，丰富多彩。狭义的铜镜文化，指的就是铜镜的形制特征、类型特点、纹饰发展、铭文演变等内容；广义的铜镜文化，还包括其所反映的社会政治经济、思想意识、社会生活、民俗风情、宗教信仰等诸多内容。对狭义的铜镜文化，历来研究者很多，研究成果也很丰富，我们将在下文详细介绍。而对广义的铜镜文化，研究却显匮乏，正如德国学者莫之宜佳在其著作《〈管锥编〉与杜甫新解》中说："与西方的镜子研究——它充斥整个的图书馆——相比，汉学界的铜镜研究成果则显得太少。"（〔德〕莫之宜佳《〈管锥编〉与杜甫新解》，马树德译，河北教育出版社，1998年，第108页）故笔者尝试着对广义的铜镜文化进行初步的研究，遂成此书。

目前发现最早的铜镜为齐家文化铜镜，迄今共发现三面，一面为素镜，另两面为几何纹镜。商时，出现了植物纹饰铜镜。至西周晚期，铜镜更是打破了以几何纹饰和植物纹饰为主的传统风格，新出现了动物纹饰，即鸟兽纹镜。

春秋战国时期铜镜大为发展，从形制来讲，它突破了传统的圆形，新出现了方形铜镜。这一时期的铜镜除全素镜、饕餮纹镜等少数铜镜外，其余均有钮座，而此前的商周铜镜则均无钮座。从镜面纹饰来看，此时期的铜镜还新增了人物纹饰，如金银错狩猎纹镜中就出现了骑士与猛虎搏斗的画面。春秋战国铜镜纹饰由主纹和地纹组合而成。其纹饰布局，有双圈式、对称式、环绕式等多种。纹饰的表现技法也多样化，有浅浮雕、高浮雕、透空雕、金银错、镶玉石等多种。此时所制铜镜质地薄而轻巧，除东北地区的多钮镜等少数铜镜比较厚重外，其余铜镜厚度大多在0.1~0.2厘米左右，重量也较轻。据考，楚国或为这一时期的铜镜铸造中心，铸镜技术最为发达，至唐代，铸镜中心逐渐移往扬州。

汉时，中国铜镜的发展进入了鼎盛时期。这时的铜镜多以四乳钉为基点，将镜背分为四区，其间饰以主题纹饰。同时，还出现了特种铜镜——透光镜。在纹饰发展方面，地纹逐渐消失，主纹愈发明显而突出；铜镜铭文地位也得到提高，逐渐成为铜镜纹饰的重要组成部分，甚至有的铜镜纹饰则完全以铭文为主。铜镜铭文虽然于战国末期已经出现，但当时它完全处于从属的地位，至汉代才改变旧状。汉代铜镜的铭文种类繁多，官方制造的尚方镜有“尚方”铭，私人铸镜的镜铭更是丰富多彩，出现了纪年铭、纪地铭、纪氏铭、“日光”铭、“昭明”铭、“清白”铭、“善铜”铭、“铜华”铭等多种类型。铭文的排列也非常灵活，出现了直行铭文，如直行双夔纹镜就于钮上下配有字数相等的直行铭文。另外，镜铭还出现了通假字、错别字、减笔反书、漏字漏句、加“兮”补“而”等现象。汉镜铭文既体现了汉人的广告意识，更反映了汉人强烈的社会追求，如对长寿的渴望、对成仙和仙化的追求、富贵高官的期盼、子孙蕃昌的祈求、对二亲的孝敬、对夫妻恩爱的渴望、对爱情长久的追求、对社会安定国泰民安的向往等。这一时期的铜镜纹饰题材也有重大突破，出现了四神博局镜、瑞兽镜、神兽镜、画像镜等新镜类。东王公、西王母等神仙内容，伍子胥人物画像等，都成为铜镜纹饰的新题材。如此丰富的汉镜纹饰，反映了社会主流的儒道思想，如西王母等纹饰与道教的仙化思想、东王公形象的出现与阴阳五行观念、伍子胥等纹饰与儒家的忠孝观念等。

三国魏晋南北朝时期，因时局混乱，使得本就不多的产铜地界人烟稀少，百姓疲于应付生计，铜镜铸造遂趋向衰落，制造工艺粗糙简略。在形制、纹饰等方面，南北铜镜出现了明显差异：南方主要流行神兽镜等，而北方则流行变形四叶镜、夔凤纹镜等。当时的铜镜类型创新较少，无论形制、纹饰还是布局等，基本上沿袭汉制。不过，这一时期道教文化的发展赋予了铜镜一些神奇的功能，故产生了照妖镜、镜卜镜听等新兴产物。同时，铜镜作为信物的特点也更加鲜明，破镜重圆、玉镜台、千秋镜、石镜等故事广为流传。

隋唐时期，中国在政治、经济、文化等领域都位于世界前列，中外文化的交流，不仅成就了光辉灿烂的盛唐文化，同时还对世界文化产生了深远的影响。铜镜文化在这一时期也取得了长足发展，可以说是进入了我国铜镜史上的第二个黄金期——铜镜的再度繁荣时期。当时的铜镜种类多样、纹饰复杂、形制多变、风格独特、制作精巧，且意象也得到了新的发展，如美人照镜、对镜咏怀、对镜自省、镜恋、变形镜等，铜镜铭文也多采用骈体，甚至出现了回文体。此时的铜镜纹饰内容极为丰富，如出现了反映吉祥文化的喜鹊纹镜、鸳鸯纹镜、牡丹纹镜；体现道教色彩的八卦纹镜和神仙人物故事镜，如嫦娥奔月镜、真子飞霜镜、王子乔吹笙引凤镜等；反映隋唐社会生活的打马球镜和狩猎镜；反映外来文化影响的万字纹镜、葡萄纹镜、乐师舞狮镜等。唐代时，扬州这一著名铸镜中心的地位得以显现。扬州铜镜的发达，与当时人们于千秋节赠镜之俗有关，两者互相作用，良好互动。如“方丈镜”、“江心镜”、“百炼镜”正是这一互动的产物。

五代宋辽金时期，铜镜进入了缓慢发展期。宋代最具特色的镜类为商标字号铭镜——湖州镜。至金代，铜镜在北方异军突起，人物故事镜和双鱼镜大为流行，其中双鱼镜的流行与女真独特的文化习俗紧密相关，人物故事镜则当为民族文化交融的产物。

元明清时期，铜镜逐渐步入了衰落期。尽管明代铜镜曾有短暂兴旺，但已无法回到汉唐的繁荣状态，只不过是在清代铜镜衰落前的回光返照。清代后期，铜镜最终被玻璃镜取代，从此退出了历史的舞台，铜镜发展历史也就此画上了句号。

历代铜镜研究概况及本书特点

对铜镜的研究，随着铜镜的出现就已开始，北宋时渐成规模，清代尤为盛行，延续至今，主要集中在金石学和考古学领域，即对镜进行搜集、整理、著录和鉴赏等。因历代主要代表作数目较多，特作附录于后，此不详述。

综合古今中外众家研究成果，不难发现，历代学者对铜镜的研究，于考古鉴赏方面比较发达，但对其在思想文化方面的研究却明显不够，即广义铜镜文化内容较为匮乏。因此本书即是在综合前人考古发掘出土资料的基础上，对历代铜镜类型和特点、铜镜纹饰和铭文文化、文学中的铜镜意象，及其与社会生活、宗教信仰等关系作一番初步的研究，以期抛砖引玉。

本书对历代铜镜类型等内容，多参考了孔祥星先生和刘一曼先生的《中国铜镜图典》和《中国古代铜镜》，另外也参考了其他一些相关著作如刘艺的《镜与中国传统文化》等，恕不在此一一列出。由于作者水平有限，本书定有不少缺点和错误，恳请各位专家、读者批评指正为谢。

第一章

镜子的起源及齐家文化铜镜

我国古代铜镜起源于何时何地、由何人所造，这是一个不容易回答的问题。早在半个多世纪以前，高去寻先生就曾在《评汉以前的古镜之研究并论‘淮式’之时代问题》一文中感慨道：“我国古镜之起源问题尚属一谜。”半个多世纪后的今天，随着学者们对大量古文献的仔细研析，尤其是考古资料的新发现，铜镜起源之谜逐渐有了答案。河南安阳侯家庄西北冈1005号殷墓和河南安阳小屯殷墟妇好墓中铜镜的发现，充分证明我国殷商时期就已有了青铜镜。但殷代以前是否已有铜镜了呢？这个问题在殷商铜镜出土数十年后有了答案：1975年，甘肃广河齐家坪墓葬中发掘出了一面素镜；时隔一年，又在青海贵南县齐家文化墓葬尕马台25号墓发掘出土了另一面七角星纹镜，这两处重大发现将中国铜镜铸造的历史追溯到了距今4 000年前，即齐家文化时期，齐家文化铜镜也就成了我国至今发现的制作最早的铜镜。

镜子的起源

中国古人将镜的发明归于轩辕黄帝。《轩辕黄帝传》中云："……帝因铸镜以像之，为十五面，神镜宝镜也。"《述异记》中也记载道："饶州俗传，轩辕氏铸镜于湖边，今有轩辕磨镜石，石上常洁，不生蔓草。"又《潜确类书》云："昔黄帝氏液金以作神物，于是为鉴，凡十有五。"明代董斯张《广物博志》称："《黄帝内传》云：'帝既与王母会于王屋，乃铸大镜十二面，随月用之。'则镜始于轩辕矣。"然而《玄中记》及《本草纲目》又有不同记载，说是"尧臣伊寿作镜"。《世本》汉宋表注又说："尹寿，黄帝臣。"明人陈耀文在《天中记》也有不同观点，载："舜臣尹寿铸镜。"

轩辕造镜

轩辕为传说中的古代帝王黄帝的名字。传说姓公孙，居于轩辕之丘，故名曰轩辕。曾战胜炎帝于阪泉，战胜蚩尤于涿鹿，被诸侯尊为天子。后人以之为中华民族的始祖。出于对先祖的崇拜，古人便将其神化，将很多发明权都归于黄帝，其中就包括铜镜。

轩辕黄帝像

这一类圣人制镜之说，互相矛盾，包含有古人对先祖的敬仰与崇拜，并将其神化的体现，无法考证，那么我国古镜到底起源于何时何人呢？这需要依据考证古文献记载及参照大量考古发现，才能得到正确答案。

翻开历史古文献，"镜"字最早见于《墨子·非攻》及战国末期诸书中。《庄子·应帝王篇》载："至人之用心若镜，不将不迎，应而不藏，故能胜物而不伤。"《楚辞·九辩》载："今修饰而窥镜兮。"《韩非子·饰邪》载："夫摇镜则不得为明。"同书《观行篇》云："古之人，目短于自见，故以镜观面。"根据以上文字记载，可以肯定镜在战国末期就已经非常流行了，至于其起源，自然就更早些。许慎《说文解字》中对镜的解释为："镜，景也。"段玉裁注曰："景者，光也，金有光可照屋物，谓之镜。此以叠韵为训也。镜

叶脉纹镜 商代晚期 河南安阳殷墟

殷墟是商代晚期的都城遗址，横跨安阳洹河南北两岸，是中国历史上第一个有文献可考，并为考古发掘所证实的古代都城遗址。此地先后发现宫殿、作坊、陵墓等遗迹，及大量生产工具、生活用具、礼乐器和甲骨等遗物。图为出土于安阳的铜镜，弓形钮，镜面微凸，镜缘以乳钉纹为饰。镜直径为12.5厘米，厚0.4厘米，重250克。

吴王光鉴 春秋晚期 安徽寿县

上古的镜，是大盆的意思，称为“监”。《说文》中说：“监可取水于明月，因见其可以照形，故用以为镜。”在三代之初，监都是用瓦制成，到商代初年开始铸造铜鉴。图为春秋晚期的铜鉴，是春秋晚期的吴国青铜器，因作器者为吴王光而得名。

亦曰鉴，双声字也。”许慎又云：“鉴诸，可以取明水于月”，汉代郑玄注：“鉴，镜属，取水者，世谓之方诸。”又《庄子·天道》篇曰：“圣人之心，静乎天地之鑑也，万物之镜也。”《广雅》曰：“鉴谓之镜。”可见，在古代“镜”与鉴、鑑均为同义词，几者之间存在发展衍变的关系。正因如此，不少学者便认为，古人在铜镜发明以前，是以水鉴容，此即最早的镜。

郭沫若就认为：“古人以水为监，即以盆盛水而照容，此种水盆即称为监，以铜为之则作鉴，监字即像一人立于水盆俯视之形。书经上说：‘人无于水监当于民监。’普通人用陶器盛水，贵族用铜器盛水，铜器如打磨得很洁净，即无水也可以鉴容。故进一步，即由铜水盆扁平化而成镜。铜镜背面有花纹，背心有钮乳，即是盛水铜器扁平化的遗痕，盛水铜器的花纹是在表面的，扁平化后则变成背面了。钮乳是器足的根蒂。”（郭沫若：《三门峡出土铜器二三事》，《文物》，1959年1期）

另外，梁上椿在《古镜研究总论》

古人以水为镜

甲骨文中的“鉴”字形象一个蹲坐的人侧面对着器皿俯视照面状，即“人鉴于水”形。古文献《尚书》、《国语》、《庄子》中也有周人“鉴于水”的记载。可见，我国先民最初曾用器皿盛水照容。

中则是这样设想古代铜镜的起源与发展：“止水——监盆中静水——无水光鉴——光面铜片——铜片背面加钮——素面镜——素地加绘彩——改绘彩加铸图文——加铸字铭。”（梁上椿：《古镜研究总论》，《大陆杂志》5卷5期，1952年。）

二人的推测，来自于古籍中以水照容的记载。如《庄子·德充符》载：“仲尼曰：‘人莫鉴于流水，而鉴于止水。’”《尚书·酒诰》载：“古人有言曰：‘人无于水监，当于民监。’”这些对鉴的记载，明显是指以水鉴容。但这并不意味着当时就没有以人造镜照容的情形，水与镜照容完全可以同时并存。对此，何堂坤先生就这么归纳我国古代映照方式的发展程序：①以自然界的水映照；②以盛于陶监中的水映照；③大约还在陶监映照阶段，受铜刀、斧、指环、铜泡等光洁表面成像的启示，发明了铜镜；④由于各种原因，铜镜虽已发明，但使用未广，又才出现了铜鉴映照；⑤在经过了相当长一段时间的共存后，铜镜终于取代了陶鉴、铜鉴的地位，成为人们的主要映

妇好墓

“妇好”之名见于武丁时期甲骨文，生前曾主持祭祀，从事征战，地位显赫。妇好墓属殷墟早期，与武丁时代相合。墓主妇好当为武丁配偶。1976年由殷商考古专家郑振香、陈志达二位先生主持发掘。为殷墟科学发掘以来发现的、唯一保存完整的商代王室成员墓葬。该墓随葬品极为丰富，共出土不同质料的随葬品1928件，有青铜器、玉器，宝石器、象牙器、骨器、蚌器等，尤以青铜器和玉器最能体现殷墟文化发展水平。

妇好墓出土的阴阳玉人

平行线纹镜　商代

我国古人使用铜镜始于商代。早期的铜镜纹理比较简单，以几何线纹合素面无纹为主。商代铜镜大多采用叶脉纹饰，一面为多圈凸弦纹，另一方面为平行线纹理。此镜1934年出土于安阳侯家庄1005号墓，弓形钮，镜面稍凸，纹饰为平行线。镜直径为6.7厘米，厚0.2~0.3厘米，重64.9克。

照方式。

最早的镜为水，已较为可信，但关于铜镜的起源却还迷雾重重。尽管学者们进行了颇有见地的大胆猜测，但毕竟历史文献的记载并不详尽，根据这些零星记载，我们只能对铜镜的起源进行初步探索。真要寻得真相，就还得求证于大量发掘出土的铜镜实物。

1934年12月23日，在河南安阳侯家庄西北冈1005号殷墓中，出土了一面平行线纹青铜镜。由此可考，在殷代就已经有了青铜镜。此后，又在河南安阳小屯殷墟妇好墓中出土了四面铜镜，证据越发充分，但殷代以前是否已有铜镜了呢？这个问题在数十年后有了答案。

1975年，甘肃广河齐家坪墓葬中发掘出了一面素镜。时隔一年，又在青海贵南县齐家文化墓葬尕马台25号墓发掘出土了另一面七角星纹镜。依据这些重大发现，人们又将铜镜铸造的历史追溯到4 000年前，这与“黄帝铸镜”的历史传说时代已相当接近了。

齐家文化铜镜

齐家文化

因1924年在甘肃广河县齐家坪首先发现而得名，其年代为公元前2000—前1900年。齐家文化目前共发现遗址和墓葬360多处。其生产工具以石器为主，还有玉器、陶器、骨器和铜器等，其中铜器中就包括了我国年代最早的铜镜。齐家文化共发现铜镜三枚，其中一枚为素镜，另两枚为几何纹镜。

铜镜各部位名称示意图

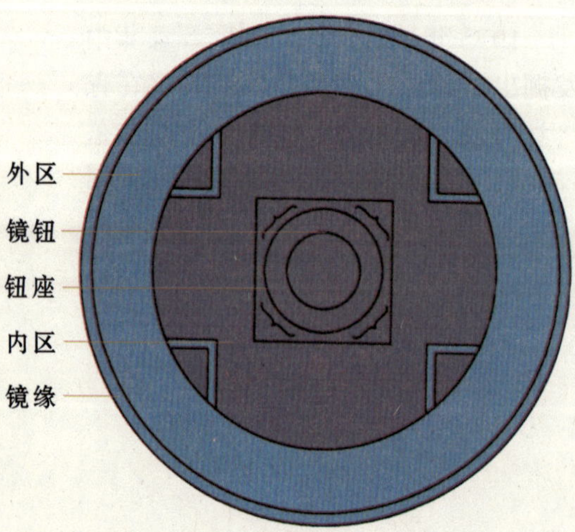

在介绍齐家文化铜镜之前，有必要对铜镜各部位的名称结构作一个简单的介绍。

中国古代铜镜种类繁多，其正面用以照容取光，背面则多有纹饰，用以增添装饰功能。尽管铜镜形制多样，有圆形、方形、菱形、带柄形、弧形、钟形、鼎形等等，但其镜背的基本设置大体相同。下面就最为常见的圆形铜镜为例，对镜背各部位名称略作解释：

（1）钮：在镜背面中央部分，其上有孔，可以系带；既可手持也可系佩。常见的镜钮有弓形、乳状、圆形、橄榄形等。

（2）钮座：为镜钮周围，与镜钮紧密相连的装饰部分。有素圆钮座、花瓣钮座、叶纹钮座、连珠纹钮座等多种形式。

（3）内区、中区、外区：即镜背配置纹饰的各个部分。近钮的部分为内区，其外分别为中区和外区。

（4）边缘：为镜背的最外缘。其多有轻重厚薄之分。

（5）圈带：即镜缘纹饰。

（6）铭带：即铜镜上铸有铭文的部分。

（上）圆形镜钮

鸟兽镜 西周

图为出土于河南三门峡上村岭虢国墓地1612号墓的铜镜，双弓形钮并列，周围刻有鸟兽共四只，但形状难以辨认。镜直径为6.7厘米。

（7）镜铭：镜背上所铸的文字。

（8）主题纹饰：为镜背的主要纹饰。镜背分内外区者，一般以内区纹饰作为主题纹饰。

如前文所述，目前发现最早的铜镜为齐家文化铜镜。齐家文化因1924年在甘肃广河县齐家坪首先发现而得名，年代为公元前2000—前1900年，其分布范围广泛，东起渭河上游地区，西至湟水流域，南到白龙江流域，北至内蒙古自治区阿拉善右旗附近。目前共发现齐家文化遗址和墓葬360多处。齐家文化生产工具以石器为主，此外还有玉器、陶器、骨器和铜器等。其中铜器的种类有斧、刀、指环、镰、锥、镜等，镜是最重要的发现，迄今共三面，可分为两种类型。

1.素　镜（一面）

1975年甘肃广河齐家坪墓葬出土。圆形，直径约6厘米，厚约0.3厘米。镜面有光泽，镜背无纹饰，中部有一拱形环钮，钮高约0.5厘米。（游学华：《中国早期铜镜资料》，《考古与文物》，1982年3期。）

2.几何纹镜（共两面）

七角星纹镜：该镜1976年青海贵南县尕马台25号墓出土。镜系圆形，直径8.9厘米，厚约0.3厘米，重109克。镜钮已损坏，镜缘处有两个梨形小

（左）星芒纹镜　商代

桥形钮，钮外不规则的弦纹线组成一个不规则的五角星，亦称光芒纹，镜面有少许变形，含锡量较低，具有早期铜镜的特征。镜直径为5.8厘米，重37克。

（右）重圈多角星纹镜

此镜为齐家文化铜镜，据传出土于甘肃。镜直径为14.6厘米。

孔。镜的背面有两道弦纹，其间饰三角纹，构成七角星形图案，以斜线作为衬地。现为青海省文物考古队藏。（石志廉：《齐家文化铜镜》，《文物报》1987年7月10日）

重轮星芒镜：该镜传为早年甘肃临夏出土。镜为圆形，直径14.6厘米。环钮外分别饰有三周弦纹，弦纹间有十三角和十六角星形纹样，每个角内填斜平行线纹。其纹样风格与尕马台七角星纹样极为相似。史树青先生将之定为齐家文化之物。现为中国历史博物馆藏。（海国林：《史树青先生慧眼识真》，《中国文物报》，1993年3月31日。）

值得注意的是，根据考古发现，最早的齐家文化铜镜出自墓主的胸部，这与其他随葬器物摆放位置完全不同。对此，安志敏在《试论中国早期的铜器》中认为："镜缘上穿有两孔，置于死者胸前，当属佩饰。"《中国青铜器全集》对此镜的说明是："故于边缘处穿两孔，便于系绳悬挂。"《中国美术全集》也有相同的看法："在边缘上加两穿孔，供悬挂之用。"根据其悬挂之用，及摆放于胸前的特点，我们大概可以推断当时人们已有佩镜之俗。这也与《左传》记载一致，其《定公六年》中云："昭公之难，君将以文之舒鼎，成之昭兆，定之鞶鉴。苟可以纳之，择用一焉。"晋杜预对鞶鉴作注时写道："鞶带而以镜为饰也，今西方羌故犹然，古之遗服也。"可见杜预认为镜是一个装饰品，而且其由来已久。

第二章

铜镜的发展

商周和春秋时期为我国铜镜的发展期。目前发现的商周铜镜虽然并不算太多，但较齐家文化铜镜却有了很大的发展，商代铜镜较之前极为普遍的素铜镜，新出现了植物纹饰，周代时更是出现了动物纹饰。春秋战国时期为中国从奴隶社会过渡到封建社会的重要时期，随着社会经济的迅速发展。青铜铸造技术也有所进步，铜镜铸造业更是大为发展：铜镜中新出现了人物纹饰，如金银错狩猎纹镜中的骑士与猛虎搏斗纹饰；另外，这一时期铜镜纹饰由主纹和地纹组合而成；其纹饰布局，有双圈式、对称式、环绕式等多种；纹饰的表现技法也多样化，有浅浮雕、高浮雕、透空雕、金银错、镶玉石等多种；铜镜种类较前代也大为增加。可以说，这一时期铜镜铸造进入了我国铜镜史上的蓬勃发展期。

商周铜镜

商代铜镜的类型

据高西省《论早期铜镜》一文记载：迄今为止，共发现商代铜镜14面。其中见于报道的属商墓出土的有6面：一面出土于大司空村25号，一面出土于侯家庄1004号，另外4面出土于殷墟妇好墓。此外，高西省还推论出其他8面铜镜也为商代遗物。（高西省：《论早期铜镜》，载《中原文物》，2001年第3期）现引该文商代铜镜统计表如下：

不过对商代铜镜的数量和分类，学界意见并不统一。孔祥星、刘一曼在《中国古代铜镜》一书中认为“目前殷商铜镜共发现五面”。昭明、洪海《古代铜镜》以及管维良《中国铜镜史》中也持此说。而聂世美《中国镜文化——菱花照影》中则认为“殷商铜镜至今一共发现九枚”。对于铜镜的划分，众人

商代铜镜统计表

出土时间地点	数量	形制	纹样	直径(cm)	钮式	时代	资料来源	备注
1976年殷墟小屯M5	4	圆形	叶脉纹3，多斜线绕带纹1	12.5、11.7、7.1、11.8	桥形	商代	《殷墟妇好墓》	
1934年侯家庄M1005	1	圆形	平行线及弧线纹	6.7	桥形	商代	《历史语言研究所集刊》第29本	
1986年大司空村M25	1	圆形	三周突弦纹	7.5	桥形	商代	《考古》1987年第7期	突面
1983年甘肃平凉	1	圆形	多斜线绕带纹	6.8	桥形	商代	《文物》1991年第5期	突面
1982年陕西淳化	1	圆形	四乳斜线纹	5.5	桥形	商代	《考古与文物》1986年第5期	面微突起
1988年青海湟中	2	圆形	多斜线绕带三周突弦纹	5.5、6	桥形	商代	《文物》1992年第2期	
鄂尔多斯地区	2	圆形	多斜线绕带	6.3、5	桥形	商代	《鄂尔多斯青铜器》	
20世纪20年代河北张北	1	圆形	多斜线绕带	6.9	桥形	商代	《考古学报》1997年第2期	
1979年辽宁略左	1	圆形	多斜线绕带	6.1	桥形	商代	《考古学文化论集》（一），郭大顺文	

西周铜镜统计表

出土时间地点	数量	形制	纹样	直径(cm)	钮式	时代	资料来源	备注
1933年辛村M42	1	圆形	素面	10	桥钮	西周	《浚县辛村》	早期
1978年扶风北吕M3	1	圆形	素面	8	橄榄式钮	先周	《北吕周人墓地》	
1979年凤翔南指挥	3	圆形	素面	7.1、7.2、7	桥钮2、无钮1	先周、西周	《考古与文物》1982年第4期	M62先周
1986年扶风白龙	1	圆形	素面	8.4	桥钮	西周	《考古与文物》1993年第3期	早期
1975年凤翔彪角	1	圆形	素面	7.2	桥钮	西周	《陕西出土商周青铜器》一，图版14	早期
1958年宝鸡市区	1	圆形	素面	6.5	橄榄式钮	先周	《文物》1979年第12期	
1953年岐山王家嘴	1	圆形	素面	8.7	桥钮	西周	《陕西出土商周青铜器》一，图版14	早期
武功黄家河M23	1	圆形	素面	8.8	桥钮	西周	《考古》1988年第7期	早期
1980年淳化M1	1	圆形	素面	不详	不详	西周	《考古与文物》1980年第2期	早期
1978年咸阳崔家河M1	1	圆形	素面	9.5	桥钮	西周	《考古与文物》1984年第4期	早期
1983年青海大华中庄	34	圆形	素面	10.5(大)、9(小)	桥钮	西周	《考古与文物》1985年第5期	
1963年辽宁南山根	4	圆形	素面	6.6、8.4、7.25、7.8	桥钮2，余不详	西周晚期春秋早期	《考古学报》1973年第2期《考古》1981年第4期	
1957年虢国基地M1650	2	圆形	素面	5.9、6.4	桥钮	西周晚期春秋早期	《考古》1985年第7期《上村岭虢国墓地》	
1957年虢国基地M1612	1	圆形	鸟兽纹	6.7	桥钮	西周晚期春秋早期	《上村岭虢国墓地》	

也持不同意见：孔祥星、刘一曼将五面铜镜分为三种类型，即叶脉纹镜、多圈凸弦纹镜和平行线纹镜；管维良将其分为另三类，即叶脉纹镜、重弦辐射纹镜和平行线纹镜；而聂世美则将他认为的九枚铜镜分为四类，即素镜、叶脉纹镜、多圈凸弦纹镜和平行线纹镜。

商代铜镜的特点及植物纹饰的产生

从上页表中可以看到，商代铜镜其形制均为圆形，形体小而薄，钮都为桥形即弓形，镜面微突或近平。以钮为中心，由斜线、直线、乳钉纹、叶脉纹

素 镜 西周

西周铜镜形制简朴稚拙，均为圆形，镜面平直或微凸，镜身较薄，纹饰方面仍是以素镜为主。

乳钉纹簋　商代

乳钉纹是青铜器上最简单的纹饰之一，纹形为凸起的乳突排成单行或方阵。此纹饰盛行于商周时期，殷周之际乳钉突出较高，周初有呈柱状形的。图为商代乳钉纹簋。簋是古代盛食物的器具。

几何纹镜　西周早期

此镜为弓形钮，边薄中心厚，纹饰为顺序排列的放射线，显得古朴自然。镜直径为6.7厘米。

或联珠纹组成带状纹样。

值得注意的是，商代铜镜较齐家文化铜镜的很大不同在于，商代铜镜中产生了植物纹饰，即上文提到的叶脉纹镜。其镜背均匀地分成四个区，每个区由放射直线和斜线组成四片叶脉状图形；相邻两片的斜线正反相间，形成规则排列的有茎有叶的两片叶纹。

周代铜镜的类型

周代铜镜的发现数量比商代有所增加，分布地也较前广阔，主要集中在陕西渭河流域和西北青海甘肃交接地区。对于具体数量，孔祥星、刘一曼，以及管维良都认为目前共发现16面，聂世美在《中国镜文化——菱花照影》一书中认为是18面，高西省则认为是

53 面（见P11西周铜镜统计表）。

对于其分类，孔祥星、刘一曼，以及管维良都将其分为三类：素镜、重环纹镜以及鸟兽纹镜。

周代铜镜的特点及动物纹饰的产生

周代铜镜形制与商代同，均为圆形，形体较小，直径大都在10厘米以内。镜面平直或微凸，镜身也较薄，背无钮座。但镜钮的形式已不再只是商代的桥形，还有橄榄形、半环形、长方形等。这时的铜镜基本以素镜为主，特别是早期，几乎全为素镜。西周中期，出现了有纹饰的铜镜，但其花纹仍然属于传统的几何图案。另商周铜镜材质以红铜为主，铅和锡的成分很少。因为红铜容易生锈，所以后世发掘出土的商周铜镜一般锈蚀比较严重。

西周晚期铜镜打破了传统几何纹饰和植物纹饰的风格，新出现了动物纹饰。如1957年在河南三门峡上村岭虢国墓地1612号出土的西周铜镜，镜钮上方铸一站立的鹿纹，鹿伸脖张嘴，头上还有双角。在钮的下方有一双翅展开的鸟纹，双翅用线条装饰出羽翅，用三角形表示尾，整个图形如同鸟形风筝。钮的左右两侧各有一虎形兽，首尾相对。虎身布满涡形花纹，两足向上弯曲，突出尖利的爪子。虎张嘴露齿，欲吞噬夹在他们中间的鹿。鹿、鸟、虎纹的线条均单线勾勒，具有古朴之美。

商代铜镜

商代铜镜目前统计的数量学界并不统一，少的认为仅为五枚，多的认为有十四枚。商代铜镜形制均为圆形，镜体小而薄，镜面微突或近平，桥形钮，纹饰在前代几何纹饰基础上，新出现了植物纹饰，即产生了叶脉纹镜。

周代铜镜

周代铜镜目前统计数据不一，多则认为达53枚，少则仅为16枚。周代铜镜均为圆形，镜钮的形式已不再只是商代的桥形，还有橄榄形、半环形、长方形等。背无钮座，纹饰打破了传统几何纹饰和植物纹饰的风格，新出现了动物纹饰，即出现了鸟兽纹镜。商周铜镜中红铜含量都较高，故一般锈蚀都较严重。

植物纹（拓片） 新石器时期

植物纹为传统装饰纹样的一类，在新石器时代前期即已出现，早期多用于陶瓷器，其中叶形、豆荚形、花瓣形较为常见，用于青铜器上的植物纹较少，且多抽象化。图为我国出土陶器上所绘植物纹的拓片。

春秋战国铜镜

春秋战国时期，是中国从奴隶社会过渡到封建社会的重要时期。随着社会经济的迅速发展，青铜铸造技术也有所进步，铸镜业、铸钱业、铸剑业，以及镂、错、镶等工艺都获得了较大发展，尤其是铜镜铸造业开始发达，进入我国铸镜技术的勃兴期，即铸镜史上的第一个黄金期。

冶　铜　白描　明代

金属的冶炼、加工和金属工具的使用，是人类从蒙昧到文明的转折点。冶铜术的兴起是在新石器时代晚期，从近年来考古发掘证实，夏代已能熔铸青铜。冶铜技术的发展则是铜器制造的首要条件。图为明代《天工开物》中的冶铜工艺图。

春秋战国铜镜的类型及特点

春秋战国时期铜镜数量较多，分布较广，种类繁多，造型精巧，纹饰绚丽。据已出土情况，现将其分为十四类四十种：

素镜类

镜背全为素面或仅有简单弦纹。此类铜镜多为圆形，钮为桥形、圆形或菱形等，有少数桥钮较宽，上饰有弦纹，均无钮座。此类铜镜又可细分为三种：

全素镜　背面没有任何装饰图案，外形基本为圆形，但也出现方形。如山西长治分水岭第四十一号战国墓就出土一方镜，其扁钮，镜体薄，素面无纹，边长7厘米、厚0.2厘米。

弦素纹镜　此类镜均为圆形。镜背有一周或两周以上的细弦

宽带纹素镜 战国时期

战国早期的素镜，纹饰简单，常见的有弦纹、凹面宽带纹等。此镜为圆形，弦钮，钮外有凹面宽带纹一周，近缘处饰宽带纹一周，缘上卷，镜体较薄。镜直径为 18.5 厘米。

纹，最多的有五周弦纹。镜背只有一周弦纹的，其镜形体较小，直径一般在10厘米以内。镜背有两周至五周弦纹的，其镜形体稍大，直径多在10厘米以上。

宽弦纹素镜　亦称为重轮素地镜或三轮素地镜。镜均为圆形，三弦钮，中弦较高。镜背有两周或三周鼓起的凹面宽带。镜的形体较大，一般多在20厘米左右。如陕西临潼上焦村第11号秦墓出土的此类镜子，其直径为 18.6 厘米。

羽状地纹镜 战国时期

双弦钮，方钮座。镜直径为 7.3 厘米。

喜鹊猴子镜　战国时期

此镜镜面呈圆形，弦纹纽，凹弧宽带圆纽座，配以内外相称的同样凹弧宽带镜缘。纽座外，饰斜纹线条的大小两方格交叉叠压，大方格四角上下各连接大小涡状纹一组，小方格四角伸出桃形叶各一片。桃形叶片上共同组合了8对喜鹊，空隙处分布了12只猴子，4只大猴在攀缘玩耍，8只小猴子则临高蹲坐，凝神观望。喜鹊与猴子造型生动，写实逼真。整幅图案错落有序，朝气蓬勃，充分体现了古代能工巧匠的聪明才智与高超的技艺。

纯地纹镜类

铜镜的背面主要由一种花纹构成，仅有少数铜镜中心为一种纹饰，边缘有另一种花纹圈带。此类铜镜又可细分为两种：

羽状地纹　即将蟠虺纹躯体的一部分演变成羽状花纹，每个花纹单位前后左右平行，布满镜背。梅原末治称为“变形羽状兽纹”（梅原末治：《汉以前古镜的研究》，东方文化学院京都研究所，1936年），梁上椿称其为“兽纹”或“变形兽纹”，还有的学者称为“羽翅纹”。此类镜圆形，桥形小钮，钮座有圆形和方形两种。镜边缘为素卷缘或平缘。镜直径多在10厘米左右。如湖南丝茅冲一区168号楚墓就出土一变形羽状地纹镜，圆形，圆钮座，外围凹面形带一周，其羽翅纹、涡状纹和小乳钉纹组成一个花纹单位，并布满镜背，镜素卷边，直径为10.5厘米。

羽状地纹

又称“变形羽状兽纹”、“兽纹”、“变形兽纹”、“羽翅纹”等，即是将蟠虺纹躯体的一部分演变成羽状花纹，每个花纹单位前后左右平行排列，并布满镜背。羽状地纹镜纹饰多样，常见为涡粒状羽状地纹镜和羽状地纹镜两种。

云雷地纹镜　云雷纹大都是以连续的回旋状线条构成的几何图形，图纹整齐而富有流动感。镜为圆形，圆钮座，有单弦钮或三弦钮，直径多在10厘米以上。如湖南长沙年佳湖896号楚墓所出土的一云雷地纹镜，其直径为11厘米。

花叶镜类

就是在原来的纯地纹，即羽状地纹或云雷地纹上，添加有叶纹或花瓣纹的主纹，成为地纹与主纹相结合的多层花纹铜镜。可分为三种：

叶纹镜　其又包括三叶镜、四叶镜及八叶镜。其中以四叶镜最为常见。

三叶镜，圆形，三弦钮，双重圆钮座。钮座向外均匀伸出三片长叶，羽状纹地纹。三叶镜目前出土较少。四叶镜，圆形，三弦钮，钮座有圆有方，地纹有羽状纹或云雷纹。钮座向外伸出四叶，叶的形式有桃形、团扇形。八叶镜，圆形，双重圆钮座。地纹为目纹、S形纹、C形纹及雷纹。钮座向外伸出四叶，将镜背分成四区，各区又从外缘圆弧的中部向镜心伸出一叶，共八叶。相间两区的叶纹互相对称，素卷缘。

花瓣镜　圆形，有四花瓣镜、八花瓣镜及十二花瓣镜三种。四花瓣镜，单弦钮，小双重圆钮座。钮座向外伸出四花瓣，素高卷边。八花瓣镜，由钮座向外伸出连贯式的四组花瓣，每组两瓣，共八瓣。十二花瓣镜，四弦钮，双重方钮座，地纹为云雷纹，钮座向外伸出四组花瓣，每组两瓣，由镜缘向内又伸四花瓣，故共十二花瓣。

花叶镜　圆形，钮座有方有圆，素卷缘，纹饰由地纹与主纹结合。主纹有四叶八花、四花八叶以及四叶四花三种。此类铜镜主要流行地区为湖南、安徽一带，中原地区也有所发现，但数量较少。

山字镜类

梅原末治称其为“丁”字镜，有的学者称为“T”字镜。山字纹镜是战国铜镜中的一个重要类型，其主要特征纹饰分两层，地纹为羽状地纹或云纹，主纹由三到六个类似现代“山”字状的图纹组成，在“山”字之间通常配以花瓣纹、叶纹及绳纹。山字镜根据“山”字的数目，可分为三山镜、四山镜、五山镜及六山镜四种。

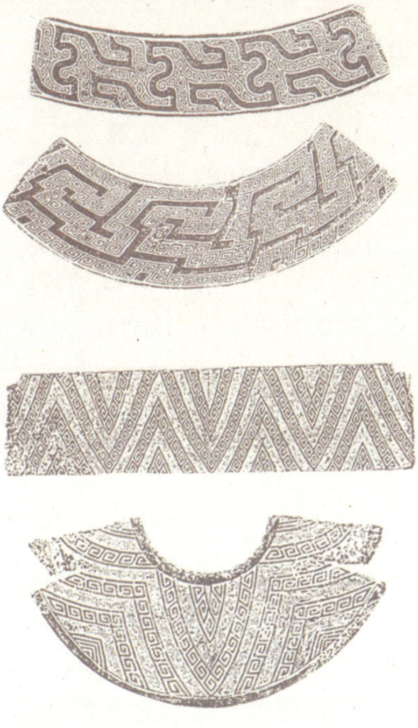

云雷纹（拓片）　商周时期

装饰图案呈圆弧形卷曲或方折的回旋线条，圆弧形的单称云纹，方折形称雷纹，云雷纹是两者的统称。商周时期云雷纹大量出现在青铜器上，多作衬托主纹的地纹，以产生华美繁缛的效果。图为青铜器上的云雷纹拓片。

花叶镜　战国时期

三弦钮，圆钮座，纹饰为四叶八花瓣。镜直径为 7.5 厘米。

山字镜

山字镜，又称为丁字镜或T字镜，为战国铜镜中的一个重要类型，其主题纹饰由三至六个山字形图案组成，以四山最为常见。对“山”字的解释，学界说法不一，或认为是由雷纹的一个变形纹演变而来，或认为与国人崇山意识有关，或认为可能与殷周铜器上的钩连雷纹有关。

三山镜　目前发现很少，镜为圆形，四弦钮，双重圆钮座。座外由三个山字形与两鹿一犬相间排列，其地纹为羽状纹，素宽低卷边。目前唯一仅见的三山三兽镜藏于瑞典远东博物馆。

四山镜　四山镜出土数量最多，在湖南地区出土的山字镜中，四山镜的数量比三山、五山、六山之和还多。镜为圆形，钮座有方有圆。四山镜中，山字间夹有花瓣纹、叶纹的最为常见，但也有配以动物纹样的，如四山间配四鹿，或一犬三鹿，或二犬二虎等。

五山镜　五山镜出土数量较少，镜均为圆形，圆钮座，座外有五山字纹。山字笔画较瘦弱，中画较长，倾斜幅度也较大。有的山字间还间有花瓣或叶纹。

六山镜　六山镜出土数量比五山镜还少。从主纹和地纹的布局及镜的形式来看，其时代应该属于战国中晚期。镜为圆形，圆钮座，座外有六山字纹，字体比五山镜更瘦弱，中画长，倾斜幅度大。六山镜的形体一般不太大，但中国历史博物馆所藏的六山纹镜，其直径约为23厘米，为目前所见到的最大山字纹镜。

菱纹镜类

又称方连纹镜。其形制大多为圆形，但也有少量为方形。地纹为羽状或云雷状，主纹为凹形宽线条组成的菱形纹。据孔祥星、刘一曼《中国铜镜图典》一书，此类镜可分为折叠式菱纹镜、格状式菱纹镜、带状式菱纹镜及禽鸟菱纹镜四种。

（左）三山镜　战国时期

圆钮座，外围以凹面形圈带，地纹为羽状纹，主纹为三山与三兽相间环绕。镜直径为20厘米。

（右）四山镜（拓片）　战国时期

方形钮，直径10.8厘米，边厚0.5厘米。

菱形纹镜　战国时期

弦钮，方钮座，钮座周围饰以宽带纹组成的菱形纹，菱形纹由角形宽带纹相连，羽状纹作地纹，素缘上卷。镜直径为 11.2 厘米。

折叠式菱纹镜　圆形，三弦钮，钮座有方有圆。在地纹之上，有的铜镜是由凹面宽条带组成的菱形纹，将镜分为九个菱形小区。此类如湖南长沙沙湖桥第二十五号楚墓出土的铜镜，其中心菱形及与它四边相接的四区，各有一凹圆形花蕊的四瓣花朵，与中心菱形顶点相对的四区，为半个折叠式菱形纹，内有由镜缘向内伸出的一片花瓣纹；有的是于凹面方格四角，向外伸出四组连贯式的花瓣，每组两瓣。在这四组花瓣之外，有一凹面宽条带组成的大正方形，正方形各边中部连接一折叠式的菱形纹，上下左右的菱形以钮为中心，两两对称。在四菱格内，都有一个由凹圆形花蕊及四花瓣组成的花朵。湖北宜昌前坪第二十三号战国墓出土的一铜镜，即为此种类型。

格状式菱纹镜　方形，弦钮，方钮座，外围为凹面形宽带正方格，地纹为羽状纹，主纹由十条相交的带纹组成十六个大小相等的菱形格子。镜身布满花朵，且以镜钮为中心，两两对称。

带状式菱纹镜　圆形，圆钮座。

菱格水仙花镜　战国时期

地纹为羽状纹，主纹为四条凹面形菱纹带。这四条菱纹带，位于钮座的两侧，左右对称。素高卷边。

禽鸟菱纹镜　圆形，三弦钮，四叶钮座。地纹为细密的云雷纹，地纹之上有四个由凹面带组成的折叠菱形。各菱形格内有一侧立的鸟纹。此类镜形体较大。

禽兽纹镜类

此类镜应由西周鸟兽纹镜发展变化而来。地纹为羽状纹或细云雷纹，主纹为禽兽图案。大体可分为兽纹镜、龙纹镜、凤鸟镜、龙凤镜及禽兽镜五种类型。

兽纹镜　其又可分为双圈兽纹镜、四虎镜、四兽镜、变形四兽镜及双兽双凤等多种，其中以四兽镜居多。

龙纹镜　其又可分为三龙镜和四龙镜两种。三龙镜，圆形，钮座亦多为圆形，纹饰由主纹和地纹组成，内纹多样，主纹为三龙绕钮排列。四龙镜，圆形，钮座亦圆形，外围一周凹面形环带，主纹为四龙，四龙以钮为中心，两两对称。

凤鸟镜　其又可分为三凤镜、四

凤镜、四凤四鸟镜及四凤四菱镜等多种类型。三凤镜，圆形，弦钮，圆钮座，在地纹之上，三凤绕钮同向排列。四凤镜出土比三凤镜多，圆形，钮座有方形、圆形、四柿蒂形叶纹状等多种，四凤以钮为中心对称排列。四凤四鸟镜，圆形，钮座有方有圆，主纹为四凤，两凤间各有一鸟纹。凤与鸟画面配置和谐。四凤四菱镜，圆形，方钮座，外围以凹面形风格。在地纹之上，凹面方格四隅，立有四凤。在四凤之间，有四个折叠式菱形纹。素卷边。

龙凤镜 圆形，钮座有方有圆，主纹为龙凤纹。如上海博物馆一战国龙凤镜，其主纹就为三组龙凤纹。两侧为菱形纹，中有一栏相连，龙缠于栏上，两龙相间处有一凤伫立，两翅展开并上卷，与菱形纹相连。镜面平坦，宽边上卷。

禽兽镜 圆形，圆钮座，纹饰由地纹与主纹组合而成。如江苏扬州出土的一禽兽镜，其地纹为折叠菱形格内的圆涡纹及三角雷纹，菱形边框填以碎点纹。钮座外，有四大叶形花纹，每叶的内外区分别配置一禽兽纹。

饕餮纹镜类

有圆形和方形两种，多为圆形，偶见方形。三弦钮，无钮座，地纹为细密的云雷纹，主纹为两个上下或左右对称的饕餮纹。此类铜镜在河南、河北、陕西等地均有出土。

蟠螭纹镜类

蟠螭纹，又称为龙纹，是指盘曲的龙蛇图案。此类镜可分为纯蟠螭纹镜、蟠螭叶纹镜及蟠螭菱纹镜三种。

纯蟠螭纹镜 圆形，多为三弦钮，圆钮座，地纹为云雷纹。主纹为蟠螭纹，有的为两蟠螭，有的为三蟠螭，有的为八蟠螭，还有的为九蟠螭。其排列方式有缠绕状或分离状两种式样。

（上）凤鸟花苞纹镜　战国时期

铜镜纽外围外向八连弦纹饰，地纹为双弦纹夹连珠纹带组成的折叠菱格纹，内填云雷纹地纹之上是两组凤鸟纹河两组花苞纹相间，凤鸟圆眼，回首，与身躯交叉后上扬，尾羽分叉，双翘向两侧斜伸，双凤间是两组图案化的花苞纹，素卷平缘。

（下）四虎镜　战国时期

此镜为战国式图案化的虎中最突出的，四虎绕钮作同向排列，活泼健壮。镜直径为12.2厘米，重710克。

蟠螭纹镜　战国时期

三弦钮，圆钮座，外围一周凹面形环带，地纹为细密的云雷纹，蟠螭作缠绕式排列。镜直径为16.7厘米。

蟠螭菱纹镜　战国时期

蟠螭叶纹镜　圆形，三弦钮或半球形镂空钮，圆钮座。主纹为蟠螭纹，且蟠螭间有叶纹相隔。素卷边。

蟠螭菱纹镜　圆形，圆钮座。主纹有三蟠螭的、四蟠螭的、三蟠螭和三蟠禽的等多种形式。

蟠螭纹镜的分布地区较广，在湖南、湖北、陕西、河南、江苏、安徽、四川、广东等地均有出土。

羽鳞纹镜类

圆形，钮座有方有圆，地纹为云雷

纹，主纹为羽纹和鳞纹等。此类铜镜出土很少，目前仅见于湖南和四川战国墓中。

连弧纹镜类

北宋王黼的《宣和博古图》中称为汉六花水浮鉴。其主纹为弧形或凹面宽弧带连成圈。弧数有六、七、八、九、十、十一、十二等多种，其中以八弧最为常见。连弧纹镜又可细分为三种：素地连弧纹镜、云雷纹地连弧纹镜及蟠螭连弧纹镜。

素地连弧纹镜　圆形，凹面圆钮座，镜背为素面，上有连弧圈，有六弧的，亦有八弧的。

云雷纹地连弧纹镜　圆形，三弦钮，圆钮座。地纹为云雷纹，主纹为七内向连弧圈。素卷边。

蟠螭连弧纹镜　圆形，圆钮座。纹饰布局为三层：第一层为云雷地纹；第二层为在地纹上饰以蟠螭纹；第三层为为主纹，即以凹面宽带组成的连弧纹。此类铜镜于湖南、河南、安徽出土较多。

彩绘镜类

圆形，扁钮，背面纹饰用彩漆描绘。有的于粉红色地纹上绘有三对夔凤纹，羽毛的颜色用银灰色和黑色相间，足绘黄彩。有的于灰色地纹上用粉红色绘出对称的云纹。还有的镜背图案为红、黑、银灰三色。彩绘镜多为河南信阳长台关楚墓出土。

透雕镜类

又称夹层透纹镜。镜背镜面各为一铜片，镜面为光面铜片，镜背为透雕（即镂空）图案铜片。两片单独铸造，后合为一整体。其又可分为蟠螭透纹镜、禽兽透纹镜和几何纹透纹镜三种。

蟠螭透纹镜　镜制有方形和圆形两种。常见为小环钮，圆钮座。钮座外有身躯呈U形、C形或W形弯曲的透雕

变形三龙纹镜　战国时期

三弦钮，圆钮座，外围云纹，凹弧形和细斜条纹的同心圆，主纹饰为变形三龙纹，浅浮雕工艺，整体纹饰环绕连接，躯体盘缠成蔓枝状，纹饰繁密，整体构图流畅，地纹为云雷纹。

彩绘镜　战国时期

扁钮，有双重阴弦纹两周，纹饰用彩漆描绘，地纹为灰色，其上用粉红色绘出对称的云纹。

错金银狩猎纹镜　战国时期

此镜为铜制夹层复合镜，以镜背之外缘色嵌白色青铜镜面而成。小钮，双重圆钮座，镜背纹饰为错金银图案。镜直径为 17.5 厘米。

蟠螭纹透雕镜　战国时期

蟠螭纹，互相缠绕。

禽兽透纹镜　有方形和圆形两种。主纹有的为对称排列的透雕双龙，有的为透雕四夔龙，还有的为同向排列的透雕四蟠兽。

几何纹透纹镜　方形，长方钮座。镜背纹饰有的分为四组，两组为末端勾卷的方雷纹，另外两组为杖首形纹，这四组纹饰以镜钮为中心对称分布。还有的主纹由不太规则的双线折角纹组成，角内填以花叶纹、禽鸟纹等。

金银错纹镜类

此类铜镜即将金丝、银丝嵌入镜背作为纹饰，可分为金银错狩猎纹镜、金银错虺龙纹镜、金银错镶玉石镜。

金银错狩猎纹镜　圆形，夹层，双重圆钮座。纹饰分为六组：一组为骑士与猛虎搏斗纹，一组为两兽相斗纹，还有一组为凤鸟纹。这三组纹饰都错以金丝，且配以三组龙纹，龙纹躯体错以银丝。

金银错虺龙纹镜　圆形，小圆钮，圆钮座。主纹为六虺龙纹，身躯呈U形盘曲。六龙两两环绕，且都错以金丝。

金银错镶玉石镜　圆形，有的于云纹上错以金丝，且镶嵌绿松石。有的于钮座外嵌白色目形或六出花形的蓝色琉璃。金银错镶玉石镜一般都做工精细，色彩绚丽。

多钮镜类

圆形，镜背有二到四个钮，以几何图案为纹饰。根据其纹饰的差异，又可细分为雷纹缘镜、三角勾连雷纹镜、叶脉纹镜及蛛网纹镜等多种类型。

雷纹缘镜　镜背素无纹饰，但于镜边缘处却有几何纹饰两周。其几何纹饰不甚规则，有三角形、长方形、梯形等多种。

三角勾连雷纹镜　圆形、镜面平直。地纹为平行线纹，地纹之上有宽条三角勾连雷纹作为主纹。此类铜镜大都比较厚重。如辽宁沈阳郑家洼子第三地点6512号墓地出土的一铜镜，其厚达1厘米，如此厚重的铜镜，在春秋战国铜镜中也是仅见。

叶脉纹镜　圆形，两个半环钮，钮座椭圆形。镜面稍凹，镜背中部稍

错金银镶绿松石三钮镜　战国时期

图为1936年山东临淄城南王庄出土的三环钮镜，制作手法为：在粗线条的云纹上错以金线，地嵌绿松石。外缘为一周卷云纹，其上有四枚银制乳钉。镜直径29.8厘米，厚0.7厘米。

透雕镜

又称夹层透纹镜。此类铜镜镜背镜面各有一铜片，镜面为光面铜片，镜背为透雕镂空图案铜片；两片单独铸造，后合为一整体。汉代透雕镜可分为蟠螭透纹镜、禽兽透纹镜和几何纹透纹镜三种。

金银错

金银错为一种特殊制作工艺，就是指将金丝、银丝等以条状或块状形式填入铜器背后预先准备好的凹槽中，再将其错磨以平，形成表面图纹。汉代金银错纹镜可分为金银错狩猎纹镜、金银错虺龙纹镜、金银错镶玉石镜等三种。

鼓，主纹为叶脉纹，花纹工整清晰。

蛛网纹镜　圆形，两个半环钮，主纹为蛛网纹。素缘凸起，断面为三角形。

根据以上对春秋战国铜镜的分析，可知这一时期铜镜的特点。首先，从形制来讲，春秋战国出现了方形铜镜。其次，除了全素镜、饕餮纹镜等少数铜镜没有钮座外，其余均有钮座，此前的商周铜镜则均无钮座。再次，从镜面纹饰来看，商代出现了植物纹饰，周代出现了动物纹饰，而春秋时期则新出现了人物纹饰，如金银错狩猎纹镜中的骑士与猛虎搏斗纹饰。另外，这一时期铜镜纹饰由主纹和地纹组合而成。其纹饰布局，有双圈式、对称式、环绕式等多种。纹饰的表现技法也多样化，有浅浮雕、高浮雕、透空雕、金银错、镶玉石等多种。春秋战国时期铜镜质地多薄而轻巧，除东北地区的多钮镜等少数铜镜比较厚以外，其他铜镜厚度大多在0.1~0.2厘米左右，重量也较轻。最后可知，楚国境内铸镜业最为发达，或为这一时期的铜镜铸造中心。

山字镜“山”的寓意

山字镜是战国时最为流行的镜类，以四山镜数量最多。关于山字镜的寓意，可以说是众说纷纭，至今尚无定论。清代梁廷枏《藤花亭镜谱》中载录了一面四山镜，言“刻四山形以象四岳，此代形以字”，认为四山纹象征四岳。日人驹井和爱进而认为镜背的山字形是铜镜上常见雷纹的一个变形纹演变而来（驹井和爱：《中国古镜的研究》，岩波书店，1953年）。梁上椿则认为，山字纹“似亦为兽纹之一部所变幻”。山在中国古代往往与不动、安静、养物等观念结合在一起。因此山字如同福、寿、喜等字一样，便含有浓郁的吉祥意味。

孔祥星、刘一曼在《中国古代铜镜》以及陈佩芬在《上海博物馆藏青铜镜》中都认为，山字纹可能与殷周铜器上的钩连雷纹有关。陈佩芬还详细的

铜山字形器　战国时期

图为河北平山中山王陵出土的铜山字形器。器物上部呈“山”字形，两侧向下回转成镂空雷纹，下部中间有安插木柱的圆筒状銎。这种器物形体高大，造型庄重，气势雄伟，考古学家认为，山字形器是中山国国王特有的一种仪仗礼器，国王出行时立于木柱之上排列在帐前，象征着国王的权威。

钩连雷纹（拓片）

勾连雷纹是青铜器中常见纹饰，样式为斜的山字形线条用斜线相勾连，内填以细线条的雷纹。

指出这种斜置的山字形纹饰，在战国青铜器上可以找到渊源，只是由于器不同而表现形式各异。青铜器上有一种几何形纹饰，俗称钩连雷纹，常见于殷墟中期器上，商周之际的方鼎上也有，后消失，春秋晚期至战国的器皿上又重新出现，其由交叠的、钩连状的几何形线条所构成，基本结构就是斜置的山字形相互交错钩连。铜镜上的表现，只是截取山字形，在局部中作单独安排，在整体上以四到六个山字形有规则地围成一周，形成独特的纹饰。（陈佩芬：《上海博物馆藏青铜镜》，上海书画出版社，1987 年）

而王锋钧在《山字镜初探》一文中认为，山字镜中上的“山”形纹与当时中山王墓中出土的“山”字形礼器和江陵雨台山楚墓中的竹编器物的“山”形纹十分相似，其意义也应当是相同的，反映出古人强烈的崇山意识。（王锋钧：《山字镜初探》，《考古与文物》，2001 年第 1 期。）

笔者认为，以上说法均有可取之处，应概而统之。山字镜的出现是多种因素促成的。古人对乌云密布、电闪雷鸣等自然现象具有神秘感和恐惧感，加之受宗教影响，认为铜镜可以避邪，于是便将云纹、雷纹刻于铜镜背面。后来古人又发觉，云和雷似乎都是在远处的山上，是山产生、承载和控制着这些神秘的云雷，于是便对山产生了敬畏之感，铜镜背面也就铸上了以云雷纹为地纹、以山为主纹的纹饰，此即山字镜。

动物纹饰（饕餮、龙、凤）背后的文化内涵

如果说铜镜是物质与精神的统一体，那么其精神文化内涵首先就应由其背后的纹饰来体现。较之以往的铜镜，春秋战国铜镜出现了很多新的动物纹饰，如饕餮纹、龙纹、凤纹等。这些纹饰的出现，从侧面反映了当时政治、经济、文化等多方面的内容。

楚式镜

我国出土战国铜镜最多的区域，为湖南长沙和安徽寿县一带，当时均属楚地，故称“楚式镜”。楚式镜形制可分为方、圆两种，以圆镜为多。按镜背的装饰可分为多种类型，主要有：素镜、纯地纹镜、花叶镜、山字镜、菱纹镜、蟠螭纹镜、连弧纹镜、透雕镜、彩绘镜等，其中以山字镜、菱纹镜、透雕镜、彩绘镜最富代表性。

饕　餮

饕餮之名，本于《吕氏初秋·先识览》，其文曰：“周鼎着饕餮，有首无身，食人未咽，害及其身，以言报更也。”又

饕餮纹（拓片）

“饕餮”是中国古代传说中的神兽，特点就是能吃。这种怪兽没有身体，只有一个大头和一个大嘴，十分贪吃，见什么吃什么，直到最后被撑死。图为古代青铜器上的饕餮纹拓片。

（上）饕餮纹青铜器

古代钟鼎彝器上多刻饕餮纹为装饰。

凤　纹（拓片）

龙凤是我国人所皆知的神物，它们被赋予吉祥的寓意，广泛应用于造型艺术和装饰艺术中。图为青铜器中的凤纹拓片。

《左传·文公十八年》云："缙云氏有不才子，贪于饮食，冒于货财，侵欲崇侈，不可盈厌，聚敛积实，不知纪极，不恤穷匮。天下之民以比三凶，谓之饕餮。"杜预等人注："贪财为饕，贪食为餮。"可见饕餮为古代传说中的一种凶狠恶毒且食人的野兽。那么古人为何要以如此凶残贪婪的动物作为铜镜背面的纹饰呢？

有人认为，饕餮既为贪婪之物，那么在铜器上刻画饕餮，其用意自然就是戒贪，提醒人们引以为戒。丁山等人则认为,《吕氏初秋》中所说的饕餮,应该是吉祥神四凶之一,并非是恶兽或恶人(丁山:《中国古代宗教与神话考》,龙门联合书局,1961年)。而李泽厚认为,“它一方面是恐怖的化身,另一方面又是保护的神祇,它对异氏族、部落是威惧恐吓的符号,对本氏族、部落则又具有保护的神力。”又“各式各样的饕餮纹样以及以它为主体的整个青铜器,其纹饰和造型,特征都在突出这种指向无限深渊的原始力量,突出在这种神秘、威吓面前的畏怖、恐惧、残酷和凶狠……它们之所以具有威吓神秘的力量,不在于这些怪异动物形象本身有如何的威力,而在于以这些怪异形象为象征符号,指向了某种似乎是超世间的权威神力的观念”(李泽厚:《美学三书》,安徽文艺出版社,1999年)。张光直先生在《中国青铜时代》一书中也提出,饕餮纹乃“助巫观通大地之动物”,且与王权、巫术等密切相关。

至于饕餮纹本身是一种吉祥纹还是凶兽纹,也许我们已难于考证。但可以肯定的是,它作为这一时期铜镜背面重要的纹饰,一定与当时社会生活紧密相关,在具有审美性的同时,一定还具有某些实用性和说教功能。

图 腾

图腾是指人们以某种动物、植物或其他物体作为家族或部族的标志,它是最原始的崇拜物。图腾崇拜是最初的宗教形式,它是指以某种图腾命名的氏族,对该图腾的起源和与图腾相关的自然对象的崇拜,以及由此而派生的仪礼、禁忌、制度和习俗等等(《中国大百科全书·宗教卷》)。

饕 餮

饕餮为传说中的一种凶恶贪食的猛兽,凶狠恶毒且食人,古代青铜器上常用它的头部形状做装饰,称为饕餮纹。《左传·文公十八年》杜预注:“贪财为饕,贪食为餮。”故对饕餮纹的寓意,最流行的说法为用以戒贪。

青铜器常见龙形纹(示意图)

龙

今人对龙的解释是:“我国古代传说中的神异动物,身体长,有鳞,有角,有脚,能走,能飞,能游泳,能兴云降雨。”从中可见,龙只是传说之物,并非真有,但它却深深植根于人们的观念之中,是我国古代文献中最为常见的神话动物。

许慎《说文解字》中称龙是“鳞虫之长,能幽能明,能细能巨,能短能长,春分而登天,秋分而潜渊。”从许慎的解释,可得以下几点:第一,龙既然为鳞虫之长,它就具有非凡的本领和神奇的力量,它的灵性、神性均超越于其他一切动物，具有至高无上的威严。因此到后来，龙便成了专制皇权的象征，历代皇帝都自称“真龙天子”，有关帝王的诸多记载都与龙相关，如“飞龙在天，犹帝王之在位”。第二，龙具有多变性，既有真身，也能隐形，能大能小，能短能长，可谓变化莫测。龙的这种多变属性，使得其在历代工匠画师的描绘中具有了多样性。历代铜镜背面的龙形纹饰都不尽相同，这也有利于铜镜纹饰的丰富。第三，龙能登天。《庄子·天运》曰：“龙，合而成体，散而成章，乘云气而养乎阴阳。”又《易经·乾卦》云：“时乘六龙以御天。”可见在春秋战国时期龙升天的说法就已经很流行了。登天之说，使得龙更具有了不可超越的神性。第四，龙能潜渊。《左传·昭公二十九年》载：“龙，水物也。”古人将龙视为“主水之神”，主管人间降雨的祥瑞之兽，故龙纹常被刻绘青铜器上以祈雨，并作为辟邪降福的吉祥物。在人类还没有征服自然的能力之时，便赋予了龙不可思议的超自然力量，以解释诸多困惑不解的现象。

龙纹还是楚镜上非常常见的题材，这源于当时楚人崇拜龙的传统习俗。屈原的《离骚》、《九歌》等篇，对龙的描述充满崇敬，由此可以看到时人对龙的崇拜有多虔诚。

凤

凤是我国古代与龙并列，深受人们崇拜的两大图腾之一。与龙一样，凤也不是自然界实有的动物，它由火、太阳和各种鸟类元素组合而成，源于氏族社会的图腾崇拜。后来随着部落的发展，它逐渐地融合了其他部落的图腾，凤凰也就渐渐成了集各种鸟兽之形于一身的形象。

《山海经·南山经》中记载，云丹

龙

我国古代传说中的神异动物，身体长，有鳞，有角，有脚，能走，能飞，能游泳，能兴云降雨。它具有非凡的本领和神奇的力量，它的灵性、神性均超越于其他一切动物，具有至高无上的威严。因此到后来，龙便成了专制皇权的象征，历代皇帝都自称“真龙天子”。古人还将龙视为“主水之神”，主管人间降雨的祥瑞之兽，龙纹被刻绘青铜器上以来祈雨，并作为辟邪降福的吉祥物。

人物龙凤帛画　战国时期

凤

与龙一样，凤亦为我国古代最为崇拜的两大图腾之一。《山海经·南山经》中记载，云丹穴之山“有鸟焉，其状如鸡，五采而文，名曰凤凰，首文曰德，翼文曰义，背文曰礼，膺文曰仁，腹文曰信，是鸟也，饮食自然，自歌自舞，见则天下安宁”。可见凤为鸟中之王，并为吉祥幸福和王道仁政的象征。凤凰为瑞应鸟，“凤凰于飞”也就常用来比喻夫妻恩爱、和谐，或祝人婚姻美满。

穴之山“有鸟焉，其状如鸡，五采而文，名曰凤凰，首文曰德，翼文曰义，背文曰礼，膺文曰仁，腹文曰信，是鸟也，饮食自然，自歌自舞，见则天下安宁。”《说文解字》中对凤的描述更为具体，载道：“凤，神鸟也。天老曰：凤之像也，麐前鹿后，蛇颈鱼尾，龙文龟背，燕颔鸡喙，五色备举。出于东方君子之国，翱翔四海之外，过昆仑，饮砥柱，濯羽溺水，莫宿风穴，见则天下大安宁。”《大戴礼记·易本命》言：“有羽之虫三百六十，而凤凰为之长。”

从以上古文献我们可以看出，古人心中的凤，有着非常华丽的外形，非凡的气派，是鸟中之王。它还是吉祥和幸福的象征，《尔雅·释鸟》郭璞注：“凤，瑞应鸟。”《诗经·大雅·卷阿》中云：“凤凰于飞，翙翙其羽。”《左传·庄公二十三年》载：“懿氏卜妻敬仲，其妻占之曰：‘吉是谓凤凰于飞，和鸣锵锵，有女为之后，将育于姜。’”注云：“雄雌俱飞，相和而鸣锵锵然，犹敬仲夫妻相随适齐，有声誉。”因此“凤凰于飞”也就常用来比喻夫妻恩爱、和谐，或祝新人婚姻美满。

正因为凤为吉祥之鸟，见之则天下大安宁，所以古书记载很多帝王即位时，天空就有凤凰飞翔的瑞象。凤凰也是王道仁政的象征，晋代张华《禽经》中就有关于凤凰的记载，其云：“鸟之属三百六十，凤为之长。又飞则群鸟从，出则正政平，固有道。”唐代孔颖达《尚书·君奭》疏云：“凤见龙至，为成功之验。”《论语·子罕》中云：“子曰：‘河图不出，凤鸟不至，吾已矣夫！’”此

缂丝仪凤图（局部）

传说凤凰是百鸟之王，图描绘的是百鸟朝凤的场面，禽鸟全部用金线勾勒，气派华丽。

四凤镜　战国时期

此镜为桥纽，方纽座，云雷纹和碎点纹组成的勾连纹地纹，纽座的四角上为四凤鸟纹饰，方格四周的凤鸟回首勿喙，耳躯作“C”字形喙卷，尾羽分叉，四凤间自镜缘向内，有一折叠菱格上的花瓣纹。此类铜镜在出土中较为少见，是战国铜镜之佳品。

龙凤连弧镜　战国时期

桥形钮，圆钮座，地纹为双弦纹夹碎点纹组合而成的折叠菱格纹，菱格内为云雷纹，钮座外由凹面宽带围成相连的四个大扁叶形纹饰，扁叶内十字形对称的区域内饰四凤纹，扁叶外侧的四叶间为龙凤纹，十六向内连弧纹缘。镜直径为27.4厘米，重989克。此镜的龙凤造型抽象、夸张，工艺精湛，尺寸较大，为战国镜中罕见。

“凤鸟不至”便是感叹天下无道。

诗人屈原在写到神游天国时，第一句就是：“吾令凤鸟飞腾兮，继之以日夜。”凤凰涅槃的故事，最早就出自屈原的《天问》。此外，古人既以凤为鸟中之王，于是很自然地将杰出人物比作凤。如楚狂人接舆就对孔子作歌云：“凤兮凤兮！何德之衰？”从中足见古人的崇凤心理。

为求吉祥福瑞，古人便将凤凰的形象刻于铜镜背后。从战国开始，凤鸟纹一直作为镜背的一种重要纹饰。由史料可知，战国时期的凤鸟镜，大都于楚境内出土。就像崇拜龙一样，楚人也由衷地爱好凤，于是将其形象大量用于铜镜之上。

第三章

铜镜的鼎盛

汉代是我国封建社会的兴盛时期，社会经济发展，文化艺术空前繁荣，铜镜铸造业水平也得到不断提高。这一时期铜镜的地纹逐渐消失，主纹明显而突出；铭文地位逐渐提高，且成为铜镜纹饰的重要组成部分，甚至有的铜镜纹饰完全以铭文为主；铭文种类日渐繁多，除官方制造的尚方镜“尚方”铭外，私人铸镜的镜铭更是丰富多彩，出现了纪年铭、纪地铭、纪氏铭、“日光”铭、“昭明”铭、“清白”铭、“善铜”铭、“铜华”铭等各种类型；铭文的排列也非常灵活，出现了直行铭文，如直行双夔纹镜就于钮上下配有字数相等的直行铭文。这一时期铜镜纹饰题材也有着重大突破，出现了四神博局镜、瑞兽镜、神兽镜、画像镜等新镜类；东王公、西王母等神仙内容、伍子胥人物画像等，都成为铜镜纹饰的新题材。这些铜镜文化的新特征，标志着我国铜镜文化步入了鼎盛期。

汉代铜镜的分期

根据汉代铜镜的不同特点，其发展阶段可分为四个时期：西汉早期、西汉中晚期、东汉早期、东汉中晚期。

西汉早期

这一时期的铜镜，大都沿袭了战国晚期遗风，但也有其新的特点。如镜钮新出现了兽首钮等，铜镜纹饰中地纹渐趋简略，多采用简单的云纹和雷纹等。另外，铜镜背面逐渐出现铭文，如“大乐富贵”、“常毋相忘”等，但它只是作为纹饰的一部分，还未单独成镜。

神仙故事画像砖（拓片）

铜镜中常出现的神仙故事的图案在其他艺术形式中也有表现，图为东王公、西王母的画像砖拓片。

西汉中晚期

此时铜镜镜背的粗略地纹已逐渐消失，镜铭也开始成为镜背纹饰的重要组成部分，以“日光”和“昭明”铭最为盛行，且出现了商标式的铭文，如“铜以徐州为好，工以洛阳著名”等语。主题纹饰简化朴素，且广泛使用四分布局方式，以四乳为基点将镜背分为四区，期间布置主题纹饰。

铭　文

铭，指在器物上刻字。《礼记·祭统》中云：“夫鼎有铭，铭者自名也。自铭以称扬其先祖之美，而明著之后世者也。”郑玄注：“铭，谓书之刻之，以识事者也。”故铭文指的就是器物或碑碣等上面的文字，这些文字大多是铸成或刻成。如很多铜镜上就刻有丰富多彩的铭文，它们有着珍贵的史料价值。

鸟书铭镜　西汉

伏兽钮，方钮座，钮座周围饰宽带纹两周，间饰铭文一周。铭文为鸟篆，每边三字“常富贵，安乐用，天羊至，毋相忘”。外围饰草叶纹，缘饰十六内向弧纹。镜直径为 14 厘米。

东汉早期

这一时期的铜镜铭文种类增多，铭文字体趋于艺术化。其纹饰复杂多变，由静化趋向动化；制作精致，为两汉铜镜发展的高峰。以纪年镜和象征天地四方的四神博局镜最为流行。

东汉中晚期

至东汉末，铜镜纹饰更为丰富，新出现了人物神仙故事图案，如“东王公、西王母”等神仙内容，还有神人车马画像和神兽等新题材，广告铭和纪氏、纪地铭已非常流行。同时，还新出现了浮雕式表现花纹的手法，使纹饰形象更为逼真。

汉代铜镜的类型

汉代最为流行的铜镜，大致可分为以下十七类五十七种 ：

蟠螭镜类

这时期蟠螭镜既保留了战国时流行的特征，又出现了新的形式和手法，最主要的是双线式和三线式的主纹表现手法，以及内圈带多配置铭文的构图方式。蟠螭镜类又可细分为缠绕式蟠螭纹镜、间隔式蟠螭纹镜、规矩蟠螭纹镜。

缠绕式蟠螭纹镜　圆形，弦钮或兽钮，主纹为蟠螭纹，又可细分为缠绕方连四蟠螭镜和叠压缠绕四蟠螭镜。前者蟠螭身躯作方连菱形和弧形盘曲，后者蟠螭身躯作圆弧盘曲，一周弦纹圈带叠压于蟠螭躯体之上。

间隔式蟠螭纹镜　又称隔离式蟠螭纹镜，其主纹蟠螭纹多以四叶间隔开。镜为弦钮，蟠螭纹钮座，钮座外

（左）简化蟠螭纹镜　西汉

三弦钮、云雷地纹，主纹饰为三组简化的蟠螭纹相间的三组菱格纹，素凹缘。镜直径为 7.6 厘米，重 32 克。

（右）日光博局蟠螭镜（拓片）　西汉

弓钮，钮外双线方框，框四边有铭文“日月之明，见之光长”，博局纹间配置两种不同的蟠螭纹各两组，内向十六连弧纹缘。镜直径为 13.5 厘米。

鎏金镂花铜镜架 汉代

古代盛放装着镜子和梳妆用具的匣子，又称“镜匣”或“妆奁”。镜架就是由镜奁发展而来，成为专门放置镜子的用具。图为汉代鎏金镜架，造型上取仕女托镜，所托之地即为放置镜子的地方，造型独特，技艺精湛，富有诗意。

大多有铭带圈。铭文常以鱼纹结句。常见铭文为：“大乐富贵，千秋万岁，宜酒食”、“大乐未央，长相思，愿毋相忘”等。

规矩蟠螭纹镜 又称博局蟠螭纹镜。钮座外有双线方格，方格框内配有铭文。铭文多为：“大乐富贵，得所好，千秋万岁，延年益寿”或“日月之明，见之光长”之类的吉祥语。

蟠虺纹镜类

圆形，钮座外有圈带或方格，有的于方格内配以铭文。主纹为蟠虺纹，与蟠螭纹相比，蟠虺纹更简化鲜明。可分为圈带叠压蟠虺镜及方格蟠虺镜。

圈带叠压蟠虺镜 纹饰由主纹和地纹组成，主纹为虺纹，且被凹面形圈带叠压，圈带上均匀分布四枚乳钉。

方格蟠虺镜 圆形，钮外有方格，有的格内配以铭文。如“常贵，乐

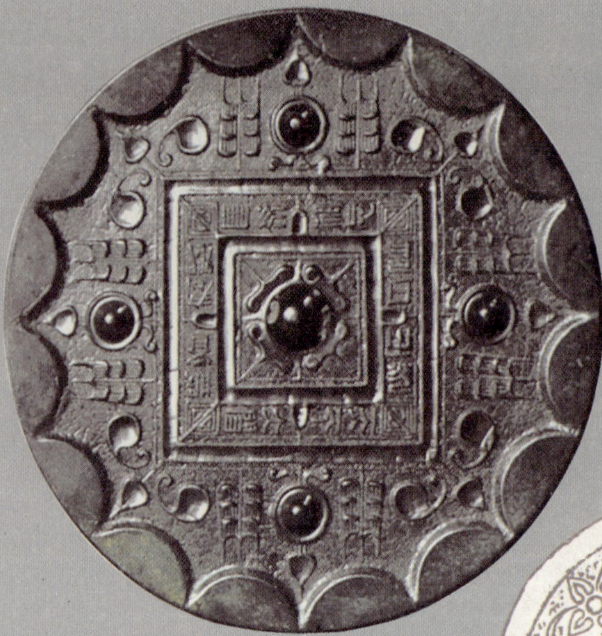

（上）连弧纹草叶镜　西汉

方格内铭文“见日之光，天下大明”，外置草叶纹，十六连弧缘。镜直径为10.5厘米，重94克。

四花瓣四叶镜（拓片）　汉代

未央，毋相忘”、“常与君，相驩幸，毋相忘，莫远望”等。

花瓣镜类

根据其有无圈带的特点，可分为四花瓣镜和圈带四花瓣镜。

四花瓣镜　据其主纹的差异，又可细分为四花瓣四猴镜、四花瓣四螭镜、四花瓣四花叶镜、金华八花叶镜。其中四花瓣四花叶镜上常刻有铭文，故据其铭文的差异，其下又可细分为长相思四花瓣四花叶镜、日光四花瓣四花叶镜、毋忘四花瓣四花叶镜、与天相寿四花瓣四花叶镜等多种类型。金华八花叶镜其上的铭文，与三字或四字一句的格式不同，出现了七字一句的新特点。

圈带四花瓣镜　圆形，钮座外一圈带叠压着四花瓣，各花瓣中间都饰以乳钉，恰似花之蕊。

草叶纹镜类

按其纹饰布局特点，又可分为对称单层草叶镜、对称连叠草叶镜、单列单层草叶镜、单列连叠草叶镜、博局草叶纹镜等多种。

对称单层草叶镜　此类镜在乳钉的两侧对称排列一株单层草叶纹。钮座外有方格，且方格内常配以铭文。如“天下大明”、“见日之光，天下大明”、“见日之光，天下大阳”、“见日之光，长毋相忘”等语。

对称连叠草叶镜　在四乳钉的两侧有对称二叠式或三叠式的草叶纹。钮座外的方格内铭文常为：“久不相见，长毋见忘”、“日有憙，得君喜，长贵富，乐毋事”、“长富贵，乐毋事，日有憙，常得所喜，宜酒食”等。

单列单层草叶镜　座外有方格，方格四内角各有一叶片，四隅各有一单层草叶纹。此镜有的于叶片间刻有铭文，有的则无。铭文也多为“见日之光”等语。

单列连叠草叶镜　圆形，圆钮，四叶纹钮座。四边中心点外有一株二叠草叶纹。此镜也常配以铭文，如“见日之光，美人在旁”之类。

博局草叶纹镜　博局纹间配以连叠的草叶纹。有的还于草叶纹间配以蟠龙等动物纹饰。此类铜镜大多也刻有“日光”类或“毋忘”类等铭文。

星云镜

又称星辰镜或百乳镜等。此镜圆形，多为连峰钮，钮座外多为内向十六连弧纹圈带，主纹为星点纹，按照天文星象位置组成图案，有五星式、六星式、多星式之分。据孔祥星先生考证，此类铜镜主要流行于西汉中期武、昭、宣帝时期。

四乳铭文镜类

圆形，依据镜背图案，可分为四乳大方格形铭文镜和四乳圆座铭文镜等。此处依据铭文内容，将其分为长毋相忘四乳铭文镜、见日之光四乳铭文镜、常乐未央四乳铭文镜、家常富贵四乳铭文镜、长宜子孙四乳铭文镜等多种类型。

长毋相忘四乳铭文镜　其铭文为“长毋相忘”铭类，如“长毋相忘，君来何伤”、“与天毋极，与地相长，驿乐如言，长毋相忘”等。

见日之光四乳铭文镜　其铭文为“日光”铭类，如“见日之光，天下大明”、“见日之光”、“见日之光，长毋相忘”等。

常乐未央四乳铭文镜　其铭文如：“常乐未央，长毋相忘”。

家常富贵四乳铭文镜　其铭文形式比较单一，一般就是简单的四个字“家常富贵”。

长宜子孙四乳铭文镜　其铭文如：“长宜子孙，富贵昌兮”等。

九曜星云镜　汉代

连弧（圈带）铭带镜

此类铜镜钮座外多饰有内向连弧纹，连弧纹外为一圈铭文带，作为镜背的主要装饰。连弧的数目从六弧到二十四弧不等，其中八弧、十二弧和十六弧最为常见。依据镜背铭文的内容，我们又可将其分为日光连弧纹镜、昭明连弧纹镜、清白连弧纹镜、日有憙连弧纹镜、铜华连弧纹镜等多种。

日光连弧纹镜　圆钮，多为圆钮座。素宽平缘。镜背分内外两区，内区为一周连弧纹，外区有一圈铭文。其铭文的第一句是固定的，即为“见日之光”，第二句则有多种形式，或为“天下大明”，或为“长毋相忘”，或为“长乐未央”，或为“美人在旁”等。

昭明连弧纹镜　圆钮，钮座有圆座、四叶纹座、连株纹座等多种。钮座外有内向连弧纹一周，外区为铭文带。铭文常见为六字一句，如：“内清质以昭明，光辉象夫日月，心忽扬而愿忠，然雍塞而不泄。”但有些铜镜，则镜身大小或布置安排等不同，其铭文往往有所增减，如：“内清以昭明，光象夫日月，心忽不泄。”“内清以昭明，光象日月兮”。还有的在每个字间夹一“而”字，以填补布字不足的空缺。

铜华连弧云雷纹镜（拓片）　汉代

此镜由三道连弧纹组成，除铭文带的文字外，在两个涡纹之间还各夹有一字铭，合为“家常富贵”，形式较为特殊。镜直径为13.5厘米。

清白连弧纹镜　圆钮，连珠纹或圆钮座。内区为连弧纹，外区为铭文带，铭文多为六字一句。罗振玉《古镜图录》、钱坫《浣花拜石轩镜铭集录》均收录外圈有四十八字的清白镜铭。梁上椿先生释其全铭为：“洁清白而事君，怨阴驩之弇明，焕玄锡之流泽，志疏远而日忘，慎糜美之穷皑，外承驩之可说，慕突窕于灵泉，愿永思而毋绝。”但出土的清白镜其镜铭都不太完整，多减字或灵活换字。

日有憙连弧纹镜　圆钮，连珠纹钮座。其常见铭文为“日有憙，月有富，乐毋事，常得意，美人会，竽瑟侍，贾市程万物”、“常富贵，乐毋事，日有憙，宜酒食”等。

铜华连弧纹镜　圆钮，连珠纹或圆钮座。内区连弧纹，外区铭文带。铭文如：“湅治铜华清而明，以之为镜宜文章，延年益寿，辟去不羊，与天毋亟乐未央。”但很多镜子上的铭文则不尽相同，只是“辟去不羊”之前的内容大体相似，其后则形式多样。如：“与天无极，如日之光，千秋万岁，长乐”、“长夫毋忘而日月光，千秋万岁”等。

重圈铭文镜类

圆形，圆钮，并蒂连珠纹钮座。座外两周凸弦纹圈，一般内配不同铭文。可分为日光昭明重圈铭文镜、昭明清白重圈铭文镜、皎光重圈铭文镜三种。

日光昭明重圈铭文镜　内区铭

尚方铭镜　东汉

圆钮，方钮座。钮周围饰十二乳钉，间饰十二地支，每边三字，字周围饰凹宽带纹围成的方框，其外饰博局纹、兽纹和八乳钉纹。近缘出饰铭文、栉齿纹各一周。缘上饰齿形纹及变形兽纹各一周。镜直径为18.8厘米。

文为“见日之光，长毋相忘”，外区铭文为“内清质以昭明，光辉象夫乎兮日月，心忽而愿忠，然雍塞而不泄”等语。

昭明清白重圈铭文镜　此镜内区为昭明文，如：“内清质以昭明，光象夫日月，心忽扬而愿忠，然雍塞而不泄”。外区为清白铭文，如：“洁清白事君，怨之弇明，彼玄锡之泽，恐疏远日忘，怀美之穷皑，承驩之可说，慕窔之灵泉，绝而”等语。

皎光重圈铭文镜　此镜内区为昭明文，而外区为皎光文，如“如皎光而耀美，挟佳都而无间，慷驩察而性宁，志存神而不迁，得并观而不弃，精昭折而伴君。”

重圈铭文镜除以上几种外，还有一部分是单圈铭文的，如“长乐未央”、“家常富贵”、“清冶铜华以为镜，昭察衣服观容貌，丝组杂驩以为信，清光宜佳人”等。

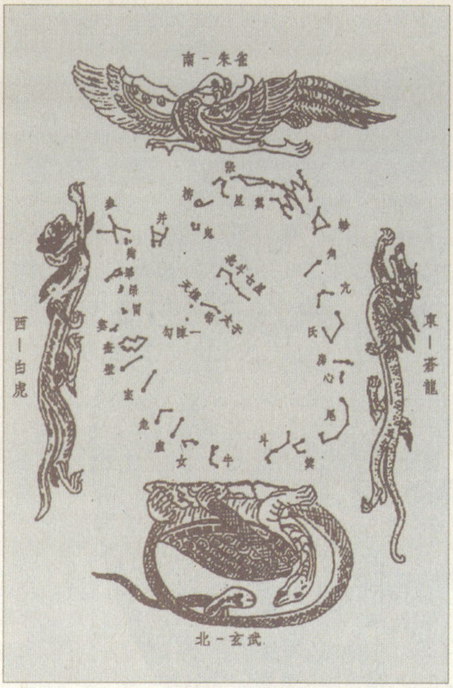

古人的宇宙观

在中国古代的星宿信仰中，将天空分成东、北、西、南四个区域，再把每一个方位的七宿联系起来加以想象而成的四种动物的形象。东方为苍龙象，北方为玄武(龟蛇)象，西方为白虎象，南方为朱雀象，是为“四象”。

博局纹镜

博局纹镜又被称为规矩纹镜。其特征就是在镜背主题纹饰中有T、L、V三种符号。博局纹镜主要流行于西汉晚期至东汉初期。博局纹的图案来源于当时的六博下棋游戏，棋为六黑六白，两人相博。博局即棋盘上便有T、L、V等符号形状。可见博局纹镜的名称即来源于当时社会生活中的六博游戏。

四乳禽兽镜类

北宋王黼的《宣和博古图》称其为四乳鉴。此类铜镜钮座外四乳间环绕着蟠虺、禽鸟、禽兽、四神等，故分为四乳四虺镜、四乳四神镜、四乳禽兽镜、四乳禽鸟镜等。

四乳四虺镜　圆形，圆钮，主纹为四乳与四虺纹相间环绕。有的还于虺的一端饰有青龙、白虎、朱雀、玄武的头部和颈部，另一端饰有小鸟纹，亦有饰飞鸟纹或兔纹等。

四乳四神镜　四乳间饰有青龙、白虎、朱雀、玄武，有的还配有铭文或羽人。

四乳禽兽镜　部分铜镜四乳四兽相间，亦有四乳与二龙、二虎相间，四乳与龙、虎、二朱雀相间，四乳与两虎两禽鸟相间，还有的是龙、虎、朱雀及麒麟相间等多种形式。

四乳禽鸟镜　四乳间配以四鸟或八鸟，部分于钮座有大方格，有的配有铭文。

博局纹镜类

此类铜镜背面有由T、L、V三种符号组成的博局纹。按其纹饰可分为四神博局镜、禽兽博局镜、几何纹博局镜、简化博局镜等。

四神博局镜　圆钮，圆钮座或四叶纹钮座，座外有一方框。T、L、V纹将镜背主要部位分为四区八等份。四区内各饰象征天地四方的青龙、白虎、朱雀、玄武四神纹，其余四等份则配以鸟兽纹、羽人等。外区多有环绕一圈的铭文带。常见的有尚方铭、善铜铭、纪氏铭等。

尚方镜的“尚方”，是指汉代中央

善铜四神规矩镜 汉代

圆钮，圆钮座。座外圈带内环列八乳八禽，甚为特殊：四方八极内青龙配长尾羽人，白虎配兽朱雀与玄武二兽。边缘纹饰为一圈连珠纹及羽人、四神禽兽纹。镜直径为 18 厘米。铭文为"汉有善铜出丹阳，清且明，左龙右虎 主四澎（旁），八子居中央，朱爵玄武顺"。

（左）陈氏六乳禽兽镜 东汉

圆钮，外围短斜线及连珠纹圈带。内区六乳间以四神，蟾蜍、异兽均为浮雕式。铭文带外一周短斜线纹，边缘纹饰内为锯齿纹，外为线条式的四神、鸟兽、日月与钱纹。镜直径为 15 厘米。铭文为"陈氏作竟日有熹，令人阳□贵豪富，□□细守名目治，左有青龙来福，右白虎居前□贵风□为□□异□□□象□造共胜"。

政府少府属下机构，负责制造御用和宫用铜器，其中就包括铜镜。尚方镜传世很多，其铭文虽变化多样，但大体都相同，如："尚方作镜大毋伤，巧工刻之成文章，左龙右虎辟不羊，朱鸟玄武顺阴阳，子孙备具居中央，长保二亲乐富昌，寿敝金石如侯王兮"、"尚方作竟真大巧，上有仙人不知老，渴饮玉泉饥食枣，寿而金石天之保兮"、"尚方作竟真大好，上有仙人不知老，渴饮玉泉饥食枣，浮游天下遨四海，为国保"等。

"善铜"铭如："新有善铜出丹阳，和以银锡清且明，左龙右虎主四旁，朱雀玄武顺阴阳。"有的为"汉有善铜"，或是其中添以"八子居中央"等语。

纪氏铭也非常流行，明确标着制作者姓名的做法，可以说带有早期商标的性质，如"王氏"铭："王氏作竟四夷服，多贺新家民息，胡虏殄灭天下复，风雨时节五谷熟，长保二亲子孙力，官位尊显蒙禄食，传告后世乐毋极，大利兮"，"朱氏"铭："朱氏明镜快人意，上有龙虎四时宜，常保二亲宜酒食，君宜官秩家大富，乐未央，宜牛羊。"

除纪氏铭外，还出现了纪年铭，如始建国天凤二年四神博局镜，其铭文带上隶书为："始建国天凤二年作好镜，常乐富贵庄君上，长保二亲及妻子，为

鎏金银博局纹镜　东汉

圆钮，圆钮座，钮座外饰凹宽带纹组成的方框，方框四角为一圆饼形纹，周围饰博局纹及鸟兽纹。近缘处饰齿形纹。宽平缘，上装饰卷云纹，纹饰为镜直径鎏金或鎏银。镜直径为11.2厘米。

吏高迁位公卿，世世封传于毋穷。”始建国天凤共有六年，天凤二年为公元15年。可见，纪年铭的出现，对铜镜断代研究极为有利。

四神博局镜中除以上常见铭文外，还有“福禄”铭，如“福禄进兮日以前，天道得物自然，参驾蜚龙乘浮云，白虎失，上大山，凤鸟下，见神人”；“福憙”铭，如“福憙进兮日以萌，食玉英兮饮澧泉，驾文龙兮乘浮云，白虎□兮上泰山，凤凰舞兮见神仙，保长命兮寿万年，周复始兮八子十二孙”；“新心”铭，如“新信辟雍建明堂，然于举土列侯王，子孙复具治中央”；“金之青”铭，如“金之青，视吾形，见至□，长思君，时来游，宜子孙，乐无忧”等。

禽兽博局镜　圆钮，圆钮座或四叶纹钮座。主纹有青龙、白虎、朱雀、鸟、牛、马、鹿、羽人等。铭文有“尚方”铭、“佳镜”铭、“善铜”铭、“上大山”铭、“桼言”铭，以及纪氏铭、纪年铭等多种形式。其中“上大山”铭如“上大山，见神人，食玉英，饮澧泉，宜官秩，保子孙，长乐未央，富贵昌，与天毋极，驾飞龙，游浮云。”“桼言”铭如“桼言之纪镜舒如，仓龙在左，白虎在右，辟去不阳宜古市，长宜君亲利孙子”等。

几何纹博局镜　与四神和禽兽博局镜不同，几何纹博局镜中纹饰则换成了菱形、线条等几何图案。此类铜镜除少数配有“桼言”铭或“佳镜”铭外，大多没有配置铭文。

简化博局镜　此镜的特点即博局纹中T、L、V三种符号一般只出现其中一到两种，且整个纹饰内容和布局也相对简化，但也有配有四鸟、八鸟、禽兽、几何纹、四神钱纹等不同纹饰铜镜。

多乳禽兽纹镜类

圆形，圆钮，钮座外有五到八乳不等，其中以七乳最为常见。根据其纹饰差异，可将其分为多乳四神禽兽纹镜、多乳禽鸟纹镜、多乳禽兽纹镜。

多乳四神禽兽纹镜　内区五到七乳，其中间以四神、羽人、禽兽纹等。有的铜镜于主纹外有一铭文圈带，有“尚方”铭和“善铜”铭等。

多乳禽鸟纹镜　此镜于乳钉间配以禽鸟。有五乳五禽、六乳六禽、七乳七禽等。此镜有的也刻有铭文。

多乳禽兽纹镜　乳钉间配有禽兽、羽人。主纹外常配有铭纹带，铭文类型也丰富多样，有“尚方”铭、姓氏铭、“合好”铭等。其中姓氏铭也有各种不同类型，有“张氏”铭、“吕氏”铭、“杜氏”铭、“陈氏”铭、“侯氏”铭等。

连弧纹镜类

此类铜镜于钮座外有一周凸弦纹圈，圈外有内向八连弧纹（偶见七连弧纹）作为主题纹饰，而铭文只是处于从属地位。根据其构图特点，可将其分为素连弧纹镜、云雷连弧纹镜、“长宜子孙”连弧纹镜。

素连弧纹镜　连弧纹镜大都配有铭文或云雷纹，但也有少数既无铭文亦无云雷纹，故称其为素连弧纹镜。1959年河北定县北庄东汉墓地即有八面素连弧纹镜出土，其中最大者直径达36厘米，钮高6厘米，为国内罕见。

云雷连弧纹镜　此镜于连弧纹外周饰有变形云雷纹或短直线纹。云雷纹一般是等距离地分布八个涡纹或圆圈纹，其间连以斜线纹或短直线纹。有的铜镜还配有铭文，有“长宜子孙”铭、“长宜高官”铭、或是带有纪年的“永和七年”铭等。

“长宜子孙”连弧纹镜　此镜与上述带有“长宜子孙”铭的云雷连弧纹

五乳神兽镜　西汉

圆钮，主纹饰为五乳相间的神兽，有羽人、青龙、朱雀、白虎、玄武，双线波折纹缘。镜直径为12.8厘米，重363克。

①

②

③

镜不同，在于其外区没有云雷纹带。镜子多于钮座四叶间铸有铭文，如“长宜子孙”、“君宜高官”、“位至三公”、“长生宜子”等，有的除钮座外，八弧间也铸有铭文，如“明如日月，以父母兮”、“寿如金石，佳其好兮”、“君如金石，寿宜官秩”等。

变形四叶镜

圆钮或兽钮，圆钮座，座外有四个蝙蝠形叶向外伸展，并将镜背分成四个区，四区内配以兽首、凤纹、夔纹等。四叶的内角一般还配有字铭，主纹外有连弧纹和铭文带。此镜又可分为变形四叶兽首镜、变形四叶夔纹镜、变形四叶对凤镜、变形四叶龙虎镜等。

变形四叶兽首镜　圆形，圆钮或兽钮，圆钮座。四区内各有一兽首纹，外区为铭文带和内向连弧纹一周。有的于四叶内角配有铭文，如“富且昌，乐未央，师命长，宜侯王”等。铭带上的铭文则以纪年铭最为常见。

①长宜子孙铭镜　东汉

圆钮，四叶纹钮座，叶纹间饰铭文。钮座周围饰栉齿纹及凸宽纹各一周，以八连内向连弧纹为内区，弧间饰四花朵纹。外区饰斜线纹，间饰八涡纹，内外各饰栉齿纹两周。宽素平缘。镜直径为23.3厘米，重1 288克。

②变形四叶纹镜　东汉

圆钮，圆钮座，钮座外饰铭文4字“长宜子孙”。周围饰变形四叶纹和凤鸟纹，其外饰十二内向连弧纹。宽素平缘。镜直径为17.7厘米，重594克。

③变形四叶兽首纹镜　东汉

圆钮，圆钮座，钮座外饰四叶纹及铭文4字“长宜子孙”。内区饰浪花纹及变形兽首纹，外区饰铭文、连珠纹及二十内向连弧纹，缘上饰双层浪花纹。镜直径2.2厘米，重225克。外区36字铭文为“吾作明竟幽炼三冈配像世京况德臣敬奉臣良周亥无祈百□作昌众□主帅士至三公兮”。

元兴元年纪年铭："元兴元年五月丙午日，□□广汉西蜀，造作尚方明竟，幽湅三商，长乐未，宜侯王，富且昌，位至三公，位师命长。"

永康元年纪年铭："永康元年六月八日庚申，天下大祝，吾造作尚方明竟，合湅白黄，周兮。"

熹平三年纪年铭："熹平三年正月丙午，吾造作尚方明竟，广汉西蜀，合湅白黄，周刻无极，世得光明，买人大富，长子孙，延年益寿，乐未央兮。"

此外，还有建宁元年纪年铭、中平四年纪年铭等，内容相近，故不一一列举。

变形四叶夔纹镜 此镜亦名单夔镜。四区内纹饰多为夔龙、夔凤。蝙蝠形四叶内常配有铭文，如"长宜子孙"、"位至三公"、"君长宜官"等。

变形四叶对凤镜 此镜于钮座外饰以宝珠状四叶纹，四叶间各有一组图案化的对凤纹。内向十六连弧圈，有的于连弧内饰有瑞兽纹。四叶内也常有"长宜子孙"等铭文。

变形四叶龙虎镜 钮座外四叶将镜背分为四区，有的于四叶间一区饰龙一区饰虎，另外两区饰以凤鸟；有的则三区均为龙，另一区为虎；还有于四区间各置一龙，即为变形四叶四龙镜。

神兽镜

指主题纹饰为神像、龙虎等题材的铜镜。神兽镜多采用浮雕手法。根据纹饰的布局差异，神兽镜可分为环状乳神兽镜、对置式神兽镜、单列式神兽镜、重列式神兽镜等多种。神兽镜多铸有铭文，且以纪年铭为多见。

重列神兽纹镜　东汉

圆钮，圆钮座。钮上下两条平行线将主纹饰分为上、中、下三区。上区饰一龟，左右各有四人；中区饰狮形纹；下区饰四人物盘坐等。其外饰半圆枚一周，间饰凸方枚，半圆枚上饰浪花纹，方枚上各饰铭文两字，组成词句。近缘处饰栉齿纹一周，缘上饰几何形图案。镜直径为 17.1 厘米，重 517 克。铭文为"吾作明镜，幽炼川风，巧工所居，尾克童上，有四守名，流美宜王"。

神兽镜类

此类镜特点即采用浮雕手法，使主题纹饰明显突出且具立体感。根据其纹饰布局，可细分为环状乳神兽镜、对置式神兽镜、单列式神兽镜、重列式神兽镜四种。

环状乳神兽镜 主纹为三神三兽或四神四兽相间环绕。此类铜镜常配有铭文，其中尤以纪年铭为多。如"元兴元年"纪年铭："元兴元年五月丙午日天大赦，广汉造作尚方明竟，幽湅三商，周得无极，世得光明，长乐未央，富且昌，宜侯王，师命长生如石，位至三公，寿如东王父西王母，仙人子位至公侯。"

人物纹镜　东汉

圆钮，圆钮座。钮座周围饰连珠纹，四乳钉将主纹饰分为四区，纹饰以人物为主，有跳舞、有盘膝而坐、有站立等。四乳钉外亦饰连珠纹，人物间饰三组旁题，分别为“东王公伯昌”、“周中伯昌”、“王□□”。近缘处饰弦纹及栉齿纹各一周。缘上饰栉齿纹及鸟兽纹各一周。镜直径为22.1厘米，重1 560克。

“永康元年”纪年铭：“永康元年，正月午日，幽湅黄白，早作明竟，买者大富，延寿命长，上如王父，西王母兮，君宜高位，立至公侯，长生大吉，太师命长。”“熹平二年”纪年铭：“熹平二年正月丙午，吾造作尚方明竟兮，幽湅三商州刻无极，世得光明，买人大富贵，长宜子孙延年兮。”

对置式神兽镜　此镜内区主纹饰分为四组。有的其中两组为一神一兽，第三组一神一鸟，第四组为二神端坐；有的两组为一神二兽对置，另两组各为一神一禽；有的两组为一神两兽，第三组为神人，第四组为鸟纹；有的两组为一神两兽对置，第三组为玄武，第四组为朱雀；还有的两组为一神一兽，另两组各有二神人。对置式神兽镜也常配有铭文，尤以纪年铭为多。

单列式神兽镜　内区高浮雕四神四兽相间同向绕钮配置，外区一周半圆方枚，半圆中有相间的四瓣叶与花蕊纹。方枚中刻有字铭，如“三羊作竟，宜官，位至三公□兮”等。

重列式神兽镜　重列式的构图，即将神人神兽上下重列安排，人物安排多参差不齐。此类铜镜亦常配有纪年铭。如“建安六年”纪年铭：“建安六年君宜高，吾□日廿四日氏作竟，幽湅宫商，刻三容象，五帝天皇，白牙单琴，黄帝吉羊，三公。”“建安十年”纪年铭：“吾作明竟，幽湅宫商，周罗容像，五帝天皇，白牙单琴，黄帝除凶，朱鸟玄武，白虎青龙，君宜高官，子孙番昌，建安十年造大吉。”

根据以上纪年铭文，我们可以推知，神兽镜于东汉中期以后开始出现并逐渐盛行。另外从神兽镜的出土地点，可知神兽镜主要流行于长江流域及南方地区。

画像镜类

画像镜为东汉时颇具特色的新镜类，表现手法以浅浮雕为主，纹样没有神兽镜那么突出，略呈扁平状。其表现题材主要为神话传说中的人物、四神、瑞兽，以及反映现实生活的弹琴、舞蹈、射猎、六博等场面。根据纹饰特点，可分为神人车马画像镜、神人龙虎画像镜、神人禽兽画像镜、人物画像镜、龙虎瑞兽画像镜等五种类型。

神人车马画像镜　镜背四区各配置神人车马，往往是四马并行，拉车奔驰；神人静坐，仪态端庄。有的铜镜还明确铸以“东王父”、“西王母”的榜记。常见铭文有尚方铭和姓氏铭两种。尚方铭如：“尚方作竟真大巧，上有仙人不知老”，“尚方作竟四夷服，多贺国家人民息，胡虏□□天下复，风雨时节五谷熟，长保二亲得天力，传告。”姓氏铭如“田氏”铭：“田氏作四服。多贺国家人民息，胡虏殄灭天下复，风雨时五谷熟，长保二亲得天力，传告后世乐无极。”

神人龙虎画像镜　镜背四区，一般其中两区为神人，多为东王公和西王母；另两区则为龙虎纹。此类铜镜

汉代画像镜

画像镜纹饰多为神像、历史人物、车骑、四神、禽兽等，也多采用浮雕手法。根据纹饰特点，汉代画像镜可分为神人车马画像镜、神人龙虎画像镜、神人禽兽画像镜、人物画像镜、龙虎瑞兽画像镜等五种类型。

抚琴舞蹈纹镜　东汉

圆钮，葵花形钮座，钮座外为双线方格。其外饰四乳钉纹，将主纹饰分为四区，图案纹饰依次为：一人端坐，左右各跪一人，二人斗兽，二人歌舞，二人对弈。近缘处饰栉节齿纹一周，宽缘上饰齿形纹及变形兽纹各一周。镜直径为23.1 厘米，重1 740克。

龙虎纹镜　东汉

圆钮，圆钮座，钮座周围饰栉齿纹一周，四乳钉将纹饰分为四区，每区各饰一龙（或虎）纹，以云纹为地纹，外饰弦纹，栉齿纹各一周，缘上饰卷云纹。镜直径为21.2厘米，重988克。

铭文以纪氏铭居多。

神人禽兽画像镜　主纹为神人和禽兽纹。二区神人常为对置式，有的还于神人一侧配以“东王公”、“西王母”等字铭。

人物画像镜　人物画像镜中以伍子胥画像镜最为常见。四区分别布置一历史故事。一组是两人坐地交谈，题曰“越王”、“范蠡”；一组为身穿长裙，拱手站立的二女，题曰“越王二女”或“玉女二人”；一组为一人坐于帐幔之中，左臂屈伸于身侧，右臂下垂，题为“吴王”；一组为一怒目圆睁、咬牙切齿、拔剑自刎的男子，题为“忠臣伍子胥”。故事取材于《越绝书》与《吴越春秋》等野史记载。有的还于铜镜外区饰有铭文带，其铭文如“驺氏作竟四夷服，多贺国家人民息，胡虏殄灭天下复，风雨时节五谷熟，长保二亲得天力，传告后世乐无极兮。”

龙虎瑞兽画像镜　圆形，圆钮，座外常分为四区，内饰以龙虎及各种瑞兽。

从出土情况来看，画像镜多流行于长江流域，且以浙江绍兴出土最多。尽管画像镜一般都没有纪年铭，但根据其与神兽镜很多方面相仿的特点，故可推知其大约于东汉中期以后出现并流行。

夔凤镜类

圆形，圆钮，圆钮座，主纹为两夔龙或夔凤。此镜的特点为采用直铭，以铭文分割画面，形成轴对称。可分为直行铭文双夔纹镜和双头龙凤纹镜两种。

直行铭文双夔纹镜　此镜于钮上下配有字数相同的直行铭文。铭文字数少则两字，多则八字。如上为“君宜高官”，下为“长宜子孙”；或上为“宜”，下为“子”等。

双头龙凤纹镜　主纹为两条双首相对的夔纹和凤纹。此镜一般无铭文，少数配有连弧纹圈。

龙虎纹镜类

圆钮，圆钮座，镜钮厚大，镜缘一般都饰有锯齿纹或动物纹，主纹为龙虎纹或龙纹，采用高浮雕手法。可分为龙虎对峙镜和盘龙镜两种。

龙虎对峙镜　主纹为一龙一虎张口相对，有的于龙虎首尾配有羽人、鸟兽、点线纹等。有的于主纹外配有铭文带。

盘龙镜　此镜纹饰为高浮雕式。盘龙的形象怪异，是综合其他动物特征而创造出的动物形象。盘龙躯体与镜钮连在一起，一改以前龙纹威猛的气势。

龙虎戏璧画像砖（拓片）　东汉

龙、虎都是我国古代神话中的神兽，它们出现便是祥瑞之兆，古人常使用神兽形象作物品装饰。图为出土的东汉画像砖，图中龙虎身形矫健，怒目圆瞪，共持一璧。

居摄元年连弧铭带镜（拓片）　西汉

圆钮，四叶纹钮座，铭文是方形隶体“居摄元年自有真，家当大富曜常有陈，口之至吏为贵人，夫妻相日益亲善”。居摄为西汉孺子刘婴的年号，这是目前发现最早的纪年铭文镜。

汉代铜镜的特点

与之前所制的铜镜相比，汉代铜镜有着鲜明的特征。

首先，从镜背的布局来看，汉代铜镜多以四乳钉为基点，将镜背分为四区，其间饰以主题纹饰。

其次，地纹逐渐消失，主纹明显而突出。春秋战国铜镜的一个特点就是铜镜纹饰由主纹和地纹组合而成。而汉代铜镜纹饰则有了新变化，其地纹于西汉前期就渐趋粗略，之后逐渐全部消失。

再次，铜镜铭文地位逐渐提高，且成为铜镜纹饰的重要组成部分。铜镜铭文虽然于战国末期已经出现，但它完全处于从属的地位。而到汉代，镜铭地位大为提高，甚至有的铜镜纹饰完全以铭文为主。同时，汉代铜镜铭文种

（左）昭明铭镜　东汉

圆钮，四叶纹钮座，钮座外饰弦纹两周，外围饰博居纹、草叶纹和铭文，铭文为“视珠取无极，昭明镜□防，淫去乐洙念，远虑日有福”。近缘处饰栉齿形纹及弦纹各一周。宽素平缘。镜直径为 11.2 厘米。

（右）车马人物镜　东汉

圆钮，圆钮座，钮周围饰连珠纹一周，其外饰四乳钉纹，将主纹饰分为四区，相对的两区分别饰车马纹和人物纹。近缘处饰铭文和栉齿纹各一周，铭文为“尚方作竟四夷服，胡虏未□天下复，风雨时节五谷享，长保二亲得”。四乳钉外亦饰有连珠纹，缘上饰齿形纹两周，间饰水波纹一周。镜直径为 22 厘米，重 1 327 克。

渔猎博局纹镜　东汉

圆钮，四叶纹钮座，钮座外饰栉齿纹及宽带纹组成的方框，方框四角各饰一周饼形纹。外围饰博局纹及渔猎纹，渔猎纹共分为四组，一组为一人跪姿射兽，兽已经中箭；一组为一女踞坐，旁边有兔捣药，周围有树林、花草和鸟兽；一组为一人张网捕鱼，周围有鸟、兔；一组为一人张网捕鸟，周围有龟、犬，近缘处饰栉齿纹一周，宽素平缘。镜直径为16.5厘米，重739克。

类繁多，除官方制造的尚方镜“尚方”铭外，私人铸镜的镜铭更是丰富多彩，出现了纪年铭、纪地铭、纪氏铭、“日光”铭、“昭明”铭、“清白”铭、“善铜”铭、“铜华”铭等各种类型。铭文的排列也非常灵活，出现了直行铭文，如直行双夔纹镜就于钮上下配有字数相等的直行铭文。另外，镜铭还出现了减笔、漏字、漏句、反书等现象。

最后，这一时期铜镜纹饰题材有着重大突破，出现了四神博局镜、瑞兽镜、神兽镜、画像镜等新镜类。东王公、西王母等神仙内容、伍子胥人物画像等，都成为铜镜纹饰的新题材。

汉镜铭文的分类及解读

据现有考古资料可知，我国古代铜镜铭文最早出现于战国末期，但当时只是处于镜背纹饰的附属地位，并未成为主要纹饰。而到汉代，铜镜铭文地位逐渐提高，大部分铜镜背后都铸有铭文，甚至还出现了专门的铭文镜，如四乳铭文镜、连弧铭带镜、重圈铭文镜等，构成了丰富多彩的“铭文文化”。下面，是笔者对汉代镜铭进行的大致分类和解读。

“见日之光”草叶纹镜　汉代

桥形钮，方钮座，钮外围凹面带方格，方格外为铭文“见日之光，天下大明”，铭文方格外为四组草叶纹，每两组草叶间置一乳钉，方格四角伸出一叶瓣纹，十六内向连弧纹缘。镜直径为13.9厘米，重310克。

大乐类

“大乐贵富，千秋万岁，宜酒食。”

“大乐贵富，得所好，千秋万岁，宜酒食。”

“大乐贵富，得所好，千秋万岁，延年益寿。”

“大乐未央，长相思，愿毋相忘。”

“长乐未央。”

日光类

“见日之光，所见必当。”

“日月之明，见之光长。”

“见日之光，天下大阳，服者君卿。”

“见日之光，天下大明。”

“见日之光，天下大明，服者君卿，镜辟不祥，富于侯王，钱金满堂。”

“见日之光，天下大阳。”

“见日之光，美人在旁。”

“见日之光，长毋相忘。”

“见日之明，长毋相忘。”

“见日之光，长不相思。”

“阳”，《说文》释曰：“高明也。”此处”大阳“，故应指社会的清明，“天下

“见日之明”铭镜　西汉

圆钮，四叶纹钮座，钮座周围用铭文组成正方形，“见日之明，长毋相忘”，每边各两字，铭文外饰宽带纹及弦纹各一周，其外饰草叶纹及四乳钉。十六内向连弧纹组成平缘。镜直径为13.6厘米，重268克。下图为此镜的拓片。

大阳”即指社会的太平盛世。

毋忘类

“常贵，乐未央，毋相忘。”

“常与君，相驩幸，毋相忘，莫远望。”

“长乐未央，长毋相忘。”

“常乐未央，长毋相忘。”

“修相思，烦毋相忘，大乐未央。”

“长毋相忘，君来何伤。”

“长毋相忘，时来何伤。”

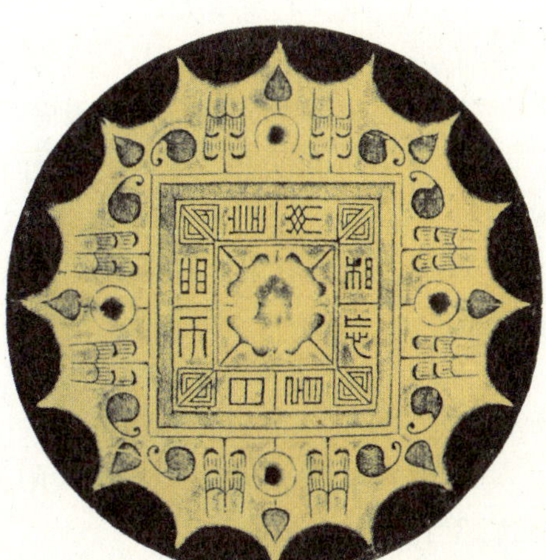

（左）“长宜子孙”内连弧纹镜　东汉

半圆钮，柿蒂纹钮座，柿蒂纹间以“长宜子孙”四字铭，外围八内向连弧纹，再外是八个圈乳间以细弦纹。素宽厚平缘。镜直径为21.3厘米，重1 190克。

（右）“长富贵”草叶纹镜　汉代

圆钮，柿蒂纹钮座，钮座外是两道宽凹面带围成的铭文方格，铭文为“长富贵，乐毋事，日有熹，得所喜，长宜酒食”，方格的中点外为四乳钉，乳钉外有花瓣纹座，两侧出三叠草叶纹，方格的四角伸出四只叶瓣纹，十六内向连弧纹缘。镜直径为27.5厘米，重1 760克。

“长毋相忘，贵乐未央。”

“久不相见，长毋见忘。”

“毋忘大王，心思美人。”

“心思美人，毋忘大王。”

“长相思，毋相忘，常贵富，乐未央。”

“君行卒，予心悲，久不见，侍前希（稀）。”

“愁思悲，愿君忠，君不说，相思愿毋绝。”

“千秋万岁，长乐未央，结心相思，毋见忘。”

“千秋万岁，长毋相忘，天下大阳，所言必当。”

“与天毋极，与地相长，驿乐如言，长毋相忘。”

“金之青，视吾形，见至□，长思君，时来游，宜子孙，乐无忧。”

“天上见长，心思君王。”

“与天无极，与美相长，欢乐未央，长毋相忘。”

“道路辽远，中有关梁，鉴不隐请，修毋相忘。”

“关梁”，即指关口和桥梁，泛指水陆交通必经之处。这些地方往往设防戍守或设卡征税。

“道路日远，侍前日稀。秋风日起，吾志日悲。”

“道络日远”铭，各句“日”字，都当作每日解。此铭写的是爱人远行，相爱之人的悲伤思念之情。

“君有远行，妾□私喜，□自次□止。君旋行来，何以为信，祝父母耳。何木毋疵，何人毋友，相惠有常可长。”

长宜子孙类

“长宜子孙，富贵昌兮。”

“宜子孙。”

“长生宜子。”

“长宜子孙，生如山□。”

“明如日月，长宜子孙。”

“长宜子孙，富贵高□。”

家常富贵类

“家常富贵。”

“日利大万，家富千金。”

“常贵富，安乐用，天羊至，毋相忘。”

“常富贵，乐未央，长相思，毋相忘。”

长寿类

“与天相寿，与地相长。”

“寿如金石。”

“寿如金石，佳且好兮。”

“寿如金石，累世未央。”

“与天相寿，与地相长，富贵如言，长毋相忘。”

宜官类

“长宜高官。”

“位至三公。”

“君宜高官。”

“君宜官秩。”

“长保官位。”

“君长宜官。”

“君官位。”

“君宜官。”

“君高里，高官。”

“主至三公。”

“三羊至官。”

“君官。”

“官秩”，指官吏的职位或依品级而定的俸禄。

“君宜高官”四叶对凤镜　汉／三国

扁平钮，钮外围为变形四叶纹，内有“君宜高官”四字铭，四叶间为四组对凤纹饰，外围十六内向连弧纹，窄平缘。镜直径为17厘米，重441克。

“金　石”

“金石”，即金属和石头，比喻坚固的东西，如“锲而不舍，金石可镂”（《荀子·劝学》）。“寿如金石”，即寿命长之意。《后汉文·桓谭冯衍列传第十八上》：“若使人居天地，寿如金石，要长生而避死地可也。”

“三　公”

“三公”，为古代中央三种最高官衔的合称。周以太师、太傅、太保为三公。《书·周官》：“立太师、太傅、太保，兹惟三公，论道经邦，燮理阴阳。”一说以司马、司徒、司空为三公，见《汉书·百官公卿表序》。西汉以丞相(大司徒)、太尉(大司马)、御史大夫(大司空)为三公，东汉以太尉、司徒、司空为三公，见《通典·职官一》。

“日有熹”铭带镜　汉代

圆钮，连珠纹钮座，钮座外一周弦纹带，一周内向连弧纹，主纹饰为铭文带“日有熹，月有（富），乐毋事，常得意，美人会，竽瑟侍，贾市程，万物平，老复丁，死复生，醉不知，醒旦星”，素平缘。镜直径为18厘米，重703克。

日有憙类

“长贵富，乐毋事，日有憙，常得所喜，宜酒食。”

“日有憙，宜酒食，长贵富，乐毋事。”

“日有憙，月有富，乐毋事，常得意，美人会，竽瑟侍，贾市程万物。”

“常富贵，乐毋事，日有憙，宜酒食。”

“日有憙，月有富，乐毋事，宜酒食，居必安，毋忧患，竽瑟侍，心志欢，乐已□，□□月。”

“日有憙，月有福，乐毋事，常得意，美人会，竽瑟侍，贾市□，万物平，老复丁。”

“日有憙，月有富，乐无事，常得意，美人会，竽瑟侍，商市程，万物平，老复丁，复生宁。”

“角王巨虚，日得憙，延年益寿，去恶事，长乐万世，宜酒食，子孙具，家大富。”

“角王”，应与“距虚”同义，均指古代传说中的兽名。

“老复丁”，谓年老而复壮盛。犹言返老还童。一说，家有年高者，则免除其子孙的赋役。《急就章》云：“长乐无极老复丁。”

昭明类

“内清质以昭明，光而象夫日月，心忽扬而愿忠，然而不泄乎。”

“内而清而以而昭而明而光而夫而日而月而不而泄。”

“内而清质而以昭明，光而象夫日月，心忽而忠，不泄。”

“内清”铭带镜　汉代

圆钮，连珠纹钮座，一周宽弦纹带接一周内连弧纹，铭文带“内清质以昭明，光象而夫乎日月，心忽而愿忠，然虽塞而愿不泄”，素平缘，铭文字体秀美。镜直径为13.2厘米，重376克。

"内青以昭明，光夫日月，而泄。"

"内清以昭明，光象夫日月兮，不世。"

"内清以昭明，光象夫日月。"

"内清质以昭明，光辉象夫日月，心忽而忠，雍塞不泄。"

"内清质以昭明，光辉象夫乎兮日月，心忽而愿忠，然雍塞而不泄。"

"内清质以昭明，光辉象夫日月，心忽扬而愿忠，然雍塞而不泄。"

"内青以召□，光象夫日月，世召不。"

"内而青而以□而□□而□而象光而日之月光而忽心而不。"

"视珠取无极，昭明镜□防，淫去乐□念，远虑日有福。"

"雍塞"，堵塞之意。雍，通"壅"。

铜华类

"湅治铜华清而明，以之为镜应该宜文章，延年益寿去不羊，与天毋亟日月光，长乐。"

"湅治铅华而清明，以之为铅而宜文章，延年益寿去不羊，与天毋极而日月之光，长乐未央。"

"铅华"，疑为铜华之误。在制作铜镜时，镜面的亮度与铅有关，往往需要加以铅，以使铜镜表面更明亮。

新兴类

"新兴辟雄建明堂，然于举士列侯王，将军令尹民户行，诸王万舍在北方，乐未央。"

"新兴辟雍建明堂，然于举士列侯王，子孙复具治中央。"

《乐府诗集·木兰诗》即有"归来见

湅

本意为"练丝"，指将丝煮好使之成为熟丝。《说文》段注曰："湅之暴之，而后丝帛之质精，而后染人可加染，湅之以去其瑕。"

文　章

古时"文"指青色配赤色形成的颜色，"章"指赤色配白色形成的颜色。故"文章"合用，意即错综复杂的色彩和花纹。

"新兴辟雍建明堂"

"新兴辟雍建明堂"，反映了王莽托古改制的背景。"辟雍"，辟，通"璧"。本为西周天子所设大学，校址圆形，围以水池，前门外有便桥。东汉以后，历代皆有辟雍，除北宋末年为太学之预备学校外，均为行乡饮、大射或祭祀之礼的地方。"明堂"，古代帝王宣明政教、举行大典的地方。

新兴几何纹简化博局镜（拓片）　东汉

圆钮，四叶纹钮座，外围双线方格，T形纹及八乳钉间填以云纹。一周铭文为"新兴辟雄（雍）建明堂，然于举士列侯王，将军令尹民户行，诸王万舍在北方，乐未央"。镜直径为 13.5 厘米。

“吾作”连弧镜　汉代

圆钮，变形四叶纹钮座，外围八个半连弧纹，连弧纹外是铭文带，铭文为“吾作明镜，幽炼三商，雕刻无极，配象万疆，八益□□，道德设，华灵九采，光耀玄黄，顾常服□（焉），福禄是从，嘉利吉瑞，□今以□，□□家富，子孙番昌，曾年益寿，其师命长”，素平缘。镜直径为13厘米，重335克。

天子，天子坐明堂”句。

“令尹”，春秋战国时楚国执政官名，相当于宰相，后泛称县、府等地方行政长官。

上大山类

“上大山，见神人，食玉英，饮澧泉，驾交龙，乘浮云，君宜官，秩保子孙，寿万年，昌乐未央。”

“上大山，见神人，食玉英，饮澧泉，驾蜚龙，乘浮云，宜官秩，保子孙。”

“上大山，见神人，食玉英，饮澧泉，驾非龙，乘浮云，白虎引，直上天，赐长命，保子孙。”

“上大山，见神人，食玉英，饮澧泉，得天道，物自然，驾交龙，乘浮云，宜官秩兮，保子孙兮。”

“澧泉”，甘美的泉水。澧，通“醴”。

此类铭文反映了汉人崇尚道家神仙之说，“驾交龙，乘浮云”更是希冀得道升天的反映。

吾作明镜类

“吾作明竟，幽湅三商，周刻无极，雕刻万方，四祭像元，六合设长，举贪方庚，通距虚空，统德序道，祇灵是兴，百牙陈乐，众神见容，天琴衔持，维刚大吉，服者公卿，其师命长。”

"吾自作明竟，幽湅三商，雕刻规矩，无□□□疆，□□举乐，容□贝，众夫二禽□，大吉羊。"

"吾作明镜，幽湅宫商，周罗容象，五帝天皇，白牙单琴，黄帝除凶，朱鸟玄武，白虎青龙，服。建安十年造作。大吉。"

"吾作明镜，幽湅宫商，周罗容象，五帝天皇，白牙单琴，黄帝除凶，朱鸟玄武，白虎青龙，服者豪贵，延寿益年，子孙番。建安十年造。"

"吾作明镜，幽湅三商，规矩无涯，刻万疆，四气象元，六合设□，□作秉员，通距虚空，统德序道，祇灵是兴，白牙陈乐，众神见容，□。"

善铜类

"新有善铜出丹阳，和以银锡清且明，左龙右虎掌四彭，朱爵玄武顺阴阳，八子九孙治中央，刻娄博局去不羊，家常大富宜君王。"

"新有善铜出丹阳，湅。尚方佳竟真大好，上有仙人不知老，渴饮玉泉饥食枣，浮游天下遨四。"

"新有善铜出丹阳，和以银锡清且明，左龙右虎四彭。"

"汉有善铜出丹阳，清且明，左龙右虎主四澎，八子居中央，朱爵玄武。"

"汉有善铜出丹阳，取之为镜清如明，左龙右虎备四旁，朱爵玄武顺阴。"

"新□有善铜出阳，冶之为口为清明，作竟□。"

"汉有善铜出丹阳，炼冶银锡清而明，巧工刻之成文章，左龙右虎辟不羊，朱鸟玄武顺阴阳，子孙服具居中央，长保二乐□昌，寿如金石之侯王。"

"汉有善同出丹阳，和以银锡清照□。"

"四　气"

指春、夏、秋、冬四时的温、热、冷、寒之气。另外汉儒附会天人相应之说，以喜怒乐哀应四时为"四气"。

"六　合"

指上下和四方，泛指天地或宇宙。又指一年十二个月中季节相应的变化，如仲春和仲秋为合，仲夏和仲冬为合。古时候迷信的人，结婚要选好日子，要年、月、日的干支都相适合，这叫"六合"。

丹 阳

丹阳，东汉郡名，在今天安徽宣城，为汉代主要产铜地。《神异记》中记载，"丹阳铜似金，可锻以作器。"汉代镜铭中多有"新有善铜出丹阳"或"汉有善铜出丹阳"的字铭。可见，当时丹阳产铜之盛，铜质之好。

"善铜"规矩镜　汉代

圆钮，柿蒂纹钮座，外围十二乳钉，乳钉间以十二地支铭，规矩纹内饰青龙、白虎、朱雀、玄武。规矩纹外是铭文带，铭文为"新有善同（铜）出丹阳，已（以）之镜宜文章，八子九孙冶中央"，卷草纹缘，纹饰精致。镜直径为 17 厘米，重 572.8 克。

玉米

谷子

黍

稻

高粱

“新有善铜出丹阳，和以银锡清且明，左龙右虎掌四彭，朱爵玄武顺阴阳，八子十二孙治中央，法象天地，如日之光，千秋万岁，长乐未央兮。”

纪氏类

“王氏”铭：“王氏作竟四夷服，多贺新家人民息，胡虏殄灭天下复，风雨时节五谷熟，长保二亲子孙力，官位尊显蒙禄食，传告后世乐毋极，大利兮。”

“胡虏”，秦汉时称匈奴为胡虏，后世用为与中原敌对的北方部族之通称。

“五谷”，指粮食，五谷即稻、黍、稷、麦、豆。

“王氏”铭：“王氏昭竟四夷服，多贺新家人民息，胡虏殄灭天下复，风雨时节五谷孰，百姓宽喜得佳德，长保二亲受大福，传吉后世子孙力，千秋万年乐毋极。”

“蔡氏”铭：“蔡氏作竟佳且好，明而月，世少有，刻冶今守（禽兽）悉皆在，令人富贵宜孙子，寿而金石不知老兮，乐无极。”

“华氏”铭：“华氏作镜宜侯王，家当大富乐未央，子孙备具居前行，长保二亲辟邪，合和除凶所未得，仙人王侨、赤松子，食兮。”

“朱氏”铭：“朱氏明镜快人意，上有龙虎四时宜，常保二亲宜酒食，君宜官秩家大富，乐未央，宜牛羊。”

“吕氏”铭：“吕氏作镜自有纪，长保二亲□孙子，辟去不羊宜古市，为吏高升居人右，寿如金石。”

“自有纪”当指自己有一套规则和标准等。

“古市”，即“贾市”，买卖、交易活动。

“阴氏”铭：“阴氏作竟，青如日月，其师受。”

“张氏”铭：“张氏作竟大毋伤，长保二亲乐

五　谷

“谷”原来是指有壳的粮食，像稻、稷（谷子）、黍（黄米）等外面都有一层壳，所以叫做谷。五谷原是中国古代所称的五种谷物，后泛指粮食类作物。

王氏昭铭镜 新莽时期

圆钮，四叶纹钮座，钮周围饰十二地支，间十二乳钉纹，每边各有三字，字周围饰凹宽带纹围成的方框，其外饰博局纹、鸟兽纹及八乳钉纹，近缘处饰铭文及栉齿纹各一周，缘上饰齿形纹及变形兽纹各一周。外圈铭文为“王氏昭竟四夷服，多贺新家人民息，胡虏殄灭天下复，风雨时节五谷孰，百姓宽喜得佳德，长保二亲受大福，传吉后世子孙力，千秋万年乐毋极”。铭文采取两种不同的书写形式，钮座上的铭文采用篆书，外圈铭文采用隶书。镜直径为 20.9 厘米，重 1020 克。（下为拓片）

未央。八子九孙居高堂兮。”

“侯氏”铭：“侯氏作竟自有纪，□大得，宜古市，出入居官在人右，长保二亲及孙子。”

“侯氏”铭：“侯氏作竟大毋伤，巧工刻之成文章，左龙右虎辟不阳，七子八孙居中央，夫妻相保如威央。”

“威央”，因与夫妻相连，故疑为鸳

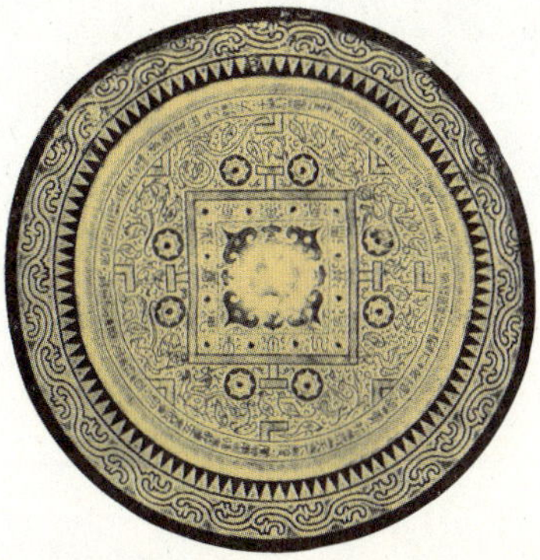

天力

指上天之力，上天所助。《汉书·霍光传》："中孺扶服叩头，曰：'老臣得托命将军，此天力也。'"《后汉书·隗嚣传》："若嚣命会符运，敌非天力，虽坐论西伯，岂多嗤乎？"汉镜铭中有"长保二亲得天力"字铭，说的就是希望上天能多多保佑自己的父母。

阴阳

古代哲学概念。古代朴素的唯物主义思想家把矛盾运动中的万事万物概括为"阴"、"阳"两个对立的范畴，并以双方变化的原理来说明物质世界的运动。"一阴一阳之谓道"（《易·系辞上》、"阴阳和而万物得"（《礼记·郊特性》）、"天地之变，阴阳之化"（《荀子·天论》）。

鸯之误。

"鲁氏"铭："鲁氏作镜大毋伤，浮云连结四方，六子大吉。"

"杜氏"铭："杜氏作竟大毋伤，亲有善铜出丹羊，湅治银锡清如明，左龙右虎辟不阳，长富乐未央。"

"陈氏"铭："陈氏作竟日有憙，令人阳口贵豪富，□□细守名目冶，左有青龙来福，右白虎居前□贵风□为□□异□□□象□造工胜。"

"李氏"铭："李氏作竟四，多贺国家人民息，胡虏殄灭天下服，风雨时节五谷熟，长保二亲得天力。"

"李氏"铭："李氏乍竟四夷服，多贺国家人民息，胡虏殄灭天下服，风雨时节五谷孰，长保二亲得天力，传告后世乐无极，宜孙子。"

"李氏"铭："李氏乍镜四夷服，多贺国家人民息，胡虏殄灭天下服，风雨时节五谷熟，长保二亲得天力，传告后世乐无极，自有纪，长有仙人不知老，渴饮玉泉饥食枣，夫妻相爱如威田鸟，长宜子。"

"威田鸟"，疑与"威央"意同，因与夫妻相连，又带一鸟字，故疑为鸳鸯

阴氏铭镜　东汉

圆钮，圆钮座，钮上下左右四个方向各饰人物纹，间饰四怪人兽，其外饰半圆枚一周，间饰凸方枚，半圆枚上饰涡纹，方枚上各有一字。近缘处饰齿纹一周，缘上饰鸟兽纹及菱形纹各一周，铭文为"阴氏作竟，青如日月，其师受"。镜直径为12.6厘米，重282克。（右为拓片）

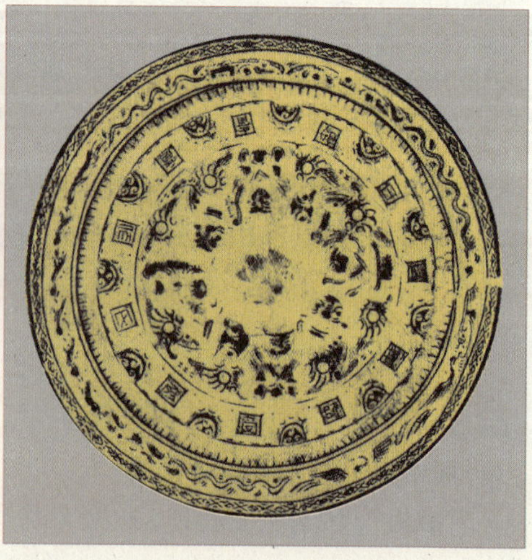

李氏铭镜　东汉

圆钮，圆钮座，钮座外以侧饰一人植树，对一蛙形兽，另一侧饰龙虎纹，其外有铭文和栉齿纹各一周，铭文为“李氏乍竟四夷服，多贺国家人民息，胡虏殄灭天下服，风雨时节五谷孰，长保二亲得天力，传告后世乐无极，宜子孙”。缘上饰齿形纹两周，间饰水波纹一周。镜直径为 14.3 厘米，重 875 克。

之意。

“田氏”铭：“田氏作竟大毋伤，新有善铜出丹阳，湅治铜锡清如明，得此竟□□千万。”

“青盖”铭：“青盖作竟大毋伤，左龙右虎辟不羊，朱鸟玄武顺阴阳，保二亲乐富昌，寿敝金石如侯王。”

“青盖”，《金石索》和《铜仙传》均认为是铸镜者姓名。

“许氏”铭：“许氏作竟自有纪，青龙白虎居左右，圣人周公鲁孔子，作吏高迁车生耳，郡荐孝廉州博士，少不努力老乃悔，吉。”

“张氏”铭：“张氏作竟宜侯王，家当大富乐未央，子孙备具居中央，长保二亲世世昌，为吏高□带青黄。”

“田氏”铭：“田氏作四服，多贺国家人民息，胡虏殄灭天下服，风雨时节五谷熟，长保二亲得天力，传告后世乐无极。”

永和元年铭镜　东汉

圆形钮，四叶纹钮座。钮座外饰宽带纹框，其外饰博局纹，上下饰虎纹，左右饰龙纹。近缘处饰弦纹、铭文各一周，宽缘上饰齿形纹一周。铭文为“永和元年正月广武造，宜君王，长米用”。“永和”为东汉顺帝刘保之年号，永和元年为公元136年。

“吏氏”铭：“吏氏作竟自有纪，明而月日世少有。”

“驺氏”铭：“驺氏作竟四夷服，多贺国家人民息，胡虏殄灭天下复，风雨时节五谷熟，长保二亲得天力，传告后世乐无极兮。”

“龙氏”铭：“龙氏作镜大毋伤，亲有善铜出丹阳，和已昆易清且明，刻画奇守成文章，距虚辟邪除群凶，除子天禄会是中，长宜子孙大吉羊。”

“至氏”铭：“至氏作镜真大工，□……□寿，富贵益昌，功成事见，其师命长兮。”

“青盖”铭：“青盖作竟大毋伤，巧工刻之成文章，左龙右虎辟不羊，朱鸟玄武顺阴阳，子孙备具居中央，长保二乐富昌，寿敝金石如侯王兮。”

“柏氏”铭：“吴向里柏氏作竟四夷服，多贺国家人民，胡虏殄灭天下复，风雨时节五谷孰，长保二亲得天力，传告后世乐无亟兮。”

“吴向里”当为地名。“里”为汉代基层行政单位。

“张氏”铭：“张氏作竟四夷服，多贺国家人民息，胡虏殄灭天下复，风雨时节五谷孰，长保二亲得天力，传告后世乐无亟，大吉无昌。”

“大吉无昌”当为“大吉永昌”之误。

“博　士”

古代学官名。六国时有博士，秦因之。西汉属太常。汉武帝置五经博士，晋置国子博士，唐有太学博士、律学博士、算学博士、医学博士等，皆教授官。明清亦有国子博士、太常博士、五经博士等。另外，唐代江南还俗称卖茶人或卖酒人为博士，如茶博士、酒博士，相当于我们今天的师傅之称。而我们今天的“博士”，指的则是学位名，指学位的最高一级，如文学博士、医学博士等。

“距　虚”

古代传说中的兽名。《吕氏春秋·不广》：“北方有兽，名曰蹶，鼠前而兔后，趋则跲，走则颠，常为蛩蛩距虚取甘草以与之。蹶有患害也，蛩蛩距虚必负而走，此以其所能托其所不能。”《汉书·司马相如传上》：“蹵蛩蛩，辚距虚。”颜师古注：“张揖曰：‘蛩蛩，青兽，状如马。距虚似骡而小。’郭璞曰：‘距虚即蛩蛩，变文互言耳。’据《尔雅》文，郭说是也。”《急就篇》云：“豹狐距豺犀兕。”注：“距虚，即蛩蛩也，似马而有青色”。

"柏师作"车马画像镜
东汉

圆钮，花瓣纹钮座，四乳间为东王公、西王母、三马拉车、羽人骑马四组纹饰，东王公、西王母各有榜题。外围铭文为"吴向里柏师作竟四夷服，多贺国家人民息，胡虏殄灭天下复，风雨时节五谷熟，长保二亲得天力"。两周三角齿夹双线波折纹缘。镜直径为20.2厘米，重849克。

纪年类

"居摄元年"纪年铭："居摄元年自有真，家当大富，籴常有陈，□之治吏为贵人，夫妻相喜日益亲善。"

"居摄"为西汉孺子刘婴年号，元年即公元6年。

此为目前发现最早的纪年铭文镜。

"建安六年"纪年铭："建安六年君宜高，吾□日廿四日氏作竟， 幽湅宫商，刻三容象，五帝天皇，白牙单琴，黄帝吉羊，三公。"

"建安"为东汉汉献帝刘协年号，建安共25年，六年为公元201年。

"建安十年"纪年铭："吾作明竟，幽湅宫商，周罗容像，五帝天皇，白牙单琴，黄帝除凶，朱鸟玄武，白虎青龙，君宜高官，子孙番昌，建安十年造大吉。"

"建安十年"，为公元205年。

青龙、白虎、朱雀、玄武为汉人信仰的四灵，象征东、西、南、北四个方向。古人认为其有辟邪之功能。

"建安十年"纪年铭："建安十年，吾作明竟，幽湅宫商，周刻容象，五帝天皇，白牙单琴，黄帝除凶，朱鸟玄武，白虎青龙，君高官，位至三公，子孙番昌。"

"番昌"，"番"通"蕃"，蕃衍昌盛。"子子孙孙，永永番昌"（《隶释·汉白石神君碑》）。

"建安十年"纪年铭："建安十年三月，吾作明竟，幽宫东商，周象五帝天皇，白牙单琴，黄帝余凶，朱鸟玄武，白虎青龙，君宜高官。"

"建安十九年"纪年铭："建十九年八月五日，吾作竟，□□日月，白牙单琴，黄帝仙人，东王父西母，宜子先，大吉羊，位至三公，□□夫。"

"建安十九年"为公元214年。

"建安二十一年"纪年铭："建安二

章和年铭镜　东汉

圆钮，钮周围饰人物、天禄、辟邪等纹饰。近缘处饰齿形纹及铭文各一周。铭文为“吾作明竟□□，家有五马千头羊。莫□□□日月□，□□□□□□□□□□，章和年□月辛巳朔廿曰戌子造”。凸缘，缘上饰有旋涡纹。“章和”，东汉章炟的年号。

十一年四戊午朔十九日起□□也，道其者，会稽所作，中有六寸一千也，人者服之千万年长仙，作吏宜官，吉羊，宜侯王，家有五马千头羊，羊□女子具富□。”

“建安二十一年”为公元216年。

“会稽”为东汉郡名，今浙江绍兴，为汉代铸镜重要地区。

“建安廿二年廿十月辛卯朔四日甲午，太岁在丁酉，时加未，师郑豫作明竟，幽湅三章，以而清明，服者大得高远，宜官位，为侯王，家□□富□居日□□□孙子□。”

“建安廿二年”为公元217年。

“建安二十四年”纪年铭：“吾作明竟宜来王，家有五马千头羊，官高位至车丞出，止非人西当莫□□□□□□□□□，建安廿四年八月辛巳□十七日□□□。”

“建安二十四年”为公元219年。

“车丞”，为东汉官职名称。

“始建国天凤二年”纪年铭：“始建国天凤二年作好镜，常乐富贵庄君上，长保二亲及妻子，为吏高迁位公卿，世世封传于毋穷。”

始建国天凤共有6年，天凤二年为公元15年。

“庄”为恭敬之意。《吕氏春秋·孝行》：“居处不庄，非孝也。”高诱注：“庄，敬。”

“元兴元年”纪年铭：“元兴元年五月丙午日，□□广汉西蜀，造作尚方明竟，幽湅三商，长乐未，宜侯王，富且昌，位至三公，位师命长。”

“元兴元年”为公元105年。

“广汉”、“西蜀”均为东汉郡名，前者治所为今天四川广汉县北，后者则为四川成都。两者均为汉代重要的铸镜地区。

“幽湅”，何堂坤先生认为其为神秘、隐蔽冶炼之义。

“三商”，有人认为是指冶炼时间，有人认为是指铜、锡、铅三种金属，笔者赞同后者。

“永康元年”纪年铭：“永康元年六月八日庚申，天下大赦，吾造作尚方明竟，合湅白黄，周兮。”

“永康元年”为公元167年。

“天下大赦”，此铭与《后汉书》记载相符。其文为“六月庚申，大赦天下，悉除党锢，改元永康。”

“永康元年”纪年铭：“永康元年，

纪年铭

指铜镜铭文中直接表明铸镜年份，如“居摄元年自有真“、“建安十年，吾作明镜”等，其中居摄元年纪年镜，为目前发现最早的纪年铭文镜。纪年铭的出现，对铜镜的分期断代有着非常重要的意义。

“白牙单琴”

即“伯牙弹琴”。《吕氏春秋·本味》中云：“伯牙鼓琴，钟子期听之方鼓琴而在太山，钟子期曰：‘善哉乎鼓琴，巍巍乎若太山，少选之间而志在流水。’钟子期又曰：‘善哉乎鼓琴，汤汤乎若流水。’钟子期死，伯牙破琴绝弦，终身不复鼓琴，以为世无是复为鼓琴者。”

“黄帝除凶”

即黄帝诛杀蚩尤之事，见于《史记·五帝本纪》，其文曰：“蚩尤作乱，不用帝命，于是黄帝乃征师诸侯，与诸侯战于涿鹿之野，遂禽杀蚩尤。”

建安廿四年铭镜　东汉

圆钮，圆钮座，钮座外饰连珠纹一周。外围饰人物、天禄、辟邪等纹饰，其外饰凸棱一周，凸棱内侧饰齿形纹一周。缘上饰铭文及变形兽纹各一周，由于年代久远，铭文已无法辨认。镜直径为13.3厘米，重251克。“建安廿四年”为公元219年。

熹平元年铭镜　东汉

圆钮，钮周围饰人物、天禄、辟邪等纹饰，其外饰凸棱一周，凸棱内侧饰齿形纹一周，缘上饰铭文及花瓣纹各一周，铭文模糊不清。镜直径为 10.3 厘米，重 163 克。“熹平元年”为公元 172 年。

正月午日，幽湅黄白，早作明竟，买者大富，延寿命长，上如王父，西王母兮，君宜高位，立至公侯，长生大吉，太师命长。”

“熹平二年”纪年铭：“熹平二年正月丙午，吾造作尚方明竟兮，幽湅三商州刻无极，世得光明，买人大富贵，长宜子孙延年兮。”

“熹平二年”为公元 173 年。

“熹平三年”纪年铭：“熹平三年正月丙午，吾造作尚方明竟，广汉西蜀，合湅白黄，周刻无极，世得光明，买人大富，长子孙，延年益寿，乐未央兮。”

“丙午”，丙，五行属火，《玉篇》称丙为“光明也”。《左传·昭公十七年》云：“其以丙子若壬午作乎”注云：“丙午，火。”疏云：“正义曰：丙是火日，午是火位，……故丙午为火。”可见，丙午日为铸镜吉日。

“元兴元年”纪年铭：“元兴元年五月丙午日天大赦，广汉造作尚方明竟，幽湅三商，周得无极，世得光明，长乐未央，富且昌，宜侯王，师命长生如石，位至三公，寿如东王父西王母，仙人子位至公侯。”

“元兴”为东汉和帝刘肇年号，“元兴元年”为公元105年。

“天大赦”，《后汉书》载：“夏四月庚午，大赦天下，改元元兴。”

“熹平七年”纪年铭：“熹平七年正月廿五日丙午，暴氏作尚方明竟，幽湅三商，天王日月，上有……富且昌，长乐未央。”

“熹平七年”为公元178年。

“中平四年”纪年铭：“中平四年，五月午日，幽湅白同，早作明竟，买者大富，长宜子孙，延年命长，上如王父，西王母兮，大乐未央，长生大吉，天王日月，太师命长。”

“中平”为东汉灵帝刘宏年号，中平共六年，四年为公元187年。

“五月午日”，即为五月吉日之意。

“中平四年”纪年铭：“惟中平四年，太岁在丁卯，吾造作尚方明镜，广汉西蜀，合浦□黄，□利无□，世得光明，买此镜人，尚欢虞家，当臣□师侯太吉羊。”

“丁卯”，六十甲子的第四位。“在丁卯三月之望”。（张溥《五人墓碑记》）

“欢虞”，即“欢娱”，欢欣娱乐。

“初平元年”纪年铭：“初平元年正月戊午日，吾作明竟自有已，除去不羊宜古市，来而东王父西王母，右同赤公子，千秋万年不失志，买者大贵昌。”

“太　岁”

太岁为古代天文学中假设的星名，与岁星相应。又称岁阴或太阴。岁星即木星，岁星约十二年运行一周天，故以“周岁星”指十二年。旧时方士术数以太岁所在为凶方，有忌兴土木建筑、迁徙房屋等迷信活动。

“五月丙午日”

为古代铸镜吉日。传说此日火气最盛，最适宜冶炼金属。《淮南子·天文训》中云：“五月夏至”，“夏至日则火从之，故五月火正。”《左传·昭公十七年》云：“其以丙子若壬午作乎”注云：“丙午，火”。疏云：“正义曰：丙是火日，午是火位，……故丙午为火。”

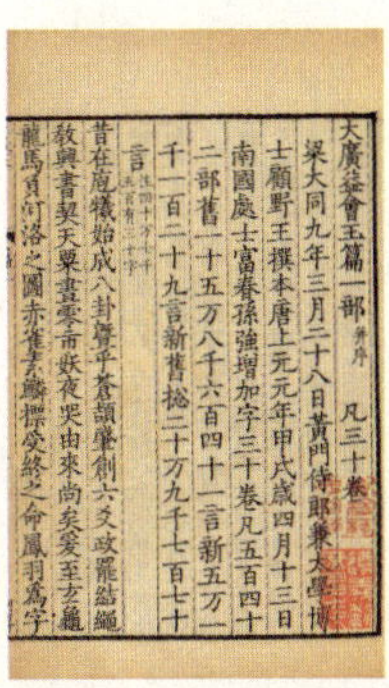

（左）《玉篇》书影

《玉篇》为中国古代一部按汉字形体分部编排的字书。南朝梁大同九年（公元543年）黄门侍郎兼太学博士顾野王撰。《玉篇》价值很高，唐代有将其与《尔雅》、《说文》相提并论者。

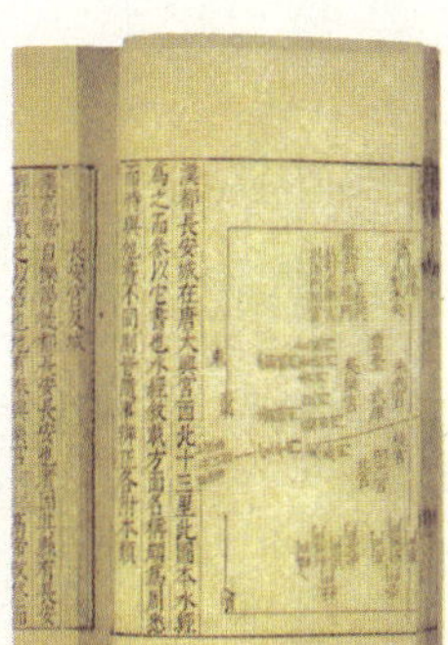

（右）汉长安城图

汉朝是一个强大的帝国，创造了辉煌的文明，农业、手工业、商业都有极大发展，人口也达到五千万。图为汉代都城长安，图出自《雍录》十卷。该书为宋代程大昌所著的考证长安历史地理沿革的书，共有地图32幅，是现存最早的一部长安城地图集。

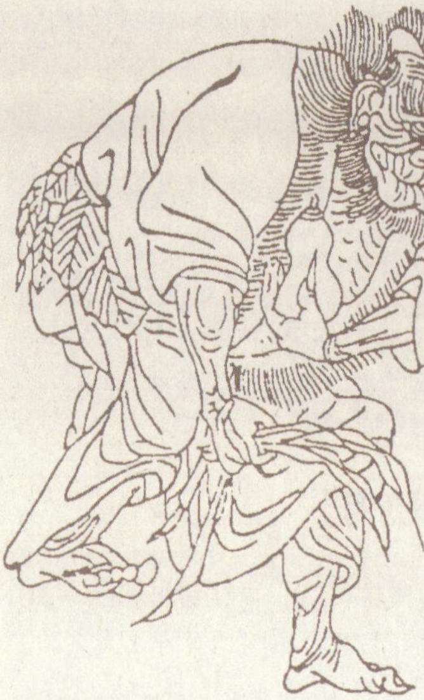

赤松子

赤松子，中国古代神话中的仙人。相传为神农时雨师，一说为帝喾之师。后为道教所信奉。《汉书·张良传》："愿弃人间事，从赤松子游耳。"

"初平"为汉献皇帝年号。

"赤公子"即赤松子，亦称"赤诵子"、"赤松子舆"。相传为上古时神仙。

"建宁元年"纪年铭："建宁元年九月九日丙午，造作尚方明镜，幽湅三商，上有东王父，西王母，生如山石，长宜子孙，八千万里，富且昌，乐未央，宜侯王，师命长，买者太吉羊，宜古市，君宜高官，位至三公，长乐央口。"

"生如山石"与"寿如金石"意同，均言寿命之长。

"始建国二年"纪年铭："唯始建国二年新家尊，诏书□下天多恩，贾人事市□财蔷田，更作辟雍治校官，五谷成熟天下安，有知之士得蒙恩，宜官秩，葆子孙。"

"始建国二年"为公元10年。

"新家"即王莽建的新朝。

"事市"指从事商业活动。

"蔷田"指从事农业劳动。

"永平七年"纪年铭："永平七年正月作，公孙家作竟。"

"永平七年"，为公元64年。"公孙家"为铸镜者姓名或商号名。

"永和元年"纪年铭："永和元年正月广武造，宜君王，长米用。"

"永和元年"为公元136年。"广武"为东汉县名。

太 师

官名，西周置，为辅弼国君之臣，历代相因，以太师、太傅、太保为三公，多为大官的加衔，无实际的职权。后又指太子太师，即辅导太子之官。

校 官

古代的学官。即掌管学校的官员。《汉书·韩延寿传》："延寿于是令文学校官诸生皮弁执俎豆，为吏民行丧嫁聚礼。"颜师古注："校亦学也。"《三国志·魏志·武帝纪》："其令郡国各修文学，县满五百户置校官，选其乡之俊造而教学之。"汉代还指地方学校。《后汉书·明帝纪》："永平十年，幸南阳……召校官弟子作雅乐，奏《鹿鸣》。"《后汉书·循吏传·任延》："又造立校官，自掾史子孙，皆令诣学受业。"

尚方类

“尚方作镜大毋伤，巧工刻之成文章，左龙右虎辟不羊，朱鸟玄武顺阴阳，子孙备具居中央，长保二亲乐富昌，寿敝金石如侯王兮。”

“尚方作竟真大好，上有仙人不知老，渴饮玉泉饥食枣，浮游天下遨四海，为国保。”

“尚方作竟四夷服，多贺国家人民息，胡虏□□天下复，风雨时节五谷熟，长保二亲得天力，传告。”

“尚方作竟四夷服，多贺国家人民息，胡虏未□天下复，风雨时节五谷亨，长保二亲得。”

“尚方作竟真大好，上有仙人不□□，渴。”

“尚方作竟真大巧，上有山人。”

“尚方作竟真大巧，上有山人不知。”

“尚方作竟真大巧，上有仙人不知老”。

“尚方作竟真大巧，上有山人不知老兮。”

“尚方乍竟真大好，上有仙人流美。”

“尚方作竟真大好，上有山人不知老，渴饮玉泉。”

“尚方作竟真大巧，上有仙人不知老，渴饮玉泉。”

“尚方作竟大毋伤，左龙右虎辟不羊，朱鸟玄武顺阴阳，子孙备具居中央，长保二亲具富昌，如侯王。”

“尚方作竟真大巧，上有仙人不知老，渴饮玉泉饥食枣，寿而金石天之保兮。”

“尚方佳竟真大好，上有仙人不知老，渴饮玉泉饥食枣，浮游天下敖四海，寿如金石之保。”

“尚方佳竟真大好，上有仙人不知老，渴饮玉泉饥食枣，浮天下敖四海，寿如金石为国保，日月明兮。”

“尚方作竟真大巧，上有仙人不知

四神规矩镜（拓片）　新莽时期

圆钮，双线方格内为十二乳钉纹间以十二时辰，博局纹将内区分为四方八区，分别配置四神等纹饰。外区隶书铭文“始建国天凤二年作好镜，常乐贵富庄君上，长保二亲及妻子，为吏高迁位公卿，世世封传于毋穷”。缘饰缠枝叶纹。镜直径为16.6厘米，重690克。

“黄羊作”龙虎镜　汉代

圆钮，主纹饰为龙虎，下有羽人、独角兽。三字铭文“黄羊作”。镜直径为9.8厘米，重352克。

车马人物纹镜　东汉

圆钮，圆钮座，钮座外饰连珠纹一周，四乳钉将主纹饰分为四区，有两组人物、两组车马纹，其外饰弦纹及栉齿纹各一周。缘上饰变体龙纹及云纹。镜直径为20.9厘米，重935克。

尚方七乳画纹带镜　汉代

圆钮，钮外置九乳钉间饰花叶纹，外为铭文带，铭文为"尚方佳竟真大好，上有仙人不知老，渴饮玉泉饥食枣，浮游天下如之保"。主纹饰为七乳钉和神兽：青龙、白虎、朱雀、玄武、羽人。缘饰卷云纹。镜直径为16.4厘米，重566克。

老，渴饮玉泉饥食枣，寿而金石天之保，长乐未央如侯王，子孙□居中央，富贵昌，□益□兮。"

"尚方乍竟真大巧，上有仙不知老，饥食枣，饮真玄入□□。"

“尚方作竟真大巧，上有仙人不知老，饮玉泉兮。”

“尚方作竟真大巧，上有仙人不知老，渴饮玉泉饥食。”

“尚方作竟真大巧，上有仙人不知老，渴饮玉泉饥食枣，浮游天下。”

“尚方佳竟大毋伤，虎羊，朱鸟玄武顺阴阳，子孙备具居中央，长保二亲乐富昌，寿敝金石如……”

“尚方作竟真大巧，上有仙人不知老，渴饮玉泉饥食枣，浮游天下。”

“尚方作镜大毋伤，巧工刻之成文章，左龙右虎辟不祥，朱鸟玄武顺阴阳，寿敝金石乐未央，长保二亲富贵昌，子孙备具居中央，女为夫人男为卿。”

“尚方作镜大毋伤，巧工刻之成文章，左龙右虎辟不，朱鸟玄武顺阴阳，子孙备具居中央。”

“尚方作竟真大好，上有山人不知老，渴饮玉泉饥食枣，□草。”

“尚方作竟真大好，上有仙人不知老，渴饮玉泉饥食枣，徘徊名山采芝草，浮游天下敖四海，寿敝金石如国保。”

“尚方作镜大毋伤，商周连出建四方，安癸辟邪居中央，子孙烦息富贵昌，寿如金石。”

“尚方作镜自有纪，良辰时日家大富，九子九孙各有憙，位至三公中常侍，上有西王母东王公，仙人子乔赤由子。”

“玉泉”，意与“澧泉”同。信道之人认为饮此可以长生和成仙。

“饥食枣”的“枣”，古人认为其为仙人之食。司马迁《史记·孝武本纪》中记载：“臣尝游海上，见安期生，食巨枣大如瓜。”安期生为传说中的仙人。

“子乔”，春秋时神话传说人物。

“赤由子”即赤松子，亦称“赤诵子”、“赤松子舆”。相传为上古时神仙，各家所载，其事互有异同。

“尚 方”

为汉代官名。《汉书》中记载：“少府属官，有钩盾、尚方、御府”。又《通典》中云：“秦置尚方令，汉因之，后汉掌上手工作御刀剑玩好器物。”可见尚方镜，理为官方铸镜，但民间仿制甚至是伪造的也很多。故刻有“尚方”二字的镜，也并非全是尚方之器。

王子乔

王子乔，神话人物。一说名晋，字子晋。相传为周灵王太子，喜欢吹笙作凤凰鸣声，为浮丘公引往嵩山修炼。三十余年后，在缑氏山顶上，向世人挥手作别，升天而去，故有“王子乔登仙的传说”。

汉代镜铭体现的广告意识

文字广告出现于汉代，铜镜铭文就是其中之一。为了吸引顾客购买其铜镜，铜镜铸造者想方设法迎合购买者的心理，在铜镜背后铸上各种令人赏心悦目的文字，以增加顾客的购买欲。其广告内容有如下几种：

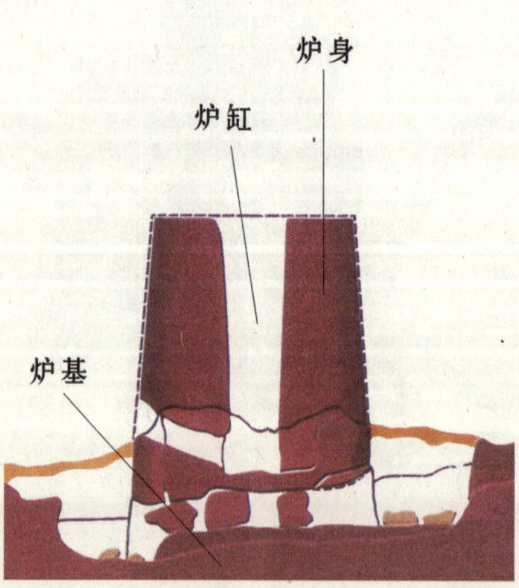

冶铜竖炉的结构

从战国到秦汉时期，古代的冶炼工艺已达到相当规模和水平。图中战国时期的冶铜炉由炉基、炉缸和炉身三部分组成。所用材料均是耐火性高的物质。

对铜镜本身质量的保证

要想让自己的商品在市场上占有一席之地，质量上乘是根本的一点。对此，早在汉代的铜镜铸造者就已经意识到这个问题。他们在铜镜背后刻上质量保证的文字。首先从铜镜材料来源来看，铸造者明确表明其是善铜，并出自当时产铜最为著名的丹阳，故有"新有善铜出丹阳"铭。其次，直接说明铜镜的金属成分为银、锡、铅，意在表明其铜镜没有夹杂任何其他不良成分，如"湅治铜锡去其宰（滓）"、"和以银锡清且明"、"湅治铅华而清明，以之为铅而宜文章"。再次，表明铸镜的时间是选择良辰吉日，汉人认为丙午日为铸镜吉日，丙，五行属火，《玉篇》称丙为"光明也"。《左传·昭公十七年》云："其以丙子若壬午作乎"注云："丙午，火"。疏云："正义曰：丙是火日，午是火位，……故丙午为火。"可见，丙午日火气最盛，最适宜冶炼金属，故有"五月丙午日"，"正月丙午"。

（上）言博局镜　汉代

圆钮，钮外有八乳钉，间饰动物纹与博局纹，外为铭文带，铭文刻“言之始自有纪，谏治铜锡去其宰，辟除不羊宜古市”。缘饰云气纹。镜直径为13.9厘米，重422克。

（右）金之青四神规矩镜（拓片）　汉代

圆钮，四叶瓣纹钮座。主要纹饰为四神，之间填以流利的云气纹，云气纹华美精致。镜的菱形纹边缘中有铭文“金之青，视吾形，见至口，长思君，时来游，宜子孙，乐无忧”。镜直径为18.6厘米。

铸镜师自身铸镜标准的保证。

要铸镜好的铜镜，除了选取上好的原料，选择合适的时间外，还得需要铸镜师有过硬的铸镜技术和严格的铸镜程序。为此他们便在铜镜背后直接说自己铸镜是有严格规则的，如“吕氏作镜自有纪”、“侯氏作镜自有纪”、“许氏作镜自有纪”、“吏氏作镜自有纪”等，“自有纪”就是指自己有一套严格规则和标准等。

直言铜镜质地好适合顾客购买

为了吸引顾客，自卖自夸也不失为一种宣传方法。因此，许多铸镜师就在镜铭中直接说自己的铜镜是如何如何的好，如“作佳竟（镜）哉真大好”、“至氏作镜真大巧”、“侯氏作镜大毋伤”、“朱氏明镜快人意”、“蔡氏作镜佳且好，明而（如）月，世少有。”另外，有的还说其铜镜适合市场需求，如“辟去不羊（祥）宜古市”，“古市”即“贾

汉代镜铭的广告意识

汉代铜镜铭文中有很多充满广告意识的词汇，它主要包括以下几个方面，如对铜镜本身质量的保证，铸镜师自身铸镜标准的保证，直言铜镜质地好适合顾客购买，直接恭贺购买者或佩带者大吉，夸赞使用者的容貌，各种令人满意的吉祥语，明确表现铸镜师的身份等。

市”，指买卖、交易活动。“宜古市”即说自己的镜子适合市场需求。

直接恭贺购买者或佩带者大吉

要想让消费者满意，作为生产者的铸镜师也想到了各种恭贺消费者的谀辞。有的是直接祝福购买者，如“买者大富，延寿命长”、“买者大富，长宜子孙，延年命长”、“买者大贵昌”、“买者太（大）吉羊（祥）”、“买人大富贵，长宜子孙延年兮”、“买人大富，长子孙，延年益寿”、“长吏买竟（镜），位至三公，古（贾）人买竟（镜），百倍，田家大吉”、“买者大利，家富昌”、“买此镜者家富昌”、“买者长宜子孙”、“买者延寿万年”、“买者长命宜子孙”、“买者大富，长子孙”等。有的是祝福佩带者，如“人者服之千万年长仙，作吏宜官”、“服者大得高远，宜官位，位侯王”、“服者君卿”、“服者卿公”、“服者君卿，镜辟不祥，富于侯王，钱金满堂”、“服者公卿，其师命长”、“服者豪贵，延寿益年，子孙番”、“公服富贵，宜侯王”、“服之者昌”、“服此镜，寻大神，使此身，作四陈，长富贵，毋忧患”、“服者大吉，生如山，不知老”、“服者老寿，作者长生”。偶尔也见恭贺用者或照者的，如“见日之光，天下大明，用者君卿”、“照

梳妆图　金协中　纸本水墨　近代

古代铜镜最初和最普遍的功用当然是用于梳妆。由于古人发髻较长，故无论男女都得对镜梳妆。尤其是对女性而言，铜镜在其日常生活中扮演了重要的作用。除此之外，铜镜也被古人作为爱情的表记或信物，取“心心相映”之寓意。生前互相赠送，“朝夕相伴”，死后随之埋入墓中，以示“生死不渝”。宋代黄庭坚在《沁园春》中写：“镜里拈花，水中捉月，觑着无由近得伊”。图中所绘对镜梳妆的女子似乎是在为自己心爱之人画眉妆扮。

宋氏龙虎镜 东汉

圆钮，圆钮座。主纹饰为龙虎纹，铭文环绕主纹饰，铭文为“宋氏作竟自有喜，□时日众大富，七子九孙各有喜，官至三公中常侍”。缘饰有双圈栉齿纹及双波浪纹。镜直径为10.9厘米，重315克。

者老寿，作者长生”等。

夸赞使用者的容貌

铜镜的一个重要功能是照容，而照镜者大多为女性，故要赢得市场购买率，首先就得讨女性喜爱，汉代铸镜师便在铜镜背后铸上“美人”、“佳人”等令女性喜爱的赞辞，如“见日之光，美人在旁”、“清光宜佳人”、“金英阴光宜美人，以察衣服无私亲”、“韵年容貌好”、“光宜美人”等。另外作为男性，见到刻有“美人”字眼的铜镜，也同样赏心悦目，毕竟女性爱美，男性更爱美人。所以铸镜师便抓住男性的这种心理，在铜镜背后刻有“美人会，竽瑟侍”、“毋忘大王，心思美人”、“心思美人，毋忘大王”等让男性女性皆大欢喜的赞辞。

各种令人满意的吉祥语

汉代铜镜铭文几乎充满了各种吉祥语，有祝福长寿的，如“与天相寿，与地相长”、“寿如金石”等。有恭贺高官的，如“长宜高官”、“位至三公”、“君宜高官”、“君宜官秩”、“长保官位”等。有祝福子孙的，如“子孙蕃昌”、“子孙

"作佳镜"规矩镜　汉代

圆钮，钮外十二地支铭间以十二枚乳钉，主纹饰为规矩纹，规矩纹内饰青龙、白虎、朱雀、玄武等瑞兽，外环铭文带，铭文为"作佳（竟）镜哉真大好，上有仙人不知老，渴饮玉泉饥食枣，浮游天下敖（遨）四海，寿敝金石夫王母"，勾连水波纹缘。镜直径为19厘米，重954克。

（下）四花瓣四猴镜（拓片）　汉代

三弦纹钮，凹面圆钮座。地纹为粗疏的雷纹填在主纹间隙处，主纹是四花瓣间以四猴纹。宽素平缘。镜直径为10.85厘米。

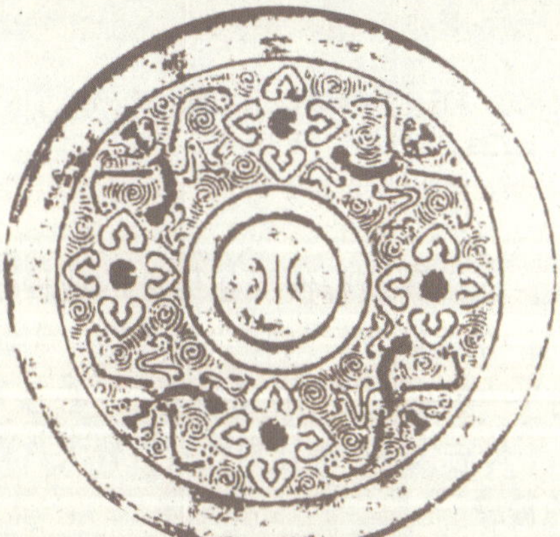

满堂"、"宜官秩，保子孙"等。有满足人们成仙愿望的，如"上大山，见神人，食玉英，饮澧泉，驾交龙，乘浮云，君宜官，秩保子孙，寿万年，昌乐未央"、"上大山，见神人，食玉英，饮澧泉，驾蜚龙，乘浮云，宜官秩，保子孙"、"上大山，见神人，食玉英，饮澧泉，驾非龙，乘浮云，白虎引，直上天，赐长命，保子孙"等。甚至还有具有教育和共勉性质的人生格言，如"少不努力老乃悔"。

明确表现铸镜师的身份

汉代很多铸镜师直接在铜镜铭文中表明自己的身份，即出现了纪氏铭，如"张氏"、"李氏"、"朱氏"、"杜氏"、"王氏"、"龙氏"、"田氏"、"陈氏"、"侯氏"、"驺氏"、"阴氏"、"吏氏"、"鲁氏"、"许氏"、"至氏"、"柏氏"等。这种明确标明制作者的做法，既体现了铸镜者的自信，更是让购买者放心。今所见以姓氏作为商标的做法，大概就根源于汉代纪氏镜铭。

汉镜铭文与汉人的社会追求

汉代铜镜背后的铭文，与当时的社会思想、社会生活、思想文化等紧密相连。通过铜镜背面有限的文字，便可以管窥到汉代人们的社会追求。

长寿的渴望

在古代，由于受物质和医疗条件的限制，社会人均寿命不长。对此，汉人心中便充满了对长寿的渴望，王莽甚至为文母太后起庙为“长寿宫”，当时所制铜镜背后的铭文同样充满了汉人对生命长久的追求。如“与天相寿，与地相长”、“寿如金石”、“寿如金石，累世未央”、“千秋万岁”、“太师命长”、“延寿命长”、“延年益寿”、“寿而（如）金石天之保”、“寿而（如）金石不知老”、“服者老寿”、“照者老寿”、“寿如东王父西王母”、“延寿命长，上如王父、西王母兮”、“千秋万岁，延年益寿”、“延年益寿去不羊（祥），与天毋亟（极）日

寿

从古到今，无论帝王将相的“万岁、千岁”还是平民百姓的“百岁”，都表达了对长寿的渴望，这是一个人类的共同愿望。图为“寿”字的长方形写法和圆形写法，取长寿之意，希望自己和他人能够福如东海，寿比南山。

月光”、“寿万年”、“保长命兮寿万年”、“师命长生如石”、“赐长命”、“吉师命长”、“买者长命”等。

但生命毕竟是有限的，于是人们在渴望生命永恒的同时，也抒发出人生短暂的叹息。如《古诗十九首》中云：“所遇无故物，焉得不速老？盛衰各有时，立身苦不早。人生非金石，岂能长寿考？奄忽随物化，荣名以为宝”、“浩浩阴阳移，年命如朝露。人生忽如寄，寿无金石固”、“生年不满百，常怀千岁忧”。面对生命短暂的现实，于是人们便寄希望于神仙方药之上。

成仙和仙化的追求

汉人企求羽化登仙的思想，在铜镜铭文中表现得淋漓尽致。如“尚方作竟真大好，上有仙人不知老，渴饮玉泉饥食枣，浮游天下遨四海，为国保”、“上大山，见神人，食玉英，饮澧泉，驾非龙，乘浮云，白虎引，直上天，赐长命，保子孙”、“上大山，见神人，食玉英，饮澧泉，得天道，物自然，驾交龙，乘浮云，宜官秩兮，保子孙兮”、“福禄进兮日以前，天道得物自然，参驾蜚龙乘浮云，白虎失，上大山，凤鸟下，见神人”、“福憙进兮日以萌，食玉英兮饮澧泉，驾文龙兮乘浮云，白虎□兮上泰山，凤凰舞兮见神仙，保长命兮寿万年，周复始兮八子十二孙”等，比比皆是。另外，铜镜铭文中还出现了许多仙人的名字，如“东王公”、“西王母”、“王子乔”、“赤公（松）子”、“黄帝”、“伯牙”、“钟子期”等等。可以说成仙、仙化思想在铜镜铭文中占有相当大的比重，尤其是在尚方铭中。《汉书》中记载：“少府属官，有钩盾、尚方、御府”。又《通典》中云：“秦置尚方令，汉因之，后汉掌上手工作御刀剑玩好器物。”可见，尚方镜理为官方铸镜。既为官方铸造，自然与官方思想相关，或者说代表官方思想。

永康元年环状乳神人神兽镜　东汉

上古时期的黄老之道以及后来的方术求仙之道，使得道教在东汉中后期得以兴起，此时铜镜上的图案又增加了与神仙思想有关的新的内容。此镜绘有神人神兽，同时铭文中还出现了神仙的名字。铭文为：“永康元年正月五日。□湅（炼）黄白，早作明竟（镜），买者大富，延寿命长，上如王父，西王母兮。君宜高位，立至公侯，长生大吉，太师命长。”

我国古代神仙思想早在战国时就已出现，战国时的齐威王、齐宣王、燕昭王等，就派方士人海求蓬莱、方丈、瀛洲三座仙山。《汉书·王莽传》也记载其登仙仪式：“或言黄帝时建华盖以登仙，莽乃造华盖九重，高八丈一尺，金瑵羽葆，载以秘机四轮车，驾六马，力士三百人黄衣帻，车上人击鼓，挽者皆呼登仙。莽出，令在前。”服虔为其作的注记载，这种金瑵羽葆的华盖，可以上下抽动组合，以形成高升接天、靠近神仙的感觉。秦始皇也曾下海求仙，《史记·秦始皇本纪》中记载：“既已，齐人徐市等上书，言海中有三神山，名曰蓬莱、方丈、瀛洲，仙人居之。请得斋戒，与童男女求之。于是遣徐市发童男女数千人，入海求仙人。”另外，同书《封禅书》中亦云：“于是始皇遂东游海上，行礼祠名山大川及八神，求仙人羡门之属。”可见秦始皇求仙的虔诚。而后来的汉武帝的求仙作风，则较始皇有过之而无不及。《史记·孝武本纪》中记载：“宿留海上，与方士传车及间使求仙人以千数。”另外，对谎称自己于海上见到仙人安期生的方士李少君言听计从。对吹嘘自己有不死之药、可以成仙的栾大大为奖赐，并封侯等。这正如林剑鸣等在《秦汉社会文明》中写的，“汉武帝对神仙的向往，对方士的迷信，比秦始皇有过之而无不及……《史记·孝武本纪》所记全是武帝祭祀鬼神，迷信神仙之事……由于汉武帝在位时间长达五十余年，因此他的行为对汉代社会不能不产生巨大影响。”确实，据史书记载，西汉皇帝几乎没有一个不倾心鬼神之事的。

正是因为上层统治者迎神候仙、企求仙化，上行下效，所以渐渐地这种思想便渗透到了社会各阶层人们的意识中，并成为汉代重要的社会思潮。铜镜背面铭文中的神仙思想正是这一社会现实的真实写照。

（上）遣使求仙

秦始皇相信世界上存在仙药，经常服用可长生不死。他多次派方士到各处求仙，其中最著名的求仙事迹当属徐福东渡。公元前219年秦始皇派徐福率领童男童女数千人、以及三年粮食、衣履、药品和耕具入海求仙药，只是有去无回。此图出自《帝鉴图说》，描绘了方士拜别秦始皇即将远行的场景。

（下）伯牙鼓琴图　王振鹏　绢本墨笔　元代

相传伯牙生于春秋时代，擅弹琴，与钟子期为友。《荀子·劝学篇》有“伯牙鼓琴，而六马仰秣”的记载。图中弹琴者为伯牙，对面聆听者是钟子期。

富贵高官的期盼

“富与贵，人之所欲也”，富贵享乐、升官发财是很多人的人生理想。

（上）家常富贵镜　汉代

圆钮，圆钮座，四乳钉将镜分为四区，每区饰小鸟两只，鸟儿之间夹一字铭文，合为“家常富贵”四字。素平缘，纹饰清晰。镜直径为9厘米，重147克。

半圆方枚瑞兽镜　汉代

圆钮，圆钮座。主纹饰为四瑞兽，外围半圆方枚，方枚内镌铭文“吾作竟服者公卿富贵子孙番昌”，栉齿纹间波浪纹缘。镜直径为12.2厘米，重367克。

“天下熙熙，皆为利来；天下攘攘，皆为利往。夫千乘之王，万家之侯，百室之君，尚犹患贫，而况匹夫编户之民乎！”（司马迁《史记·货殖列传·第六十九》）圣人孔子也曾说，如果财富能凭借自己的努力而获得，那么即使是帮人赶马车也很值得。为了能富裕，很多汉人想到了从商，故富商周布天下。班固《汉书·食货志·第四》就感慨道：“今法律贱商人，商人已富贵矣；尊农夫，农夫已贫贱矣”。这种对财富的追求，便反映在汉代镜铭中，如“家常富贵”、“日利大万，家富千金”、“常贵富，安乐用”、“贾人大富长子孙”、“长乐富贵，千秋万岁，宜酒食”、“常富贵，乐未央”、“服者富昌”、“大乐富贵得所好”、“日有憙，月有富”、“长富贵，乐毋事”、“家当大富”、“子孙具，家大富”等。为了能显高贵，自然离不开显赫的身份、高高在上的官位。于是人们想尽办法做官升官。汉代为官入仕的机会也较前增多，并逐步建立了一套选拔人才的政治制度。这一制度以察举为主体，包括征召、辟除、推荐、任子、课试等多种途经，这样就为许多优秀的人才提供了很多进入仕途的机会。这种政治制度的确立，也反映到了汉代镜铭之中，于是出现了很多期盼高官的铭文，如“长宜高官”、“位至三公”、“君宜高官”、“君宜官秩”、“长保官位”、“君长宜官”、“君官位”、“君宜官”、“君高里，高官”、“主至三公”、“三羊至官”、“女位夫人，男为卿”、“君宜高官，位至公卿”等，足见汉人对富贵高官的执著追求，可以说富贵高官成了一种集体无意识行为，渗透到了人们生活的各个方面，人们自觉或不自觉地以之为人生重要的社会追求。南朝梁殷芸《殷芸小说》中就曾记载一则有趣的故事：

有客相从，各言所志，或愿为扬州刺史，或愿多赀财，或愿骑鹤上升。其一人曰：“腰缠十万贯，骑鹤上扬州。”欲兼三者。

“腰缠十万贯，骑鹤上扬州”句，“腰缠十万贯”说的是有钱，“骑鹤”说的是长寿，“上扬州”则指的是当官，升为扬州刺史。连起来说的就是富贵高官又长寿，这可谓是世人所追求的完美人生。

子孙蕃昌的祈求

子嗣问题，历来关系宗族的命运。《孟子·离娄章句上》中云：“不孝有三，无后为大”。个人的生命是有限而短暂的，要将父系血脉关系得以延续，就得靠子孙来维系，于是子孙满堂、多子多福便成了古人重要的追求，这在汉代镜铭中就有明显的反映，如“长宜子孙”、“子孙蕃昌”、“子孙满堂”、“宜子孙，乐无忧”、“长生宜子”、“长宜子孙，富贵昌兮”、“长宜子孙延年兮”、“子孙具，家大富”、“秩保子孙”、“宜官秩，保子孙”、“赐长命，保子孙”、“长保二亲子孙力”、“子孙烦息富贵昌”、“长保二亲及孙子”、“长宜子孙大吉羊（祥）”、“子孙服具居中央”、“传告后世子孙力，千秋万年乐毋极”、“九子九孙各有喜”、“六子大吉”、“七子八孙居中央”、“八子九孙具中央”、“八子九孙居高堂”、“八子居中央”、“八子十二孙治中央”

《孝 经》 黄道周书 明代

《孝经》是儒家的伦理学著作，以孝为中心，集中地阐发了儒家的伦理思想。书中提倡的养老、敬老、尊老、亲老、送老的思想被反复强化，已经成为中华民族的传统美德。

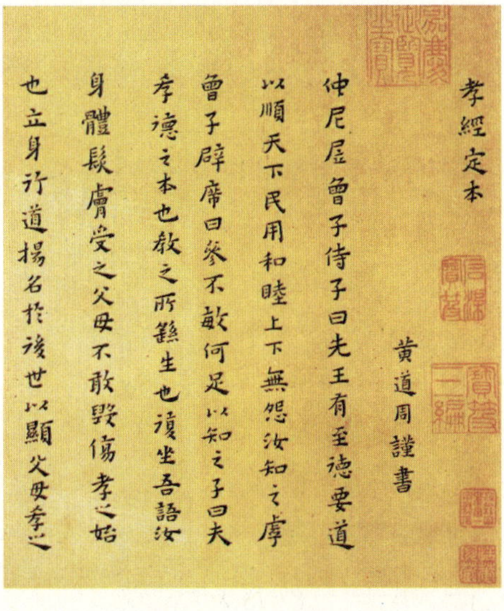
孝經定本
黃道周謹書
仲尼居曾子侍子曰先王有至德要道
以順天下民用和睦上下無怨汝知之乎
曾子辟席曰參不敏何足以知之子曰夫
孝德之本也教之所繇生也復坐吾語汝
身體髮膚受之父母不敢毀傷孝之始
也立身行道揚名於後世以顯父母孝之

汉代孝悌观

孔子曰："入则为孝，出则悌"。汉代孝悌观空前强化，从汉惠帝开始，汉代皇帝一律以"孝"作为谥号，这可以说是史无前例的。汉代统治者大力奖励孝悌之行，多次进行全国性的孝悌大表彰。甚至将孝与忠相连，使孝父与忠君成为一理。

亲尝汤药　白描插图　清代

在古代，"孝"是普遍的社会法则，上自天子，下到百姓都要受孝的约束。汉文帝刘恒，就以孝悌闻名。其生母薄太后，一病三年不起，文帝衣带不解不分昼夜亲自侍奉，每次端上汤药，都要亲自尝试汤药的火候、冷烫，然后再给母亲喝。真正做到"亲有疾，药先尝，昼夜侍，不离床"，是古代帝王孝悌的典范。图出自清刻本《二十四孝图说·亲尝汤药》。

等镜铭。

对二亲的孝敬

二亲，即为父母双亲。古人特别强调孝道，《说文》云："孝，善事父母者"。孔子教育弟子的第一件事就是："入则为孝，出则悌"。

《孝经》云："夫孝，德之本也"。又，"天之经也，地之义也，民之行也"。《左传·文公二年》："孝，礼之始也"。"仁"是儒家学说的根本范畴，而孝悌更是"仁"之根本。

"孝悌"观在汉代更是得到了空前的强化，从汉惠帝开始，汉代皇帝一律以"孝"作为谥号，这可以说是史无前例的。汉代统治者极力提倡孝道，奖励孝行，甚至将孝道与取仕直接相连。首先，汉代极力提倡学习《孝经》，《孝经》成为全社会通行的教科书，就连汉代的皇帝和太子也得细读《孝经》。《孝经》在中国伦理思想中，首次将孝亲与忠君联系起来，认为"忠"是"孝"的发展和扩大，并把"孝"的社会作用绝对化、神秘化，认为"孝悌之至"就能够"通于神明，光于四海，无所不通"。其次，汉代统治者大力奖励孝悌之行，甚至多次进行全国性的孝悌大表彰。另外，汉代实现"察孝廉"制度，并制定详细的察举孝廉的基本标准。《后汉书·左周黄列传》中记："乃奏增孝悌及能从政者为四科，事竟施行。"《汉书·武帝纪》中记载："元光元年冬十一月，初令郡国举孝廉各一人"。董仲舒更是将孝悌思想加以发挥，将孝与忠相连，孝父与忠君成为一理，这样就使孝道正式成为封建专制统治的工具。

汉代社会对孝道的提倡和追求，

蟠螭纹镜 秦／西汉

桥形钮，钮区饰有蟠龙，外区铭文带刻“大乐未央，长相思，慎毋相忘”，外区四条蟠螭龙纹，双弦线工艺，素平缘。镜直径为13.3厘米，重196克。

也反映到了同时期铜镜铭文之中，如“长保二亲乐富昌”、“长保二亲子孙力”、“常保二亲宜酒食”、“长保二亲及妻子”、“长保二亲得天力”、“长保二亲受大福”、“长保二亲及孙子”、“长保二亲辟邪”、“长保二亲乐未央”、“长保二亲世世昌”、“长保二亲具富昌”、“长保二亲富贵昌”等，足见汉代的孝道观是何等地深入人心。

对夫妻恩爱的渴望

夫妻关系是社会关系的基础，因此夫妻关系的稳定不仅对于单个家庭，而且对整个社会均会产生重大影响。汉平帝元始四年就曾颁布“盖夫妇正则父子亲，人伦定矣”诏书，汉哀帝也曾说“朕闻夫妇一体”。《汉书》中记：“民得夫妇相守，父子相保，陛下之德也”、“夫妇，生化之本。本伤则末夭”。东汉班昭在《女诫》中指出，“夫妇之道”是“天地之弘义、人伦之大节也”。由此可见古人眼中夫妻关系的重要性，这在铜镜铭文中也有所体现，如“夫妻相保如威央”、“夫妻相爱如威田鸟”、“夫妻相喜日益亲善”、“二姓合好，□如□□，女贞男圣……夫妇相□”等。其中的“威央”和“威田鸟”，即指鸳鸯鸟。“相保”、“相爱”、“相喜”等各种以示恩爱的字眼，足见汉人对夫妻相亲相爱的渴望和追求。

对爱情长久的追求

爱情是人类社会永恒的话题，也是一切艺术永恒的主题。早在汉代铜

汉镜爱情相思铭

爱情为人类社会永恒的话题，也是一切艺术永恒的主题。汉代铜镜背后就饰有很多爱情相思的文字，他们或直接或含蓄地表达对对方的思念或相守之情。但因汉代长期征战，无数男丁得到远方服役，独守家中的女子，在对远行爱人思念的同时，心中更是充满了无奈与无助的悲伤。所以，从某个意义上说，汉代镜铭与其说是表达男女间执著真挚的思念，倒不如说是夫妻生离死别的悲歌。

镜的背面就刻有表达男女爱情的各种铭文，尤以相思铭所占比例最大。

一是常见的毋忘类，直言毋忘或思君。这一类型的比较多，如“常贵，乐未央，毋相忘”、“长乐未央，长毋相忘”、“常乐未央，长毋相忘”、“修相思，烦毋相忘，大乐未央”、“长毋相忘，君来何伤”、“长毋相忘，时来何伤”、“长毋相忘，贵乐未央”、“久不相见，长毋见忘”、“毋忘大王，心思美人”、“心思美人，毋忘大王”、“长相思，毋相忘，常贵富，乐未央”、“千秋万岁，长乐未央，结心相思，毋见忘”、“千秋万岁，长毋相忘，天下大阳，所言必当”、“与天毋极，与地相长，驿乐如言，长毋相忘”、“金之青，视吾形，见至□，长思君，时来游，宜子孙，乐无忧”、“天上见长，心思君王”、“与天无极，与美相长，欢乐未央，长毋相忘”等。

二是比较含蓄地表达相思或相守之情。这一类铭文表达男女之情不像第一类那么直接，但字里行间同样洋溢着浓浓的情意。如“洁清白事君，怨之合明，彼玄锡之泽，恐疏远日忘，怀美之穷皑，承驩之可说，慕突之灵泉，绝而”、“洁清白而事君，怨污驩之弇

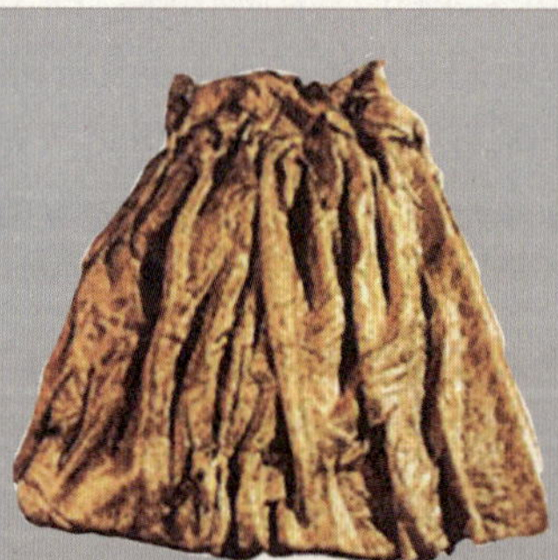

古人的订情信物

在中国古代，相互钟情的男女需要用信物来订情，戒指、如意、罗汉钱、红豆、凤钗、手帕、荷包、铜镜等都可以寄托相思，送给相爱的人。图为古人的订情信物：罗裙、花簪、荷包。

明，假玄锡之流泽，恐疏远而日忘……慎靡美之穷嘻，外承驩之可说（悦），慕窈窕之君（影），愿永思而毋绝”、“如皎光而耀美，挟佳都而无间，慷驩察而性宁，志存神而不迁，得并观而不弃，精昭折而伴君”等。

三是丈夫远行，妻子对丈夫的思念、挂念。如“常与君，相驩幸，毋相忘，莫远望”、“君行卒，予心悲，久不见，侍前希”、“愁思悲，愿君忠，君不说，相思愿毋绝”、“道路辽远，中有关梁，鉴不隐请，修毋相忘”、“道路日远，侍前日稀。秋风日起，吾志日悲”、“君有远行，妾□私喜，□自次□止。君旋行来，何以为信，祝父母耳。何木毋疵，何人毋友，相惠有常可长”、“君有行，妾有尤（忧），行有日，反（返）毋期，愿君强饭多勉之，□天大息长相思，毋久（文未完）”等。从中可见，妻子在对远行丈夫思念的同时，心中还充满了无奈与无助的悲伤。因此这些铭文与其说是表达男女间执著真挚的思念，倒不如说是夫妻生离死别的悲歌，不禁让人想起了汉乐府民歌《十五从军征》：“十五从军征，八十始得归。道逢乡里人：家中有阿谁？遥看是君家，松柏冢累累。兔从狗窦入，雉从梁上飞。中庭生旅谷，井上生旅葵。舂谷持作饭，采葵持作羹。羹饭一时熟，不知饴阿谁！出门东向看，泪落沾我衣”。“秋风萧萧愁杀人，出亦愁，入亦愁。座中何人，谁不怀忧？令我白头。胡地多飙风，树木何修修。离家日趋远，衣带日趋缓。心思不能言，肠中车轮转”（《古歌》）。这些凄惨悲凉的民歌正是对铜镜相思铭文最好的诠释。

四是直接言以铜镜作为男女订情

王氏规矩镜　汉代

圆钮，变形四叶纹钮座。钮座外方格内十二枚乳钉间为十二地支铭，主纹饰为规矩纹，内饰青龙、白虎、玄武、朱雀、羽人、独角兽、鸟雀等。一周铭文带外一周细斜线至缘。铭文为“王氏作竟真大好，上有仙人不知老，渴饮玉泉饥食枣，浮游天下敖四海，徘徊名山采芝草，寿如王母家万倍，中国安宁兵不扰，乐未央兮为国宝”。镜缘内圈为三角锯齿纹，外圈为连弧水波纹。镜直径为20.6厘米，重916克。

的信物。汉代铜镜铭文中已有明确表明镜为信物的记载。如“清冶铜华以为镜，昭察衣服观容貌，丝组杂驩以为信，清光宜佳人”、“清银铜华以为镜，丝组为纪以为信，清光明乎，服者富贵番昌，镜辟不羊（祥）”、“清银铅华以为镜，丝组为纪以为信，清光明乎服春，富贵番昌，镜辟不祥”等。镜铭中这种以镜为信物的语句，可以说是与同时期文学中的铜镜描写相映成趣，如《羽林郎》中云：“贻我青铜镜，结我红罗裾”。又如《赠妇诗》云：“肃肃仆夫征，锵锵扬和铃。清晨当引迈，束带待鸡鸣。顾看空室中，髣髴想姿形。一别怀万恨，起坐为不宁。何用叙我心，遗思致款诚。宝钗好耀首，明镜可鉴形。芳香去垢秽，素琴有清声。诗人感木瓜，乃欲答瑶琼。

胡虏

“胡虏”，“胡”指与中原敌对的北方和西方少数民族，“虏”是对他们的蔑称。秦汉时称匈奴为胡虏，后世用为与中原敌对的北方部族之通称。秦汉以来，与西方和北方少数民族一直战争不断，尤其是北方匈奴和羌族，都曾不断地侵扰边地。

愧彼赠我厚，惭此往物轻。虽知未足报，贵用叙我情。”其《重报妻书》有云：“间得此镜，既明且好，形观文彩，世所希有，意甚爱之，故以相与。并致宝钗一双，价值千金。龙虎组履一緉(一双)，好香四种各一斤。索琴一张，常所自弹也。明镜可以鉴形，宝钗可以耀首，芳香可以馥身去秽，麝香可以辟恶气，索琴可以娱耳。”可见铜镜已明确成为当时男女互赠示爱的信物。

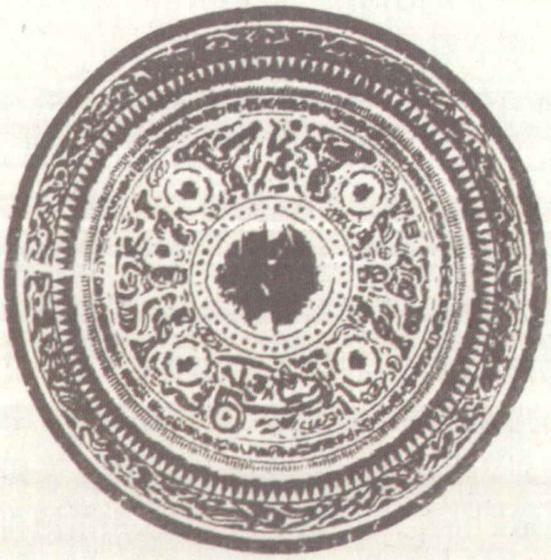

张氏神人车马画像镜（拓片）　东汉／六朝

镜铭文为“张氏作竟四夷服，多贺君家人民息，胡虏殄灭天下复，风雨时节五谷熟，宦至□□□禄食，子孙力，传后世乐无极”。此镜的铭文充分反映了当时人们渴望天下太平的美好愿望。

对社会安定、国泰民安的向往

除了对个人、家庭的关注，汉代铜镜铭文同样也体现了对社会和国家的关心。私人铸镜的代表如“王氏作竟四夷服，多贺新家民息，胡虏殄灭天下复，风雨时节五谷熟，长保二亲子孙力，官位尊显蒙禄食，传告后世乐毋极，大利兮”、“驺氏作竟四夷服，多贺国家人民息，胡虏殄灭天下复，风雨时节五谷熟，长保二亲得天力，传告后世乐无极兮”、“王氏昭竟四夷服，多贺新家人民息，胡虏殄灭天下复，风雨时节五谷孰，百姓宽喜得佳德，长保二亲受大福，传吉后世子孙力，千秋万年乐毋极”、“李氏乍竟四夷服，多贺国家人民息，胡虏殄灭天下服，风雨时节五谷孰，长保二亲得天力，传告后世乐无极，宜孙子”、“李氏乍镜四夷服，多贺国家人民息，胡虏殄灭天下服，风雨时节五谷熟，长保二亲得天力，传告后世乐无极，自有纪，长有仙人不知老，渴饮玉泉饥食枣，夫妻相爱如威田鸟，长宜子”、“吴向里柏氏作竟四夷服，多贺国家人民，胡虏殄灭天下复，风雨时节五谷孰，长保二亲得天力，传告后世乐无亟兮”、“张氏作竟四夷服，多贺国家人民息，胡虏殄灭天下复，风雨时节五谷孰，长保二亲得天力，传告后世乐无亟，大吉无昌”等，便有此祝福。

官方铸镜如“尚方作竟四夷服，多贺国家人民息，胡虏□□天下复，风雨时节五谷熟，长保二亲得天力，传告”、“尚方作竟四夷服，多贺国家人民息，胡虏未□天下复，风雨时节五谷享，长保二亲得”、“尚方作竟四夷服，多贺国家人民息，胡虏□□天下复，风雨时节五谷熟，长保二亲得天力，传告”等，也传递了对国泰民安的向往。

可见，无论是代表民间文化的私人铸镜，还是代表官方文化的尚方铸镜，同样都充满了对社会安定，国运永固的期盼。但同时，亦可从文句中了解到当时并不平静的社会局势。“胡虏”，“胡”指与中原敌对的北方和西方少数民族，“虏”是对其蔑称。秦汉以来，中原与西北方少数民族一直战争不断，尤其是北方匈奴和羌族，更是觊觎中原已久。“五月，匈奴入北地，居河南为寇（《史记·孝文本纪》）、“明年，匈奴数入边，兴兵守御。后岁少不登”（《史记·封禅书》）、“匈奴数侵盗北边，屯戍者多，边粟不足给食当食者。于是募民能输及转粟于边者拜爵，爵得至大庶长”（《平准书》）、“章死，而兴居闻匈奴大入汉”（《齐悼惠王世家》）、“卒至平城，为匈奴所围，七日不得食”（《陈丞相世家》）、“文帝之后六年，匈奴大入边”（《绛侯周勃世家》）、“元光五年，匈奴大入汉为贼，非上书原击匈奴，上不许”（《五宗世家》）、“是岁，匈奴大入北地、上郡，令丞相婴将骑八万五千往击匈奴”（《樊郦滕灌列传》）等诸多记载，可知外族给汉朝带来的威胁和灾难。

战争的残酷现实也反映到了汉乐府中，“战城南，死郭北，野死不葬乌可食。为我谓乌：且为客豪！野死谅不葬，腐肉安能去子逃？水深激激，蒲苇冥冥；枭骑战斗死，驽马徘徊鸣。梁筑室，何以南？何以北？禾黍不获君何食？愿为忠臣安可得？思子良臣，良臣诚可思：朝行出攻，暮不夜归！”（《战城南》）前方战士暴尸荒野，后方田园荒芜的悲惨画面，便可与铜镜铭文上妻子对远方服役丈夫的思念之情紧密相扣，理解“四夷服”、“人民息”、“胡虏殄灭”句所饱含的企盼。

“中国”七乳神兽镜　汉代

圆钮，钮外九枚乳钉间有铭文，主纹饰为七乳相间的神兽纹带，可见青龙、白虎、朱雀、玄武、羽人等，外一周铭文带。因锈蚀严重，可见铭文为“新有善铜出丹阳，□出巧工……游为□雕……成……左……服中国，疆域……”等。勾连水波纹缘。铜镜铭文中出现“中国”二字的极为罕见，故此镜异常珍贵。镜直径为 23 厘米，重量 1 500 克。

汉镜铭文用字特点及原因

汉代铜镜铭文用字的随意性很大。镜铭中通假字、错别字、漏字漏句、加“兮”补“而”等现象比比皆是。

通假字

通假字是指字音与本字相同或相近，用来代替本字的字。古代汉语和古代文献中通假字极为常见。这一现象同样反映到了铜镜铭文之中。为方便说明，现列举如下：

敖——遨（浮游天下敖四海）

白——伯（白牙单琴）

葆——保（宜官秩，葆子孙）

常——长（常宜子孙）

仓——苍（仓龙在左，白虎在右）

尚——常（官至三公中尚侍）

单——弹（白牙单琴）

“车骑”龙虎镜　东汉

圆钮，圆钮座，钮外二龙二虎相对，外一周铭文带“车骑作竟（镜）大毋伤，浮云连出建四方，白甬（虎）辟邪居中央，子孙繁息富贵昌，寿如金石宜侯（王）”。变形藤叶纹带缘，镜直径为13.7厘米，重499克。

如——而（取之为镜清如明）
而——如（明而日月世少有）
反——返（行有日，反毋期）
番——蕃（子孙番昌）
蜚——飞（参驾蜚龙乘浮云）
非——飞（驾非龙，乘浮云）
古——贾（除去不羊宜古市）
驩——欢（常与君，相驩幸）
己——纪（吾作明竟自有己）
亟——极（传告后世乐无亟）
交——蛟（驾交龙，乘浮云）
爵——雀（朱爵玄武顺阴阳）
竟——镜（王氏作竟四夷服）
巨——距（角王巨虚，日得憙）
澧——醴（食玉英兮饮澧泉）
湅——炼（幽湅三商）
娄——镂（刻娄博局去不羊）
彭——旁（左龙右虎掌四彭）
亲——新（亲有善铜出丹羊）
蔷——穑（贾人事市□财蔷田）
是——氏（李是作竟佳且好）
氏——是（买氏竟者得富昌）
受——寿（延年益受长乐未央兮）
山——仙（上有山人不知老）
孰——熟（风雨时节五谷孰）
诵——松（上有山人子乔赤诵子）
同——铜（汉有善同出丹阳）
立——位（君宜高官，立至三公）
憙——喜（日有憙，月有富）
希——稀（久不见，侍前希）
鲜——仙（左龙右虎拜鲜人）
印——仰（印天大息）
雍——壅（然雍塞而不泄）
详——祥（辟去不详宜贾市）
羊——阳（汉有善同出丹羊）
杨——阳（汉有善同出丹杨）
予——与（予天无极受大福）

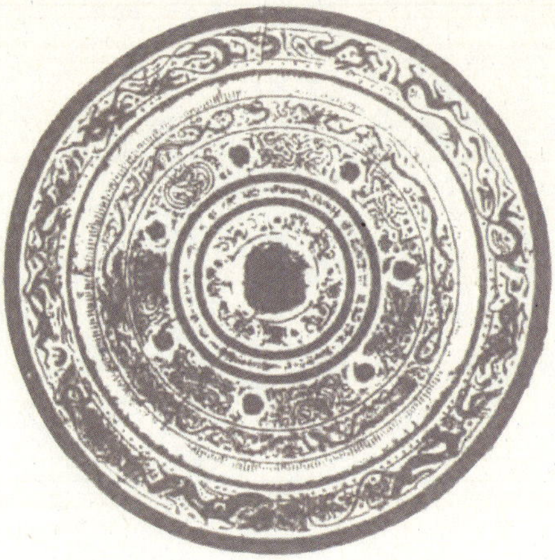

七乳四神人物禽兽镜（拓片）　东汉

圆钮，圆钮座。一周细弦纹圈将主纹分为内、外两区，内区线条式手法，四叶座乳七枚，间以瑞兽。外区纹饰为浅浮雕，饰瑞兽、羽人等。边缘为浅平雕禽兽纹。圈带铭文为“田氏作竟（镜）大毋伤，新有善铜出丹阳，□冶铜锡清如明，得此竟（镜）□□千万”。镜直径为22.4厘米。

已——以（和已银锡青明且）
羊——祥（左龙右虎辟不羊）
央——英（见神人，食玉央）
英——央（子孙备具居中英）
说——悦（君不说，相思愿毋绝）
曾——增（曾年益寿）
昭——照（昭此明镜成快意）
知——智（有知之士得蒙恩）
早——造（早作明竟）
宰——滓（湅治铜锡去其宰）
州——周（州刻无亟）
驺——邹（驺氏作镜自有纪）
则——侧（凤凰翼翼在镜则）

错别字

上文中的通假字在古代汉语和文献中是允许的，因各种原因，汉代铜镜铭文亦竟出现了不少错别字。

呆——保（长呆二亲）
宫——官（君宜高宫）

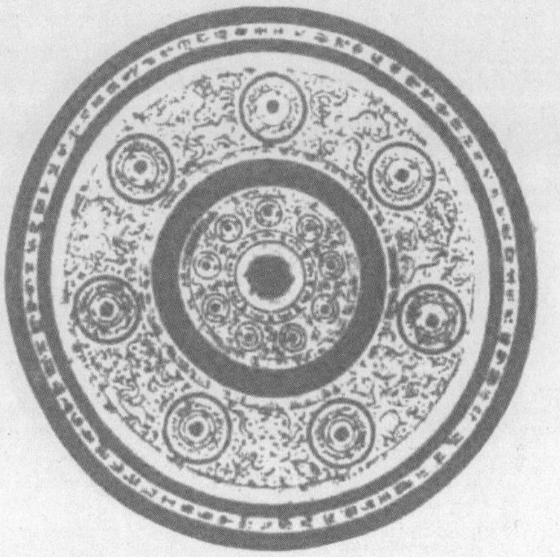

七乳四神镜（拓片）　东汉

圆钮，钮外圈带。主纹为七乳相间四神禽兽。边缘铭文一圈“维镜之旧生（性）兮质刚竖处于名山兮俟工人，□取精华兮光耀遵，升高□兮进近亲，昭兆（焯）焕兮见□身，福兮进兮曰以前，食玉英兮饮澧（醴）泉，倡乐陈兮见神鲜（仙），葆长命兮寿万年，周复始兮传子孙”。此镜74个铭文，共11个兮字。

九——久（九相忘）
贝——具（子孙备贝）
加——贺（多加国家人民息）
目——贺（多目国家人民息）
尹——君（尹至高官）
月——明（月而日月世少有）
工——巧（作镜真大工）
始——如（取之为镜清始而明）
倍——岁（千秋万倍）
系——孙（长宜子系）
未——未（长保二亲乐未央）
薪——新（薪起辟雍盖明堂）
巳——已（和巳银锡清而明）
镇——银（湅治镇锡清而明）
诈——作（诈佳镜哉真无伤）

漏字漏句

汉镜铭文除通假字、错别字外，漏字漏句现象也很明显。最为典型的为汉代昭明连弧纹镜，其完整的镜铭应为：“内清质以昭明，光辉象夫日月，心忽扬而愿忠，然雍塞而不泄。”然而出土的昭明镜则大多都不完整，如：

“内清质以昭明，光辉象夫日月，心忽而忠，雍塞不泄”。

“内清以昭明，光象夫日月兮，不世”。

“内青以召□，光象夫日月，世召不”。

“内清以昭明，光象夫日月”。

“内青以昭明，光夫日月，而泄”。

再如一常见的尚方铭，其本应为“尚方作竟真大巧，上有仙人不知老，渴饮玉泉饥食枣”。但很多镜铭则漏字漏句、残缺不全，如：

“尚方作竟真大巧，上有山人。”

“尚方作竟真大巧，上有山人不知。”

“尚方作竟真大巧，上有仙人不知老，渴饮玉泉。”

“尚方作竟真大巧，上有仙人不知老，渴饮玉泉饥食。”

加“兮”补“而”

与漏字漏句相反，很多镜铭却随意在铭文中加字，比较常见的是加“兮”补“而”，如：

“内而清而以而昭而明而光而夫而日而月而不而泄”；

“内而清质而以昭明，光而象夫日月，心忽而忠，不泄”；

“内清质以昭明，光辉象夫乎兮日月，心忽而愿忠，然雍塞而不泄”；

“内而青而以□而□□而□而象光而日之月光而忽心而不”等。

很明显，铭文中额外添加的这些字根本毫无任何实际意义可言。汉代镜铭的用字特点除了上述几种情况外，还存在一些省笔字，即将本不应该省的笔画省去，此不一一列举。

汉代铜镜铭文的用字为什么会存在上述特点呢？我们可从以下几个方面寻找答案。

首先，就通假字来看，这其实是与汉代其他文字资料用字情况基本一致的。像汉代碑刻、简帛等亦多通假字。所以，镜铭中通假字的大量运用，正体现了汉代人用字的特征。这正如《隶释》卷十三《清河相张君墓道》洪适跋中所言："汉人用字有假借者，有通用者，有奇古者，有变异偏旁及简省者。"

其次，汉代整个社会用字规范性不强。《史记》和《汉书》的用字就有很大不同，就连汉代流传的儒家经典其用字情况也有很大的随意性，甚至出现了有人拿钱贿赂朝廷负责经书的官员，以改变经书文字来与其私人的版本保持一致的情况，因此朝廷曾多次组织学者校订六经，以确定权威文本。记载圣人之言的儒家经典尚且如此，作为普通镜铭就更不用说了。

再次，铸镜师的文化水平亦有很大关系。汉代铜镜有官方铸镜和私人铸镜两种。因为由官方专人制造，故尚方镜一般都比较精致，用字也相对规范。而民间私人铸镜就不同，因铸镜师是民间普通百姓，其文化水平参差不齐，所以镜铭中出现错别字、字体潦草等现象，也就成了很自然的事。

最后，与铜镜铸造工艺有关。铜镜的铸造要先制作模具，然后用模压出泥范，再进行浇铸。因为汉字很多都笔画繁多，技术不太娴熟的铸镜师在泥模上刻印时往往难以下刀，如果要将一个字刻全，翻砂制范时就开始模糊，再等浇铸成镜后更是模糊难辨。因此为了文字清晰好看，很多铸镜师也就只好将文字笔画简省，尤其是那些铸镜技术偏差的铸镜师，更是将笔画一省再省，也就出现了我们今天难以辨认的减笔字。另外，漏字漏句、加"而"补"兮"等现象的存在，是因为铸镜师没有把握好尺寸，刻铸前没有精心设计和周密计算。于是空间一旦不够，便漏字漏句。相反，如果所剩空间太多，便只好加"兮"补"而"。

尚 方

尚方为古代制造帝王所用器物的官署。秦置属少府。汉末分中、左、右三尚方。唐称"尚署"。元置中尚监。明废。亦泛称为宫廷制办和掌管饮食器物的官署、部门。

尚方规矩纹镜 汉代

圆钮，变形四叶纹钮座，钮座外围方格，内置十二地支明，以十二乳钉相隔。主纹饰为规矩纹，内置青龙、白虎、玄武、朱雀、羽人等，外一周铭文"尚方作竟真大仁，上有山人不知老，渴饮玉泉饥食枣"。勾连水波纹缘。镜直径为18.3厘米，重625克。

动物纹饰背后的文化内涵

汉代铜镜背后的动物纹饰较前代大为丰富，最常见的为四灵，另外还有鹿、龟、鹤等。在这些动物纹饰的背后，有着丰富的、具有时代特色的文化内涵。

四 灵

四灵的组合有两种不同的说法。其中一种指麟凤龟龙，来自于《礼记》。《礼记·礼运》云："四灵以为畜，故饮食有由也。何谓四灵？麟、凤、龟、龙谓之四灵。"孔颖达疏云："此四兽有神灵异于他物，故谓之灵。"古人认为："麟体信厚，凤知治乱，龟兆凶吉，龙能变化"。而另一种说法则认为四灵指的是青龙、白虎、朱雀、玄武，也被称为四神。因此种说法更具普遍性，姑且从之。

青龙，即苍龙，古代有多重含义：一为东方星宿名，二十八宿中东方七宿，即角、亢、氐、房、心、尾、箕的合称。二为道教所信奉的东方的神，担任着升天前导的重要职责。张衡《灵宪》中云："苍龙连蜷于左，白虎猛据于右，朱雀奋翼于前。"又《论衡》中云："宅中主神十二焉，青龙白虎列十二位，龙虎猛神，天之正鬼也。飞尸流凶，不敢妄集；犹主人猛勇，奸客不敢窥也。"青龙又可以驱邪去恶、辟除不祥。三为古时行军以画青龙的旗帜表示东方之位。

白虎，一指西方七宿奎、娄、胃、

青龙　白虎　朱雀　玄武

昴、毕、觜、参的总称。汉代贾谊《惜誓》："苍龙蚴虬于左骖兮，白虎骋而为右骓。"《史记·天官书》："参为白虎。"《后汉书·郎顗传》："罚者曰白虎，其宿主兵。"李贤注："《天官书》曰：'参为白虎……下有三星，曰罚，为斩艾之事。'故主兵。"《封神演义》第七十一回："南分朱雀北玄武，东按青龙西白虎。"清冯桂芬《释鹑》："以鹑火为凤，方与苍龙、白虎、元武相称。"二特指迷信传说中的凶神。《警世通言·三现身包龙图断冤》："白虎临身日，临身必有灾。"严敦易校注："白虎，星命迷信里面的凶神。"《协纪辨方书》引《人元秘枢经》："白虎者，岁中凶神也。常居岁后四辰。"三指饰白虎图像的军旗。《礼记·曲礼上》："行，前朱鸟而后玄武，左青龙而右白虎。"陈澔集说："朱鸟、玄武、青龙、白虎，四方宿名也，以为旗章。"《吴子·治兵》："必左青龙，右白虎；前朱雀，后玄武；招摇在上，从事于下。"汉人爱将虎首绘于门上以镇邪。《风俗通义》中云："于是县官常以腊除夕，饰桃人，垂苇茭，画虎于门，皆追效于前事，冀以御凶也。"又说："虎者，阳物，百兽之长也，能执搏挫锐，噬食鬼魅。"

朱雀，又名朱鸟。一指星宿名，即二十八宿中南方七宿（井、鬼、柳、星、张、翼、轸）的总称。《书·尧典》"日中星鸟"清孙星衍疏："经言星鸟者，鸟谓朱雀，南方之宿……郑康成之意，南方七宿，总为鸟星。"七宿相联呈鸟形；朱色象火，南方属火，故名。《史记·天官书》："南宫朱鸟。"司马贞索引引《文耀钩》曰："南宫赤帝，其精为朱鸟。"唐杨炯《浑天赋》："南宫则黄龙赋象，

"四 灵"

历来有两种不同组合，一指麟凤龟龙，一指青龙、白虎、朱雀、玄武，后者也被称为四神。四神在古代有着多重含义：首先是表现了古代人的地理观念，以青龙指东方，朱雀指南方，白虎指西方，玄武指北方，另有主中央的黄龙，但一般不同时出现。其次是构成自然界的五种物质，青龙为木，朱雀为火，白虎为金，玄武为水，中央为土。第三是指季节。青龙为春，朱雀为夏，白虎为秋，玄武为冬。随着东汉谶纬之说的盛行，四神更是充满了神秘色彩，成了人们避邪和表现阴阳的常用图案。

四兽镜　战国

高耸双弦纽，圆纽座，纽上双弦纹之间有连珠纹，羽状地纹上有四怪兽，长尾、长舌、小耳、长鼻，似狐又似熊，躯体上平素无纹饰，四兽相互攀握，线条流畅。

朱鸟成形，五帝之座，三光之庭。"二指画有朱雀图形的军旗。《吴子·治兵》："必左青龙，右白虎，前朱雀，后玄武，招摇在上，从事于下。"古代军事家按天文四宫布列前后左右军阵，军旗画四种图形为标识，前方的叫朱

七乳画纹带镜　汉代

圆钮，变形柿蒂纹钮座，主纹饰为七乳相间的神兽画纹带：羽人饲青龙、朱雀、白虎、羽人抚琴、玄武、羽人戏怪兽、独角兽戏朱雀等。勾连水波纹缘。镜直径为18厘米，重585克。

七乳四神镜（拓片）　新莽时期

圆钮，圆钮座，主纹为七乳和线刻式四神禽鸟，排列顺序为：青龙、羽人、玄武、怪熊、白虎、朱雀、金鸟。再外一周短斜线纹和一周锯齿纹。边缘为剔地平雕式的白虎、朱雀、熊罴、羽人等。镜直径为14.4厘米。

鸟。《礼记·曲礼上》："行，前朱鸟而后玄武，左青龙而右白虎。"孔颖达疏："此明军行象天文而作陈法也。前南，后北，左东，右西。朱鸟、玄武、青龙、白虎，四方宿名也。军前宜捷，故用鸟。"明沈寿民《江上行》："玄武后扈，朱鸟前骞。"三指古代传说中的祥瑞动物，"四灵"之一。《三辅黄图·未央宫》："苍龙、白虎、朱雀、元武，天之四灵，以正四方，王者制宫阙殿阁取法焉。"四指南方之神。《太平御览》卷八百八十一引《河图》："南方赤帝，神名赤熛怒，精名朱鸟。"《文选·王延寿〈鲁灵光殿赋〉》："朱鸟舒翼以峙衡，腾虵蟉虬而逶蛇。"李周翰注："朱鸟，朱雀，南方神也。"唐吴筠《游仙》诗之九："赤帝跃火龙，炎官控朱鸟。"

玄武，一指古代神话中的北方之神，其形为龟，或龟蛇合体。《楚辞·远游》："时暖曃其曭莽兮，召玄武而奔属。"王逸注："呼太阴神，使承卫也。"洪兴祖补注："玄武，谓龟蛇。位在北方，故曰玄。身有鳞甲，故曰武。"《后汉书·王梁传》："《赤伏符》曰：'王梁主卫作玄武。'"李贤注："玄武，北方之神，龟蛇合体。"后为道教所信奉。即真武神。宋赵彦卫《云麓漫钞》卷九："朱雀、玄武、青龙、白虎为四方之神。祥符间避圣祖讳，始改玄武为真武……后兴醴泉观，得龟蛇，道士以为真武现，绘其像为北方之神，被发黑衣，仗剑蹈龟蛇，从者执黑旗。"二指二十八宿中北方七宿（斗、牛、女、虚、危、室、壁）的合称，以其排列之形如龟而得名。《史记·天官书》："北宫玄武。"司马贞索引："南斗六星，牵牛六星，并北宫玄武之宿。"唐杜甫《魏将军歌》："酒阑插剑肝胆露，勾陈苍苍玄武暮。"三指绘有龟形的军旗，用以标志位于北方或后面的军阵。《吴子·治兵》："（三军进止）必左青龙，右白虎，前朱雀，后玄武。"《礼记·曲礼上》："（军）行，前朱鸟而后玄武，左青龙而右白虎，招摇在上，急缮其怒，进退有度。"孔颖达疏："今之军行，画此四兽于旌旗，以标前后左右之军陈。"元李文蔚《蒋神灵应》第二折："休道那十面埋伏，怎生这妙策幽微趣，神机决胜术，排玄武接引青龙。"四道教称黑汞为玄武。《云笈七签》七十二卷："玄武者，北方壬癸水，黑汞也。"

与龙凤一样，四灵同样是我国古代人们文化心态的典型代表，正如昭明、洪海在《古代铜镜》中所说，四神在古代有着多重含义：首先是表现了古代人的地理观念，以青龙指东方，朱雀指南方，白虎指西方，玄武指北方，另有主中央的黄龙，但一般不同时出现。其次是构成自然界的五种物质，青龙为木，朱雀为火，白虎为金，玄武为水，中央为土，这就是五行观念，同时与之相配的五种颜色为青、朱（红）、白、玄（黑）、黄。第三是指季节。《春秋繁露·五行对》中云："木生火，火生土，土生金，金生水。水为冬，金为秋，土为季夏，火为夏，木为春。"因此青龙为春，朱雀为夏，白虎为秋，玄武为冬。随着东汉谶纬之说的盛行，四神更是充满了神秘色彩，成了人们避邪和表现阴阳的常用图案，正如铭文中所言"左龙右虎辟不羊（祥），朱雀玄武顺阴

四神钱纹简化规矩镜（拓片） 新莽时期

内区仅T和L形纹而无V形纹，四方八极内青龙与白虎各配"大泉五十"钱纹一枚。朱雀配怪兽，玄武是乌龟与蛇各占一区。外区铭文为"汉有善铜出丹阳，取之为镜清如明，左龙右虎备四旁"，边缘纹饰为六组龙纹及禽兽纹。直径为 13.7 厘米。

阳”。四灵也因此成了汉代铜镜纹饰的重要题材，四神博局镜的出现就是最好的证明。

鹿、龟、鹤等

鹿，因与禄同音，故被认为是吉祥的象征。汉代郑众《婚物赞》云：“鹿者，禄也。”《仪礼·少牢馈食礼》：“使女受禄于天，宜稼于田。”郑玄注：“古文禄为福。”另外鹿还比喻政权或爵位或掌权之人。《史记·淮阴侯列传》：“秦失其鹿，天下共逐之。”裴骃集解引张晏曰：“以鹿喻帝位也。”《文选·扬雄〈解嘲〉》：“往昔周网解结，群鹿争逸。”李善注引服虔曰：“鹿喻在爵位者。”此外，鹿也为长寿的仙兽，《抱朴子》云：“鹿寿千岁，满五百岁则其色白。”《述异记》中云：“鹿一千年为苍鹿，又五百年化为白鹿，又五百年化为玄鹿。”正因为鹿被视为祥瑞，因此镜背纹饰中常刻有鹿纹。

龟，在古人眼中是一种极具灵性的动物。《史记·龟策列传》中就这样记载：龟者是天下之宝也，先得此龟者为天子，且十言十当，十战十胜。生于深渊，长于黄土。知天之道，明于上古。游三千岁，不出其域。安平静正，动不用力。寿蔽天地，莫知其极。与物变化，四时变色。居而自匿，伏而不食。春仓夏黄，秋白冬黑。明于阴阳，审于刑德。先知利害，察于祸福。

嵌贝鹿形铜镇　西汉

镇为古代压席用具，为避免起身落座时折卷席角，汉镇大多做成动物形，鹿是人们喜欢的造型之一，因为鹿通“禄”，表达了人们祈求富贵的愿望。

仙者骑白鹿　张路　中国画

神仙传说中，鹿多为仙人的坐骑，如寿星骑鹿。图中一仙人身穿长衫驾御白鹿，作低头冥思状，而白鹿茸耳奇出，昂首前观，悠然提足前行。画面似有仙气弥漫，烘托出仙者的仙风道骨。

二十八宿神行图（局部）
张僧繇 南北朝

张僧繇是南朝梁武帝（萧衍）时期的名画家，擅作人物故事画及宗教画，亦精肖像，并作风俗画，兼工画龙，时人称为超越前人的画家。图为《五星二十八宿神行图》之四，一持剑仙人盘坐在神龟背上。

以上描写了龟的各种灵性，而其中最为世人所认同的便是其长寿的特性。旧传龟有千年之寿，传说龟千年生毛，五千年寿称为神龟，万年寿称为灵龟。故人们常用龟指称长寿，如龟龄、龟寿等。宋张孝祥《鹧鸪天·为老母寿》词："同犬子，祝龟龄。天教二老鬓长青。"宋叶适《资政殿学士参政枢密杨公墓志铭》："瞻彼何山，言树之麓；豹文而隐，龟寿而伏。"龟为长寿之物，故古人便认为如能食用神龟，也能令人长寿。如晋葛洪《抱朴子》中就云："千岁灵龟，剔取其甲，火炙捣服，尽一具，寿千岁。"龟为长寿的象征，而道教的最高追求就是得道成仙、永生不死，于是很多道教词语便与龟紧密相连，如"龟精"指道教指练内丹时产生的真气。宋苏轼《辨道歌》："龟精凤髓填谽谺，天地骇有鬼神嗟。"查慎行注："《玄奥集》：龟精凤髓、兔髓乌肝，先天地精，不过真铅真汞交结而成"；"龟台"传说中的仙人居处。唐罗隐《雪中怀友人》诗："兔苑旧游尽，龟台仙路长。"宋赵崇绚《鸡肋·玉楼》："《集仙传》：王母所居龟台有玉楼十二"；"龟息"亦为道教语。谓呼吸调息如龟，不饮不食而能长生。一说，以为龟睡时，气由耳出，因此长生。语本晋葛洪《抱朴子·对俗》："《仙经》象龟之息，岂不有以乎？"唐李白《代寿山答孟少府移文书》："乃虬蟠龟息，遁乎此山。"元岑安卿《和李宰韵》："常怀却世纷，宴坐学龟息"；"龟脑"古代传说中仙人所服的龟的脑髓。汉刘向《列仙传·桂父》："桂父者，象林人也，色黑而时白时黄时赤，南海人见而尊事之，常服桂及葵，以龟脑和之，千丸十斤桂，累世见之，今荆州之南尚有桂丸焉。"晋王嘉《拾遗记·魏》："昆明国贡嗽金鸟……饴以珍珠，饮以龟脑。"正因为古人认为龟极其长寿，且带有道教的神秘色彩，于是龟又成了人们占卜吉凶的工

鹤

在古代神兽中，鹤是真实存在的动物，之所以被神话原因大概有四：①鹤中有一类丹顶鹤四岁便进入成年期，寿命长达六十至八十年。因此鹤被作为长寿的象征。②鹤对感情十分专一，一旦求偶成功则终生不变。如有一只不幸夭折，另一只会至死不再择偶，宁可沦为孤鹤。③丹顶鹤几乎没有天敌，它们目光锐利，行动敏捷，能飞善走，加上强劲有力的双足和尖而长的嘴，连鹰都惧怕三分。④鹤生活习性较特殊：睡眠时常单腿直立，扭颈回首将头放在背上，或将尖嘴插入羽内。

龟鹤延年

民间传统中，鹤意喻长青，龟代表长寿。图中取一昂头挺胸的仙鹤双腿直立于回头观望的老龟之上，意在渴望拥有它的人如同仙鹤立龟般长青不老。

具。如“龟卜”、“龟占”、“龟灼”、“龟枚”等，均谓灼龟甲卜吉凶。而且对龟卜的结果也有专门的称呼，如“龟逆”谓占卜未得吉兆。《史记·龟策列传》：“楚灵王将背周室，卜而龟逆，终被干溪之败”；相反“龟祥”、“龟胜”则谓占卜得吉兆。宋王安石《太子太傅致仕田公墓志铭》：“田室于姜，卒如龟祥。”《司马法·定爵》：“时日不迁，龟胜微行，是谓有天。”刘寅直解：“龟胜者，占而得胜兆也。”另外“龟蛇”为神名，即指前文所说的玄武。

鹤，亦寓意长寿。故有“鹤寿”、“鹤算”之称。《淮南子·说林训》：“鹤寿千岁，以极其游，蜉蝣朝生而暮死，而尽其乐。”唐王建《闲说》诗：“桃花百叶不成春，鹤寿千年也未神。”唐无名氏《上嘉会节贺表》：“值清明驭气之时，当仁寿悦随之始，固可年同鹤算，岁比山呼。”正因为鹤与龟一样均为长寿的象征，而仙人更是长生不老，于是人们同样将鹤与仙人联系在一起。晋陶潜《搜神后记》卷一记载：

丁令威，本辽东人，学道于灵虚山。后化鹤归辽，集城门华表柱。时有少年，举弓欲射之。鹤乃飞，徘徊空中而言曰：“有鸟有鸟丁令威，去家千年今始归，城郭如故人民非，何不学仙冢累累。”遂高上冲天。

此处之鹤，即为仙人所化。将“鹤”与仙人相连的词汇还很多。如“鹤骑”指仙人的坐骑；仙人骑乘的鹤。唐王勃《八仙径》诗：“代北鸾骖至，辽西鹤骑旋”；“鹤驾”指仙人的车驾。隋薛道衡《老氏碑》：“炼形物表，卷迹方外，蜺裳鹤驾，往来紫府”；“鹤质”指仙道者的体质。唐郑澣《赠毛仙翁》诗：“松姿本秀，鹤质自轻”；“鹤轮”指传说中仙人的车驾。唐陆龟蒙《句曲山朝真词·迎真》：“残星下照霓襟冷，缺月才分鹤轮影”；“鹤班”指仙人的行列。清戴璐《藤阴杂记》卷十：“晚香励节，集蓬岛鹤班旧侣，重翻霓羽侑鸾觞”；“鹤信”指修道者的消息。唐罗隐《寄程尊师》诗：“鹤信虽然到五湖，烟波迢递路崎岖”；“鹤骨松筋”指修道者的形貌气质。前蜀贯休《遇道者》诗：“鹤骨松筋风貌殊，不言名姓绝荣枯”；“鹤使”指传说中仙家的信使。清厉鹗《续游仙百咏》之九十七：“夜向蘂楼邀小玉，传书鹤使路迢遥”；“鹤上人”、“鹤上仙”指仙人。传说中仙人多以鹤为坐骑，故称。唐李白《古风》之四：“尚恐丹液迟，志愿不及申。徒霜镜中发，羞彼鹤上人。”《古风》之七：“客有鹤上仙，飞飞凌太清。扬言碧云里，自道安期名。”可见鹤与仙相连，即是源于其长寿的意象。

驾鹤西归

西归是死亡的意思，古代把离开尘世比做“驾鹤西归”。因为古人相信，人死后可以成仙，而鹤作为一种吉祥的灵鸟，是与仙人相伴的。故对于人的死亡有驾鹤西游、驾鹤仙游、驾鹤西归、驾鹤成仙的婉转说法。

也正因为龟、鹤皆为长寿之物，故人们常将两者连用，以喻人之长寿，或作祝寿之词。晋葛洪《抱朴子·对俗》：“知龟鹤之遐寿，故效其道引以增年。”《文选·郭璞〈游仙诗〉》：“借问蜉蝣辈，宁知龟鹤年？”李善注：“《养生要论》曰：龟鹤寿有千百之数，性寿之物也。”南朝梁刘孝标《辩命论》：“朝秀晨终，龟鹄千岁，年之殊也。”宋苏轼《和陶〈读山海经〉》之二：“欲使蟪蛄流，知有龟鹤年。”除龟鹤连用外，还有“龟年鹤寿”、“龟年鹤算”、“龟龄鹤算”等说法，均言长寿之意。唐李商隐《祭张书记文》：“神道甚微，天理难究，桂蠹兰败，龟年鹤寿。”宋韦骧《醉蓬莱·廷评庆寿》词：“惟愿增高，龟年鹤算，鸿恩紫诏。”宋侯寘《水调歌头·为郑子礼提刑寿》词：“坐享龟龄鹤算，稳佩金鱼玉带，常近赭黄袍。”长寿为汉代人重要的社会追求，而龟鹤又是长寿的象征，因此作为社会文化生活反映的铜镜，其纹饰便选择了龟鹤作为其重要题材。这正如李泽厚在《美的历程》中所说，“各种奇禽怪兽、赤兔金乌、狮虎猛龙、大象巨龟、猪头鱼尾……，各有其深层的喻意和神秘的象征”（李泽厚：《美的历程》，文物出版社，1981年）。

汉镜人物纹饰与儒道思想

西王母

传说西王母原是掌管灾疫和刑罚的怪神，后于流传过程中逐渐女性化与温和化，而成为年老慈祥的女神。亦称为金母、瑶池金母、西王母。

西王母

为我国古代神话中的女神，住在昆仑山的瑶池，她园子里的蟠桃，人吃了能长生不老。她为汉代民间信仰的主神，作为长寿的象征，且有着令人多子多孙、家族兴旺的神通本领。通称为“王母娘娘”。

铜镜人物纹饰于春秋战国时期就已出现，如金银错狩猎纹镜中就出现了骑士与猛虎搏斗的画面，但其只是纹饰的一个组成部分。而汉代铜镜人物纹饰比战国时更为丰富，且很多都上升为镜背主题纹饰。最为典型的为神人画像镜中的东王公、西王母纹饰，以及历史人物画像镜中的伍子胥纹饰等。

西王母等纹饰与道教的仙化思想

西王母是神仙世界的代表人物，也是汉代民间信仰的主神，汉代人对西王母的崇拜可以说是到了顶礼膜拜的程度。西王母从传说到信仰经历了一个不断发展的过程。

（1）西王母最初是一个带有野性意味的怪神形象。《山海经》中有三处记载：“玉山，是西王母所居也。西王母，其状如人，豹尾虎齿而善啸，蓬发戴胜，是司天之厉及五残。有兽焉，其状如犬而豹文，其角如牛，其名曰狡，其音如吠犬，见则其国大穰。有鸟焉，其状如翟而赤，名曰胜遇，是食鱼，其音如录，见则其国大水。”又“西王母梯几而戴胜杖，其南有三青鸟，为西王母取食，在昆仑虚北。”又“西海之南，流沙之滨，赤水之后，黑水之前，有大山，名曰昆仑之丘。有神，人面虎身，有文有尾，皆白处之。其下有弱水之渊环之，其外有炎火之山，报物辄然。有人戴胜，虎齿，豹尾，穴处，名曰西王母。此山万物皆有。”可见，此时的西王母形象古怪，住在山洞中，头发蓬乱，戴着一个叫“玉胜”的首饰，长着虎牙豹尾，不时发出恐怖的啸声，就连其是男是女都难以辨认。其职能是“司天之厉及五残”，即掌管着灾疫和刑罚。

（2）西汉初年的西王母变为寿星及美貌女神形象。《淮南子·览冥训》中云：“譬若羿请不死之药于西王母，姮娥窃以奔月，怅然有丧，无以续之。何则？不知不死之药所由生也”、“昔常娥以西王母不死之药服之，遂奔为月精”，而且还传说汉代东方朔还曾偷过她的长寿仙桃。《史记·司马相如列传》云：“低回阴山翔以纡曲兮，吾乃今目睹西王母皬然白首。载胜而穴处兮，亦幸有三足乌为之使。必长生若此而不死兮，虽济万世不足以喜”。《汉书·扬雄传》：“想西王母欣然而上寿兮，屏玉女而却虙妃”。除突出长寿、掌管不死之药之外，此时期的西王母也不再是一个带有野性意味的丑怪形象，而成了一位人见人爱的美女。《汉武帝内传》中这样记载：“年三十许，修短得中，天姿掩蔼，容貌绝世。”

（3）与东王公一起成为仙界图形

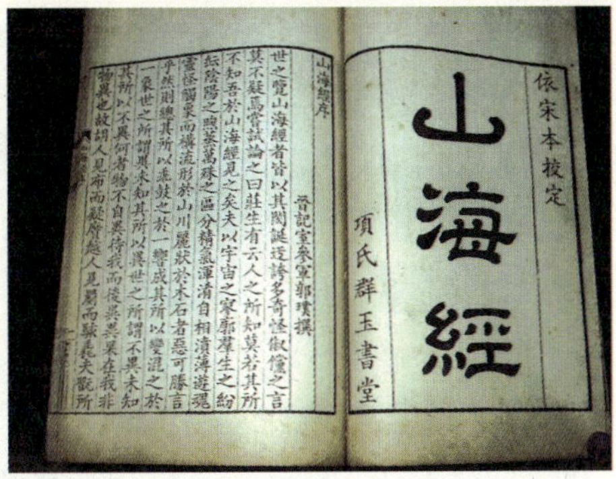

《山海经》书影

《山海经》中载：“西王母其状如人，豹尾虎齿，善啸，蓬发戴胜，是司天之厉及五残。”这是关于西王母的较早记载。《山海经》是中国先秦古籍，主要记述的是古代神话、地理、物产、巫术、宗教、古史、医药、民俗、民族等方面的内容。

西王母　山西永乐宫壁画　元代

这幅图是永乐宫壁画的一部分，图中西王母皮肤白皙，衣着华美，手持笏板坐在天神殿中。

东王公西王母画像镜　汉代

圆钮，主纹饰为东王公、西王母、瑞兽、三马及羽人，勾连水波纹缘。镜直径为19.5厘米，重737克。

系统的代表。东王公亦作“东皇公”，神话中掌管男仙名籍的仙人名，与西王母相对。东王公形象的出现晚于西王母，《神异经·东荒经》中记：“东荒山中有大石室，东王公居焉。长一丈，头发皓白，人形鸟面而虎尾，载一黑熊，左右顾望”。《抱朴子·登陟》云：“称东王父者，麋也；西王母者，鹿也。”汉代还有“揖金母，拜王公”的童谣。成语“木公金母”即指仙人东王公和西王母。另外《水经注》中记载：“上有大鸟，名曰希有，南向，张左翼覆东王公，右翼覆西王母，背上小处无羽，一万九千里，西王母岁登翼上，之东王公也。故其柱铭曰：昆仑铜柱，其高入天，圆周如削，肤体美焉。其鸟铭曰：有鸟希有，绿赤煌煌，不鸣不食，东覆东王公，西覆西王母。王母欲东，登之自通。”除古代典籍外，汉代镜铭和纹饰中东王公和西王母也常成对出现。

镜铭中有的明确将东王公（东王父）与西王母两者并举，作为长寿的祝贺语。如“上有西王母东王公，仙人子乔赤由子”、“延寿命长，上如王父，西王母兮”、“寿如东王父西王母”、“除去不羊宜古市，来而东王父西王母，右同赤公子，千秋万年不失志”、“上有东王父，西王母，生如山石”等。

东王父、西王母更是神兽镜和画像镜镜纹饰的重要题材。神兽镜如中平四年环乳乳神禽兽镜，其纹饰一组为东王公，两侧为玉女与神兽；一组为西王母，两侧有青鸟和神兽；一组为黄帝，两侧为鸟及侍者；一组为伯牙奏琴，旁有两人。天王日月环状乳神兽镜，其纹饰二主神亦为东王公西王母。画像镜中以东王公西王母为纹饰的则更多：如神人车马画像镜，其神人纹饰多为东王公西王母，有的还明确铸以“东王父”、“西王母”的榜记；神人龙虎画像镜，镜背四区，一般其中两区为神人，亦多为东王公和西王母；神人禽兽画像镜，其主纹为神人和禽兽纹，二区神人常为对置式，有的还于神人一侧配以“东王公”、“西王母”等字铭。

那么西王母为什么于汉代这么受欢迎呢？这与汉代社会信仰紧密相关。古人素来信仰神仙思想，其本质就是打破时空限制、超越肉体、与万物为一。而汉代道教又吸收了神仙思想的主要内容，对其仙化思想有增无减，得道成仙成了道教的中心信仰，或者说道教追求的最高目标就是得道成仙，长生不老。

道教作为我国主要宗教之一，它以老庄等道家学说为思想基础，以神仙之说为中心，并糅合其他各种古代民间思想信仰而成。由东汉张道陵创立，到南北朝时盛行起来。奉元始天尊、太上老君老子为教祖。初时，入道者须交五斗米，故又称“五斗米道”。

正因为道教继承了神仙思想，故神仙信仰便得到了进一步的发展。汉代不管是平民百姓，还是达官贵族，得道成仙、长生不死可以说是他们共同的心愿和追求，拜神仙求仙药之风也因此日益盛行。而西王母恰好是拥有不死之药和长寿仙桃的神人，她还掌管灾疫和刑罚，而这些都与人的生命有关。她既能夺去人的生命，又能赐予人生命。另外《焦氏易林》卷四还云：“西逢王母，慈我九子，相对欢喜，王孙万户”，可见西王母还有着令人多子多孙、家族兴旺的神通本领，而这些都是汉人重要的社会追求。正因为如此，西王母作为世人追求长生不死和子孙

老 子　赵孟頫　元代

老子，姓李名耳，又叫老聃，字伯阳，楚国苦县厉乡曲仁里（今河南省鹿邑县）人。春秋末期杰出的思想家，道家学派的创始人，所著《道德经》为道家的主要经典。画中老子须眉飘飘，白发掩耳，面带微笑，平易近人，似为谆谆善诱的长者，神情之中流露出恬淡寡欲之气。

王母庆寿图（局部） 王文亭 通景屏 金笺纸本设色 近代

画面色彩富丽堂皇，木石花鸟的配景疏密有致，穿插于人物之间，起到了很好的烘托及调节气氛的作用。西王母蟠桃会是绘画中的常见题材。图为各路神仙云集，前来为王母祝寿的情景。

蕃昌的偶像，在道教神仙信仰风靡一时的汉代，也就受到广泛供奉，成了道教中神人的形象及汉代人顶礼膜拜的典型代表。因此，汉代铜镜纹饰中频频出现西王母纹饰亦绝非偶然。

除了西王母、东王公外，汉代铜镜纹饰中还出现了许多其他有名有姓的神仙，如王子乔、赤松子等。

赤松子，亦称“赤诵子”、“赤松子舆”。相传为上古时神仙，各家所载，其事互有异同。《史记·留侯世家》：“愿弃人闲事，欲从赤松子游耳。”司马贞索隐引《列仙传》：“神农时雨师也，能入火自烧，昆仑山上随风雨上下也。”《淮南子·齐俗训》：“今夫王乔、赤诵子吹呕呼吸，吐故纳新。”高诱注：“赤诵子，上谷人也，病疠入山，导引轻举。”《汉书·古今人表》：“赤松子，帝喾师。”宋罗泌《路史·馀论二·赤松石室》：“赤松子者，炎帝之诸侯也，既耄，移老襄城，家于石室……《神仙传》云：‘赤松子者，服水玉，神农时为雨师，教神农入火……，而《列仙传》有赤松子舆者，在黄帝时啖百草华，不谷，至尧时为木工，故传谓帝喾师之。”

王乔，传说中的仙人。周灵王太子晋，即王子乔。汉刘向《列仙传·王子乔》：“王子乔者，周灵王太子晋也。好吹笙作凤凰鸣。游伊洛间，道士浮丘公接上嵩高山。三十余年后，求之于山上，见柏良曰：‘告我家：七月七日待我于缑氏山巅。’至时，果乘鹤驻山头，望之不可到。举手谢时人，数日而去。”又谓，王子乔曾至中山，获《九化十变经》，以隐遁日月，游行星辰，后以疾终。其墓在景陵，战国时有发其墓者，见一剑，正要取视，其剑忽然上飞去。

西王母、东王公、赤松子、王乔均为古代神仙，汉代铜镜中刻有其纹饰，正是汉人信仰道教，追求长寿不老、羽化登仙理想的寄托。

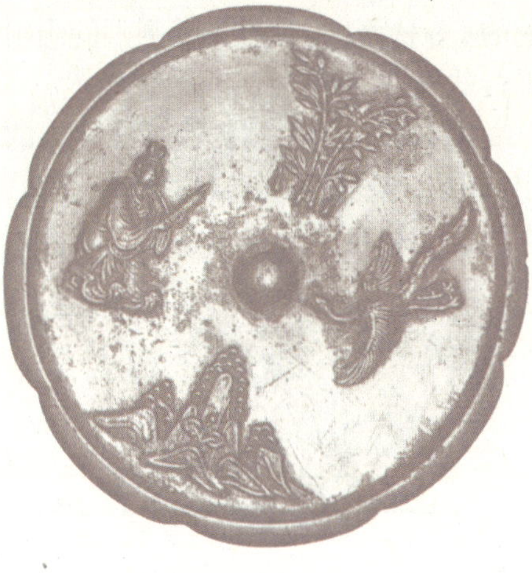

王子乔吹笙引凤纹镜　唐代

东王公形象的出现与阴阳五行观念

对东王公形象的出现，笔者也作一个简单的分析。如前所说，东王公形象的出现要晚于西王母，而且东王公出现时，往往是与西王母成对而出，且在铜镜纹饰中常有固定位置和规律。东王公居阳位，代表东方阳和之气；西王母居阴位，代表西方阴柔之气。就名字结构而言，一为西，一为东；一为公（或父），一为母。故东王公之名，为西王母附会而来。另外成语“木公金母”更是带有五行的印记。“木”与“金”均为五行之一，可见这种固定位置和名称的安排，与阴阳五行学说紧密相关。

阴阳五行思想可以说是汉代思想的重要一环，渗透到了汉代社会的各个方面，并对汉代社会生活、政治文化等产生了深远影响。顾颉刚甚至认为它是“汉代人的思想的骨干”，“汉代承战国之后，遂为这种学说的全盛时代”（顾颉刚：《汉代学术史略》，东方出版社，1996年）。阴阳五行意识的起源很早，其起源的准确时间，目前尚无定论。顾颉刚认为“这种思想虽不详其发生时代，但其成为系统的学说始自战国，……汉代承战国之后，遂为这种学说的全盛时代”。战国晚期的邹衍将零散的阴阳和五行观念集中起来，并予以系统化，从而开创了阴阳五行学说的先河。对汉代思想有重要影

董仲舒与《春秋繁露》

董仲舒，西汉著名的唯心主义哲学家和今文经学大师。他的哲学思想主要反映在所著的《春秋繁露》中。《春秋繁露》宣扬“天人合一”、“天人感应”的神学目的论。他把自然现象和社会现象进行神秘化的比附，认为天按照自己的形体制造了人，人是天的副本，人类的一切都是天的复制品，这就是“天人合一”的思想。

响的《春秋繁露》就散发着强烈的阴阳五行的气息。

“阴阳”，为中国古代哲学认为的宇宙中贯通物质和人事的两大对立面。它们既互相对立又互相联系，两者互相依存、互相作用、彼此消长，并因此而成为宇宙自然、生命万物的动力之源。《易·系辞上》云：“一阴一阳之谓道”。《庄子·田子方》说：“至阴肃肃，至阳赫赫，……两者交通成和，而物生焉。”《礼记·郊特性》云：“阴阳和而万物得”。《荀子·天论》云：“天地之变，阴阳之化”。《吕氏春秋·大乐》中云：“阴阳变化，一上一下，合而成章。……天地车轮，终则复始，极则复反，莫不咸当。日月星辰，或疾或徐，日月不同，以尽其行。四时代兴，或暑或寒，或短或长，或柔或刚。万物所出，造于太一，化于阴阳。”古代专司星相、占卜、卜宅、相墓等的职官叫阴阳官；以星相、占卜、相宅、看风水等为职业的人叫阴阳生。

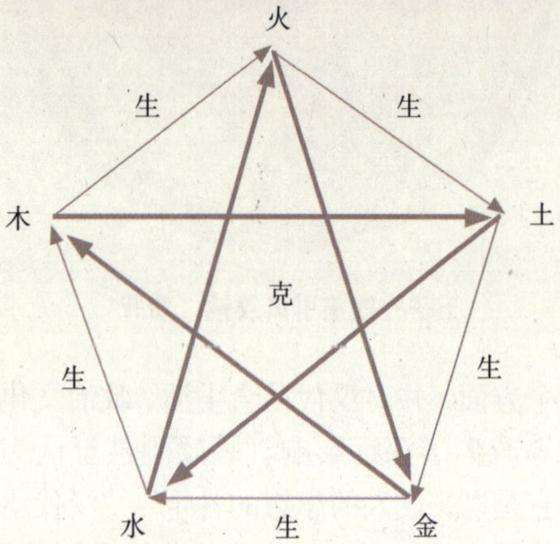

五行相生相克图

古人认为大自然由五种要素所构成，即金、木、水、火、土。这五个要素的盛衰，使大自然产生变化，也使宇宙万物循环不已。五行之间存在着相生相克的关系，相生的次序是：木生火，火生土，土生金，金生水，水生木；相克次序为：木克土，土克水，水克火，火克金，金克木。

伍子胥

伍子胥为春秋楚大夫伍员的字。楚平王杀其父奢兄尚，其经宋郑入吴，助阖庐夺取王位，整军经武。不久，攻破楚国，掘楚平王之墓，鞭尸三百。吴王夫差时，因力谏停止攻齐，拒绝越国求和，而渐被疏远。后夫差赐剑命自杀，并以鸱夷革盛其尸浮于江上。

“五行”，指水、火、木、金、土，为构成各种物质的五种元素，古人常以此说明宇宙万物的起源和变化。《书·甘誓》：“有扈氏威侮五行，怠弃三正。”孔颖达疏：“五行，水、火、金、木、土也。”《孔子家语·五帝》：“天有五行，水、火、金、木、土，分时化育，以成万物。”《春秋繁露·五行之义》：“天有五行，一曰木，二曰火，三曰土，四曰金，五曰水。木，五行之始也；水，五行之终也；土，五行之中也，此其天次之序也。”

汉人董仲舒著《春秋繁露》更是将阴阳五行观念进一步发挥，使其成为神化封建制度的工具。他认为“阴者阳之合，妻者夫之合，子者父之合，臣者君之合。物莫无合，而合各有阴阳。”“天为君而覆露之，地为臣而持载之，阳为夫而生之，阴为妇而助之，春为父而生之，夏为子而养之。”

伍子胥画像镜　东汉

圆钮，小朱纹钮座，主纹饰分四区，一为忠臣伍子胥，怒目圆睁持剑置颈下；一为吴王席地而座，悠然自得之态；一为越王与范蠡策划谋吴之事；一为贿赂太宰嚭的玉女两人。每区像旁有隶书“忠臣伍子胥”、“吴王”、“越王、范蠡”（范池）的题榜。镜直径为 9.6 厘米。

“内清”重铭镜　汉代

圆钮，连珠纹钮座，两道宽弦纹和镜缘之间是两周铭文带，内圈的铭文为“内清质以昭明，光辉象夫日月，心忽杨而愿（忠），然虽塞而不泄”；外圈铭文为“洁精白而事君，怨（污）欢之明，彼玄锡之流泽，恐疏远而日忘，怀靡美之穷凯，外承欢之可说，慕窈佻（窕）之灵景（影），愿永思而毋绝”。镜直径为 17.7 厘米，重 770 克。

东王公形象的出现，也是汉人所谓“阴阳互倚”观念在家庭伦理生活中体现。因此汉代铜镜纹饰中东王公总是与西王母一阴一阳并列出现，并有着固定的位置和规律，也就不足为怪了。

伍子胥等纹饰与儒家的忠孝观念

伍子胥早就引起了世人的关注，司马迁在《史记》中就单独为其作传，题为《伍子胥列传》。伍子胥为春秋楚大夫伍员的字。楚平王杀其父奢兄尚，其经宋郑入吴，助阖庐夺取王位，整军经武。不久，攻破楚国，掘楚平王之墓，鞭尸三百。吴王夫差时，因力谏停止攻齐，拒绝越国求和，而渐被疏远。后夫差赐剑命自杀，并以鸱夷革盛其尸浮于江上。

故汉代人物画像镜便以伍子胥画像镜最为常见。如上海博物馆藏吴王伍子胥画像镜，其纹饰布局分为四个区：一组是两人坐地交谈，题曰“越王”、“范蠡”；一组为身穿长裙，拱手站立的二女，题曰“越王二女”或“玉女二人”；一组为一人坐于帐幔之中，左臂屈伸于身侧，右臂下垂，题为“吴王”；一组为一怒目圆睁、咬牙切齿、拔剑自刎的男子，题为“忠臣伍子胥”。

这一铜镜纹饰的特点，与宋代姚宽《西溪丛语》中的记载颇为相似，其云：“近得一夹镜，大鼻，叩之中虚，有冠剑四人，一题忠臣伍子胥，一吴王，一越王，一范蠡，又二妇人云越王二女，皆小隶字，制作奇古。”

伍子胥画像镜的故事则取材于《越绝书》和《吴越春秋》等野史，其大体情节为：越王勾践被吴国吴王夫差战败后，卧薪尝胆，发愤图强，并采用范蠡的计谋，送西施、郑旦两位美女给吴王，以迷惑吴王使其沉迷女色。伍子胥劝吴王不要中计，千万不要收下两位美女。而吴王不听，反责怪伍子胥不忠，并将其杀害。

作为正史的《史记》与作为野史的《越绝书》和《吴越春秋》在对伍子胥死因问题上存在不同说法：一个认为是“因力谏停止攻齐，拒绝越国求和”，另一个则认为因劝吴王不要中越国美人计。两者说法虽然存在一定的分歧，但其中心是一致的：那就是伍子胥是一个忠臣，他对吴王力谏全都是为了吴王和吴国。所以后来伍子胥也就成了忠臣的典型代表。《庄子·盗跖》就这么感慨：“比干剖心，子胥抉眼，忠之祸也。”

将一个忠臣的形象刻画到汉代铜镜中，这自然与汉代所提倡的儒家忠孝观念有关。

儒家提倡忠孝，作为记载孔子及其弟子言行的《论语》，其中就有不少关于忠的言论。定公问：“君使臣，臣事君，如之何？”孔子对曰：“君使臣以礼，臣事君以忠”（《论语·八佾第三》）。“子以四教：文，行，忠，信”（《论语·述而第七》）。对于孝，孔子则更是大力提倡，他认为孝是“无违”、“生，事之以礼；死，葬之以礼，祭之以礼”、“父母唯其疾之忧”、“是谓能养”、“色难。有事弟子服其劳，有酒食先生馔”。

孔子提出的“君君、臣臣、父父、子子”（《论语·颜渊》）的思想，后被韩非子发展，提出了“臣事君，子事父，妻事夫，三者顺则天下治，三者逆则天下乱，此天下之常道也”（《韩非子·忠孝》）。到汉代，这种忠孝观念得到了极大发展。董仲舒更是将忠君与孝父相连，其所倡孝道，本质上还是为了忠君。如《春秋繁露》就大力宣扬“三纲”、“五常”的封建道德观，为封建等级制度和伦常关系的合法性制造舆论。到西汉末成书的《礼纬》更是将“三纲”条文具体化，三纲中以君为臣纲为主，父为子纲、夫为妻纲都从属于君为臣纲，足见其根本的目的是要维护君权

《论语》书影

《论语》是一部记载孔子及其弟子言行的书，它由孔子的弟子和再传弟子编辑而成，比较集中地反映了儒家创始人孔子的政治思想核心“仁”、“礼”、“义”。在儒家思想的影响下，人们都践行着忠孝礼仪，忠臣伍子胥也只是其中一个代表。

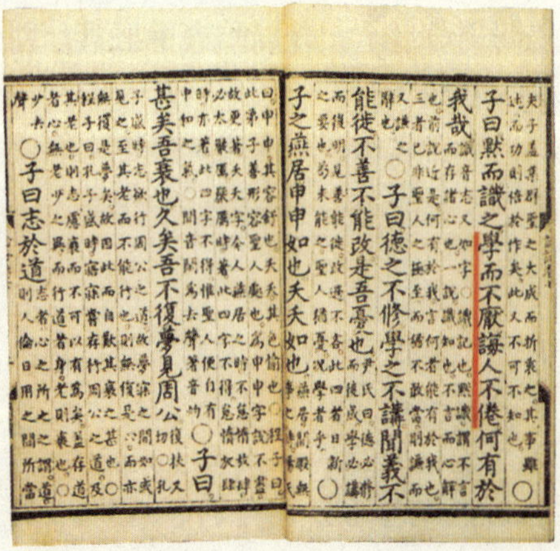

孔子讲学

孔子提出“己所不欲，勿施于人”，“己欲立而立人，己欲达而达人”等论点，提倡“忠恕”之道；又以为推行“仁政”应以“礼”为规范：“克己复礼为仁”。政治上他提出“正名”主张，以为“君君、臣臣、父父、子子”，都应实副其“名”，并提出“不患寡而患不均，不患贫而患不安”观点。自西汉以后，孔子学说成为两千余年封建社会的文化正统，影响极深。

的统治，强调臣对君对国的忠诚。

上层统治阶级所强调的忠孝观念，渐渐渗透到社会各阶层人们的思想和观念中，于是作为忠臣的典型代表伍子胥，也就成了铜镜纹饰的重要题材。

除了对君主要忠诚外，忠于友谊也是汉人所提倡的道德标准。因此汉代铜镜纹饰中还出现了伯牙与钟子期两位友人的形象。伯牙为春秋时齐国的大夫，精于鼓琴，善奏《高山流水》。《荀子·劝学篇》有“伯牙鼓琴，而六马仰秣”之句。而钟子期是一位樵夫，春秋时楚国人，精通音律。伯牙、钟子期两人友好，伯牙鼓琴，志在高山流水，子期听而知之。子期死，伯牙绝弦破琴，终身不复鼓琴，后世便传为“知音”佳话，成为朋友交往的表率。

心存忠孝

古代忠孝观念深入人心，处处都有体现。图为以“心存忠孝”四字为铭的方孔钱。

总之，无论是对国君的忠诚，还是对友谊的忠诚，都受儒家忠孝观念的影响，并被用于铜镜纹饰之中大加宣扬。

西汉透光镜

透光镜是汉代铜镜的特殊品种。其正面与普通铜镜一样可以用来照容，背面也有各种纹饰和铭文，但最为特殊之处在于，当阳光或直射的平行光照到镜面上时，能将镜背上的铭文和纹饰映射到墙上，因此被称为“透光镜”。清代郑复光《镜镜诗痴·作透光镜》中就有“独有古镜，背具花文。正面斜对日光，花文见于以光壁上，名透光镜”的记载。

正因为这种铜镜有着奇特的透镜功能，因此历来就吸引许多学者和文人的浓厚兴趣。那么历代透光镜的收录情况如何？历代对其研究的历史如何？透光的真正奥秘何在？这些都是非常有意思的问题。

鎏金透光镜　西汉

镜直径8厘米，厚0.35厘米。

历代透光镜的收录情况

阮崇武、毛增滇《中国“透光”古铜镜的奥秘》一书所记，上海博物馆还收藏四枚西汉透光镜，并对其中三枚作了简单的介绍。而1987年出版的陈佩芬编的《上海博物馆藏青铜镜》、1994年出版的聂世美的《中国镜文化——菱花照影》，以及1992年出版的何堂坤的《中国古代铜镜的技术研究》均言上海博物馆仅收藏两枚，不知何故。

《上海博物馆藏青铜镜》中所记两枚透光镜，第一枚为“见日之光透光

透光镜

透光镜为一类特别的铜镜，当阳光或直射的平行光照到镜面上时，能将镜背上的铭文和纹饰映射到墙上，好像阳光能从镜背穿透一般，故名。

“内清质以照明”透光镜 西汉

《钦定西清古鉴》书影 清代

清乾隆皇帝十分重视文物典籍的收藏与整理，命将内府收藏的青铜器分门别类，仿效《考古图》、《宣和博古图》体例汇辑成编。乾隆十四年（1749年）梁诗正等奉敕纂修，乾隆二十年（1755年）完书。此书著录清宫所藏古代铜器1529件，每器绘制一图，图后以楷书系说，对后世的青铜器研究影响很大。

镜”。该镜径长7.4厘米，钮镜1.1厘米，连钮厚0.8厘米，边厚0.27～0.31厘米，镜心最薄0.07厘米，边宽0.7厘米，重50克。半圆钮，圆形钮座。内区为八曲连弧纹，每一曲有一直线与钮座垂直。外围带状铭文：“见日之光，天下大明”八字，每两字之间夹有一个特别的符号，最外围以宽边。

第二枚为“内清以昭明透光镜”。该镜径为12.1厘米，钮径1.6厘米，连钮厚1厘米，边厚0.57～0.60厘米，镜心最薄0.09厘米，边宽1.8厘米，重280克。半圆钮，圆形钮座，内区有同心圆及八曲连弧纹，外围铭文一周：“内清以昭明，光象夫日月兮不世（泄）”，字体方正，每两字中间夹一“而”字，日下有一衍字，共二十一字。铭文的左右各有细斜条纹一周，最外是凸起的阔边。

据阮崇武、毛增滇《中国“透光”古铜镜的奥秘》一书所记，第三枚为“内清以照明透光镜”。该镜径16.8厘米，重750克，边阔其厚，镜钮突起，内圈有同心圆及八曲连弧纹，外圈有铭文：“内清以昭明，光象夫之日月不泄。”每个字中间，各间隔一“而”字。至于第四枚，不知何故未见报道。《中国物理学史大系——光学史》一书也言“第四枚未见详细报道”。

另外，1977年江西萍乡西汉墓也发掘出透光镜一枚，径7.0厘米，铭文为“见日之光，天下大明”八个字，此背铭与上海博物馆藏的第一枚相同。

除此之外，历代文献中也有不少透光镜的记录。据何堂坤的《中国古代铜镜的技术研究》记载：《岩窟藏镜》着有四枚，一为重圈日光昭明镜，径11.0厘米。四叶座，叶间置以十二连珠纹，其外一周凸轮纹，主纹区内置两周铭文，并以凸轮纹相间，内圈铭为“见日之光，长毋相忘”，外圈铭为“内清质以昭明，光辉象夫日月，心忽扬而愿忠，然雍塞而不泄。”一为长宜子孙连弧纹镜，径15.5厘米。另两枚为连弧纹昭明镜，径分别为10.3厘米、11.2厘米。四枚铜镜皆为淮域出土。

清乾隆十四年（公元1749年），梁诗

心思君王铭镜　西汉

弦钮，方钮座，钮座周围饰宽带纹及铭文一周，铭文间饰四叶纹，其外饰草叶纹及四乳钉纹，近缘处饰弦纹一周。窄缘上卷。铭文为“天上见长，心思君王”。镜直径为8.8厘米。

正等编的《西清古鉴》卷39中载汉代透光镜五枚。其中两枚为延年益寿镜，直径分别为5寸8分和5寸9分，背铭为“炼冶铅滓清而明，以之为镜宜文章，延年益寿去不羊”等字样；两枚为清白镜，直径分别为4寸4分和4寸5分，铭文有“洁清白天事君”等字样；另还有一枚为明光镜，直径3寸。

徐元润的《铜仙传》中录有五枚。其中两枚为日光镜，直径分别为2寸3分和2寸5分；另三枚形制未详，有两枚直径为3寸，一枚为4寸5分。

梁廷枏的《藤花亭镜谱》卷一录有两枚，一为延年益寿镜，一为吉寿镜；同书卷二录昭明镜一枚。

除西汉透光镜外，考古界还在河南遂平县先后两次发掘出唐代透光镜。1975年出土的一宝相花透光镜，直径为16.9厘米，主纹为六朵团花（王铠：《新发现一面唐代透光镜》，《中原文物》1981年第2期）。1985年出土的另一宝相花透光镜，直径为17.9厘米，锉角八葵形（赵中强：《遂平又发现一面唐代透光镜》，《中原文物》1985年第2期）。

《金索》卷六亦录有一唐八卦透光

镜，“镜大汉尺九寸四分”，主纹为八卦象，外区有“透光宝镜，迁仙炼成，八卦阳生，欺邪主正”字样，原著者称其“迎日照之，八卦太极光映素壁”。

宋代民间也有收藏透光镜的记载：如周密《癸辛杂识》续集和《云烟过眼录》卷上均言，他曾见鲜于伯机先后得到两枚透光镜，霍清夫家有两枚，胡存斋一枚，其中以胡存斋那枚透光效果最好。（宋沈括：《梦溪笔谈》第327、第330、第360条）

透光镜于宋后已不多见，仅清时有类似的透光双喜镜出现。1846年清代郑复光《镜镜诗痴》卷五云：“闻湖州双喜镜透光者倍价。”郑复光感慨“透光镜，人争宝焉，不知湖州所铸双喜镜乃日常用品，往往有之，非宝也”，但后失传，制作工艺也没有留下记载。因此古代存留下来的透光镜也就成了稀世之宝，其透光原理今仍不解，被考古界称为“千年不解之谜”。

古代典籍中对透光镜的形象描绘

尽管西汉时已有了具有透光效果的青铜镜，但直到公元6世纪左右，北周的庾信才第一个将其记诸诗文。其《镜赋》对透光镜有着形象的描绘，而且可以说是较早的镜意象集成，故全录于此：

天河渐没，日轮将起。燕噪吴王，乌惊御史。玉花簟上，金莲帐里。始折屏风，新开户扇。朝光晃眼，早风吹面。

柳下晓妆图　陈崇光　纸本设色　清代

图中杨柳低垂，桃红点点。一位仕女手持铜镜，正整理晨妆，其光鲜娇媚的面容在柳枝的衬托下，越发清丽动人。

昭明铭镜　西汉

弦钮，蟠螭纹钮座，钮座周围饰铭文一周，其外饰蟠螭纹及铭文一周。窄缘上卷。钮旁铭文为“内清以昭明，光辉象夫日月，心忽”；外围铭文为“扬而愿忠，然壅塞而不泄，怀靡美之穷，皑外承驩之可说，慕窈窕之灵景，愿永思而毋绝”。镜直径为14厘米，重283克。

临桁下而牵衫，就箱边而着钏。宿鬟尚卷，残妆已薄。无复唇珠，才馀眉萼。靥上星稀，黄中月落。镜台银带，本出魏宫。能横却月，巧挂回风。龙垂匣外，凤倚花中。镜乃照胆照心，难逢难值。镂五色之盘龙，刻千年之古字。山鸡看而独舞，海鸟见而孤鸣。临水则池中月出，照日则壁上菱生。暂设妆奁，还抽镜屉。竞学生情，争怜今世。鬓齐故略，眉平犹剃。飞花砖子，次第须安。朱开锦蹹，黛蘸油檀。脂和甲煎，泽渍香兰。量髻鬓之长短，度安花之相去。悬媚子于搔头，拭钗梁于粉絮。梳头新罢照着衣，还从妆处取将归。暂看弦系，悬知缬缦。衫正身长，裙斜假襻。真成个镜特相宜，不能片时藏匣里，暂出园中也自随。

其中“临水则池中月出，照日则壁上菱生”句，便是言及透光镜。指的就是对着阳光，墙壁上即出现了镜背上的菱形花纹。此可谓是最早对透光镜的生动描写。“菱”，指菱花形的花纹，后指菱花镜，即古代铜镜名，镜多为六角形或背面刻有菱花者。如唐骆宾王《王昭君》诗云："古镜菱花暗，愁眉柳叶颦。"前蜀韦庄《捣练篇》："白袷丝光织鱼目，菱花绶带鸳鸯簇。"《赵飞燕外传》："飞燕始加大号婕妤，奏上三十六物以贺，有七尺菱花镜一奁。"唐杨凌《明妃怨》诗："匣中纵有菱花镜，羞对单于照旧颜。"再后来泛指铜镜，成了铜镜的代名词，如唐李白《代美人愁镜》诗之二："狂风吹却妾心断，玉筯并堕菱花前。"明唐寅《二郎神》曲："整云鬟，对菱花，教人怕见愁颜。"

其后，具有代表性的文字记载为隋唐王度的传奇小说《古镜记》。该文叙述作者从汾阴侯生处得一宝镜，此镜"承日照之，则背上文画，墨入影内，纤毫无失"及"有数种灵相，皆尚未见。但以金膏涂之，珠粉拭之，举以照日，必影彻墙壁"。其中"彻"为穿透之意。这正如清梁诗正等编的《西清古鉴》卷三十九"汉长生鉴"一条所云："按此镜迎日照之，则背文透出。梦溪笔谈谓世有透光鉴，鉴背有铭，以鉴承日光，背文皆透在屋壁上，了了分明。又云烟过眼录，焦达卿所藏有透光镜一，映日则背花俱见云云，均与此合。又古镜记载侯生一镜亦如此。"

唐代崔膺的《金镜赋》亦对透光镜进行了形象生动的描写："照耀承二，皓景延昼。乍见红颜之外透，忽惊粉壁而中漏。"北宋沈括《梦溪笔谈》卷十九记："世有透光鉴，鉴背有铭文，凡二十字，字极古，莫能读，以鉴承日光，则背文及二十字，皆透在屋壁上，了了分明。"南宋周密在《云烟过眼录》中云："有透光镜一，映则背花俱见。凡突起之花，其影皆空。昔麻知几有诗，余亦尝赋诗。其后伯机又得一面，而郝滑夫亦有二面，最后胡永存斋一镜，透影极分明。余因归，以镜映之，或止透一半，或透而不甚分明。蓋凡镜皆透特有

《古镜记》

《古镜记》为隋唐王度的传奇小说。该文以镜为线索，记载了十二则有关镜的神异事迹。它采用第一人称的叙事方式，前六则为作者王度自述宝镜的经历，后六则为王度之弟王绩向王度转述其携镜游历的经过。文中的镜子从形制、来源、功用等都体现了中国古代阴阳术数和道教思想等内容。它甚至还提到了可以"承日照之，则背上文画，墨入影内，纤毫无失"，"举以照日，必影彻墙壁"的透光镜。

侜相思铭镜　西汉

弦钮，圆钮座，钮座周围饰弦纹、雷纹和铭文各一周，纹饰和铭文间用弦纹隔开，其外饰三鸟纹间饰三蟠纹。近缘处饰弦纹、绹纹、斜线纹各一周。铭文为"侜相思，毋相忘，常乐未央"。窄缘上卷。镜直径为13.7 厘米。

“铸造说”

沈括认为西汉透光镜的原因在于，在铜镜铸造冷却过程中，没有铭文之处比较薄，于是先冷了下来。有铭文的地方比较厚，故后冷，但收缩性较大，因而出现了痕迹，这种方法后被称为“铸造说”。

分明或不分明耳。”

元代对透光镜描写的作品也有很多。如元吾丘衍《闲居录》载：“世有透光镜，似有神异，对日射影于壁，镜背文藻于影中一一皆见。”郝经《陵川集》卷八载：“太初百炼透光镜，突兀心魄无氛埃，神奸遁伏彻胆寒，日月分曜乾坤开。”又元王旭《兰轩集》卷二“透光镜条”云：“何人铸此青铜镜，表里通明玉潭净。开奁却立不敢观，但见寒光相射映。菱花金雀虽有合，背面殊形安可并。春风桃李秋蓬藋，兴废不知传几姓。造物携来落君手，从今世上妍媸定。世言回仙曾点药，幻语无稽吾所病。或云当年鼓铸时，日月之精曾感应。博物时无张茂先，此事根源谁与订。我有一镜得之天，广大规模方且正。光明无昼亦无夜，照彻乾坤涵动静。玉台若要不尘昏，别有神方传往圣。”

金元好问《中州集》卷六赋伯玉“透光镜条”云：“太阴沦魄元不耀，太阳分光成二曜。呜呼怪铜盗此幻，透影在壁与背肖。奁爞爞开光走庭，划如剸犀乍脱鞘。”

明代高濂《遵生八笺》卷十四也有类似北宋沈括《梦溪笔谈》中的记载：“世有透光镜，以镜承日光，则镜铭二十字，壁上了了分明。”

另外，明代郎瑛《七修类稿·续稿》卷七有《透光镜》、方以智《物理小识》卷八有《器物类·镜背纹》、清代徐康的《前尘梦影录》卷下、何孟春的《余冬序录》以及前文提到的徐元润《铜仙传》、郑复光《镜镜诊痴·作透光镜》、梁诗正等编的《西清古鉴》中，都提到

沈括和《梦溪笔谈》

沈括，北宋科学家、政治家，晚年以平生见闻，在润州（今江苏镇江）梦溪园撰写了《梦溪笔谈》。这是一本有关历史、文艺、科学等各种知识的笔记文学体裁，因写于梦溪园而得名。书中有关于透光镜的记载。

了神秘而有趣的透光镜，足见历代学者文人对它的关注和喜爱。

我国古代对铜镜透光原理的研究

除了对透光镜进行生动形象的描绘外，古人也早就开始对其透光原理进行探索。最有代表的为北宋的沈括、元代的吾丘衍、清代的郑复光。

沈括可谓是对透光镜进行研究的第一人，其《梦溪笔谈》卷十九《器用》载道：

世有透光鉴，鉴背有铭文，凡二十字，字极古，莫能读。以鉴承日光，则背文及二十字，皆透在屋壁上，了了分明。人有原其理，以为铸时薄处先冷，唯背文上差厚，后冷而铜缩多。文虽在背，而鉴面隐然有迹，所以于光中现。予观之，理诚如是。然予家有三鉴，又见他家所藏，皆是一样，文画铭字，无纖异者，形制甚古，唯此一样光透，其他鉴虽至薄者，皆莫能透。意古人别自有术。

有人认为铸镜时冷却过程中，没有铭文之处比较薄，于是先冷了下来。有铭文的地方比较厚，故后冷，但收缩性较大，因而出现了痕迹，这种方法后被称为“铸造说”。沈括认为这种解释很有道理，但又认为，如果照上面的解释，有厚薄之分的铜镜应该都能透光。但事实并非如此，故感慨“其他鉴虽至薄者，皆莫能透”。于是他猜测古人铸造透光镜应该还有其他的方法。

元代吾丘衍的《闲居录》中记载：

世有透光镜，似有神异，对日射影于壁，镜背文藻于影中一一皆见，磨之愈明，因思而得其说。假如镜背铸作盘龙，亦于面镜窾刻作龙如背所状，复以稍浊之铜填补铸入，削平镜面，加铅其上，向日射影，光随其铜之清浊分明暗也。昔徐生操示，余因以告之。后数日，家志行取去，忽坠地而碎，痕迹并见，果不出所度云。昔沈存中《笔谈》尝载此镜而不得其说，因记之。

百乳镜　西汉

镜面呈现圆形，连峰纽，一周内向连弦纹外置四乳，四乳均有连珠纹座，四乳间为六枚乳钉纹，乳钉下有三弦纹带相连，十六内向连弦纹缘。百乳纹也称为“星云纹”，曾被认为乳钉的排列可能表示星相，目前一般更倾向认为是由禽兽体纠结变形而演变成乳钉纹的。此类铜镜流行于汉武帝和昭帝时期，其镜纹复杂，寻常的云纹镜是它的简化样式。

吾丘衍认为以精铜铸镜后，再用稍微浊点的铜填补铸入镜面，然后将镜面削平，将铅加在其上面。正是这样铜的清浊程度不同，放射光线的明暗程度也不一样，于是对着阳光照射时，镜背纹饰也就映于墙上。吾丘衍的这种看法被称为“镶嵌说”。

吾丘衍的“镶嵌说”，得到了明代方以智的赞同，其《物理小识》卷八有《器物类·镜背纹》中云：“世有日中见镜背盘龙入室则隐者，有镜背久久青斑似花者，人不解其故，以为异宝。此假作者先精铜少剂铸镜，凿龙或花其背，

镜　范

亦称“印模”，铸造铜镜的陶质模型，一般由外范、内范组成，范上雕镂纹饰、铭文。镜铸成以后，需要敲掉镜范取出铜镜，故一般镜范都破裂，完整的镜范极其少见。

复熔倍锡之铜剂填之，磨镜使平，又以铅盖其面，日中照之，则龙文尽出。博物如沈存中，犹讶透光之奇，吾衍始明之。”

可见方以智与吾丘衍持有同样的观点，他称赞“吾衍始明之”，而感慨沈括不知透光之术。

清代的郑复光提出了第三种看法。他既对沈括的观点作了部分肯定，同时又作了进一步的论证和补充。他于《镜镜诊痴》中这样写道：

铜镜无通光之理而有以透光名者，《埤雅》云：“镜，谓之菱花。庾信赋‘照日则壁上菱生’是也。”云云。今按：水静则平如砥，发光在壁，其光莹然动，则光中生纹，起伏不平故也。铜镜及含光玻璃，其发光亦应莹如止水，而不然者，玻璃质本吹成，铜镜磨工不足，故多起伏不平。照人不觉，发光必见。

其又云：

沈氏盖疑同样三镜，不应独不后冷而缩，不知磨至极平，自无凸凹，则发光处莹然花纹何有？惟夫刮力在手，随镜凸凹而生轻重，故终有凸凹之迹。其大致平处发为大光，其小有不平处，光或他向，遂成异光，故见为花纹也。

如文，郑复光发展了沈括“隐然有迹”的观点，明确指出“迹”应为“凸凹之迹”。他所说的“平处”，即为略凹之处；“不平处”为略凸之处；其所说的“大光”，指光会聚；“他向”，指光发散；“异光”即是发散光。

对吾丘衍的“镶嵌法”，郑复光也提出了自己的看法：

工曰：“此镜病也。范铸除成，铜质不精，往往有砂眼，钉以紫铜，磨治后不见钉痕。惟镜光反影他处，钉痕必见。”余因悟龙凤镜及镜面錾龙凤文一如其背，嵌以紫铜，磨治光平，湛如秋水，不见嵌痕，而倒映之景龙凤自见。沈、周二公所见透光镜，不外此法，平平无奇，非铜质真可透光也。……至于镜工钉砂眼用紫铜之说，原不为透光，殆取其铜质软熟耳。野语乃泥于紫字上，深信其色异，故光异，遂以臆揣云然。不知光之异由于凸凹，故能视镜无迹而发光显着也。

郑复光承认按照吾丘衍的“镶嵌法”有时是能取得透光的效果。但那只是偶然现象，而且是镜工在钉砂眼时巧合取得的效果，并不是像吾丘衍所简单认为的“复以稍浊之铜填补铸入，削平镜面，加铅其上，向日射影，光随其铜之清浊分明暗也。”郑复光指出铜镜透光的真正原因还是因为刮磨引起镜面凸凹不平而造成的。

除了沈括、吾丘衍、郑复光三人外，还有不少学者也对透光镜透光原理进行关注和研究，但基本都是重复他们三人的观点，而没有新的创意，故

见日之光透光镜　西汉

半球形钮，圆形钮座，内区为八区连弧纹，每一区的中心有一短线与钮座垂直，外围有一圈八字铭文：“见日之光，天下大明”。镜直径7.4厘米，重50克。下图为镜面被光线照射时投射出来的影子。

“镶嵌说”

元代吾丘衍等认为透光镜的原理在于，以精铜铸镜后，再用稍微浊点的铜填补铸入镜面，然后将镜面削平，将铅加在其上面。正是这样铜的清浊程度不同，放射光线的明暗程度也不一样，于是对着阳光照射时，镜背纹饰也就映于墙上。吾丘衍的这种看法被称为“镶嵌说”。

铜华草叶镜　汉代

兽形钮，钮外四乳钉与四草叶纹相间，外饰十六内向连弧纹，连弧纹外为铭文带，铭文为“清冶铜华以为镜兮，昭察衣服观容貌，组还以为信，清宜加人”。铭文字体清晰，尺寸之大，在同代镜中实属少见。十六内向连弧纹缘。此镜直径为13.7厘米，重373克。

不再一一引述。

尽管在我们今天看来，由于受理论和设备等条件的限制，沈括、吾丘衍、郑复光三人的观点都有一定的局限性，但他们对铜镜透光原理开创性的研究，在铜镜透光研究史上有着不可磨灭的功绩。

四、国外学者对透光镜的研究

透光镜因其神秘的透光功能，引起了古今中外学者的广泛关注。国外学者对透光镜的研究开始于19世纪。第一个获知透光镜此物的欧洲人是普林赛泊（James Prinsep），他于1832年在印度的加尔各答偶然见到了一面透光镜，于是便在《亚洲学会杂志》（Journal of The Asiatic Society）上撰写了一篇题为《论中国魔镜》的文章，介绍了这面神奇的透光镜。他认为其透光原理是由于铸镜过程中的型压所致。这可谓是西方学者对透光镜的最早研究。

1842年，英国物理学家布鲁斯特（David Brewster）也对透光镜做了研究，他认为透光效果是由于构成铜镜金属的密度不同而造成的。此观点与我国元代吾丘衍的观点不谋而合。

1844年，法国天文学家、光学家阿拉哥（D.F.Arago）将一面透光镜赠送给了法国科学院，于是引起了欧洲科学界的广泛关注，并由此产生了一连串有关透光镜的研究文章。研究结果表明，多数研究者认为透光效果是由于凸形抛光面的曲率的微小差异造成的。

1877年，英国《自然》杂志也开展了有关透光镜的研究和讨论。结果多数学者认为，铜镜镜面凹凸现象是由于镜背压击造成，这也是透光镜之所以“透光”的原因。对铜镜制造工艺的浅陋了解使得这种观点颇为可笑，因为事实上透光镜是浇铸而成，而非压击而成。

除欧洲学者热衷于对透光原理的研究外，日本学者也曾对透光镜进行过深入的研究。早在汉代，铜镜就已流传到了日本。当时输入日本的有青铜镜、铁剑、勾玉，被称为“三神器”。据《三国志》卷三十《魏书·倭》中记载，“景初二年六月，倭女王遣大夫难升米等诣郡，求诣天子朝献，太守刘夏遣吏将送诣京都。其年十二月，诏书报倭女王曰：‘制诏亲魏倭王卑弥呼：又特赐汝绀地句文锦三匹、细班华罽五张、白绢五十匹、金八两、五尺刀二口、铜镜百枚、真珠、铅丹各五十斤，皆装封付难升米、牛利还到录受。悉可以示汝国中人，使知国家哀汝，故郑重赐汝好物也。’”可见曹魏明帝景初二年（公元238年），魏国朝廷一次性就送给日本使臣铜镜达百枚之多。

日本在奈良时期（公元710—794年），即我国唐代中期，热衷于学习中原文化，中国很多农业和手工业等技术通过僧侣、使节传入日本，其中就包括铸镜技术。至江户时代（公元1606—1687年），日人已经开始学会了铸造透光镜，并称之为“魔镜”。到明治初年，即相当于我国的清朝后期，日本已经制成了大量透光镜，并都得到了很好的保存。

在日本，对“魔镜”的研究始于明治七年（公元1874年）。当时在日本任教的英籍化学教师阿特金森（R.W.Atkinson）看到“魔镜”后，对其很感兴趣，进行了为时三年的研究，后来在英国的《自然》杂志上发表了一篇题为《日本镜子》的文章，认为魔镜现象产生的原因在于研磨镜面时的压力差异所致。第二年，英国人艾尔顿（W.E.Ayrton）和佩里（J.Perry）也对日本魔镜进行了研究，并在英国伦敦皇家协会所办杂志上发表了题为《日本的“魔镜”》的研究报告。报告认为，透光效果是由于镜面曲率差异造成的。有字迹之处，镜体较厚，镜面相应有所下凹，于是反射光比较集中；镜体较薄处，镜面凸出，反射光就比较分散，这样就造成了透光的效果。他们甚至根据观察和实践认为，铜镜表面的曲率差异，是铜镜铸造成了之后，以一种叫“变形棒“（distorting rod）之类的工具压磨而成的。

公元1880年，在日本任教的法国

“汉委奴国王”印

早在汉代的时候，中国与日本便有交往，日本当时称“倭国”。《后汉书·倭传》记载：“建武中元二年（公元57年），倭奴国奉贡朝贺，使人自称大夫，倭国之极南界也。光武赐以印绶。”图为刻有“汉委奴国王”金印的线描图，此印是早期中日交往的有力证据。

勾　玉

勾玉，是汉代输入日本的“三神器”之一。从外观上看是一种逗号形，或C形的玉器。勾玉一直被认为有改善运势和除魔的能力，古代从事和神道、占卜有关活动的人，以及有一定社会地位的人都会佩戴或者拥有自己的勾玉。

日本铜镜

日本所制铜镜有我国宋代铜镜遗风，形制有圆形和圆形带柄，也有异形镜。装饰题材以松、鹤、竹、梅吉祥纹为主体。均有铭文。图为一面圆形带柄铜镜，纹饰为松、竹。

物理学教师伯森（G.F.Berson），在日本的杂志《学艺志林》上发表了一篇题为《日本青铜镜的奇性说》的文章。文章认为，经牛顿环测定，魔镜的整个镜面确实是呈凸面状，而且因为镜面厚薄的差异，其曲率半径也有大小差别，而这种差别是由于铸镜时产生的内应力所致。

另外，日本国立科学博物馆的博士朝比奈元一也就“魔镜“进行了专门的研究。他认为，“‘魔镜’效应的原因，在于铸镜时冷却速度的差异，使青铜偏析，镜面的组织结构也出现不同，从而导致铜镜表面的反射程度也不一样。”而于东京大学任教的管猛野教授并不赞同朝比奈元一的看法，他认为：“与其说是考虑铸镜时青铜的偏析，还不如认为残留热应力是主要的原因。”

此外，还有很多的学者也对透光镜进行了专门的研究，大家都各抒己见，看法多样，研究和争论维持了长达近一个世纪之久。直到1932年，曾经获得诺贝尔物理学奖的布拉格（W.H. Bragg）写了一篇题为“论中国的‘魔镜’”的文章，对透光镜及其透光原理做了一个集中性的总结，这才使得这一长达百年的争论宣告结束。后来，布拉格又将该文章编入科普作品《光的世界》（The Universe of Light）一书中。他在书的第一章中这么认为：“把镜子放在一块板子上，开始用一种磨刮器，把正面高低不平之处，磨成光滑的表面，……在磨的时候，用力压在镜子上，那受压的地方，就稍微向下凹。……镜子较薄的部分，比镜子背后凸起的较厚的地方，向下凹得要多一些，因而对于刮磨器而言，就退让得厚一些，这样一来，较薄的地方，多少就避免了磨刮器的作用，而且在压力过去后，它们又恢复了原状，但是与镜面的平均地位相比，却微微地高起一些。”

后来的英国汉学家李约瑟（Joseph Needham）于《中国科学技术史》（Science and Civilisation in China）一书中，对中国透光镜研究及其在欧洲的反响，做了一个总结性的阐述。该书对透光镜的研究做了如下总结：

总之，能反射出背面图形的具有不等曲率的镜子的第一次出现，一定是在五世纪前的某个作为经验中的一件奇事为人们所发现。我们也不能忽视，当时人们是在屏幕上研究镜面反射。沈括认为反射表面有“痕迹”，他给了一个大体正确的解释，尽管冷却速率不同不是

（上）单圈铭文镜 西汉

半圆钮，饼状柿蒂纹纽座，内饰八连狐纹。外圈有34字铭"洁精白而事君，志之合明，彼玄锡之泽，恐疏远日忘，慎美之皑，承欢之河说，莫之绝"。

（下）家常贵富镜 西汉

博山钮，弦纹纽座，座内有四乳，主纹饰区为四乳团花，有"常家贵富"四字铭。

其形成的原因。吾丘衍离题更远，虽然没有布鲁斯特离得远。11世纪的工匠们如果能知道，那是在经过整100年的工作之后，W.布拉格才能在1932年写出他有关"魔镜"的确定的解释，他们或许会感到自豪。实际上他们所发现的是长光程的放大效应。也许正如用多光束干涉法所显示的那样，这是人们通向了解金属表面微些结构的第一步（《中国科学技术史》 北京／上海：科学出版社和香港中华书局，1975年）。

在李约瑟之后，又有不少学者对透光镜进行了研究，如日本的铸铁协会会长石野享等，就于1976年发表了题为《铸造青铜镜"魔镜"现象之解析》的论文。文中认为，经过科学的试验，"魔镜"表面确实凹凸不平，"魔镜"之所以会透光，就是由于"镜面凹的地方使反射光会聚变亮，镜面凸的地方使反射光发散而变暗"所造成。文章还指出，镜面凹凸不平，是由于受镜背纹饰的影响，使得镜面在承受刮磨力的时候，"薄的地方退让多，厚的地方退让少"而成。

综合以上各家对透光原理的研究，可知国内外大多数学者的认识大体一致，即认为铜镜之所以能透光，是由于镜体厚薄不均、镜面凹凸不平、曲率大小有别而造成，但对其肌理和手段的解释却各不相同，各抒己见，让人莫衷一是。

李约瑟及《中国科学技术史》

李约瑟是西方著名的汉学家，早年主要从事生物化学方面的研究，在国际生化界享有崇高声誉。20世纪30年代以后，他又转而研究中国古代科学、技术与医学，并作为组织者和主要撰稿人编著了《中国科学技术史》。该书以浩瀚丰富的史料、充分确凿的证据向世界表明，中国文明在科学技术史上，曾起过从来没有被人认识到的巨大作用。它为中华文明赢得了巨大的声誉，同时也为东西方文化的交流起到了很好的桥梁作用。

"李师作"龙虎镜　西汉

圆形，圆钮，圆钮座，钮外龙虎相对，主纹饰外铭文带"李师作竟（镜）真大好，上有仙"，变形神兽画纹带缘，主纹饰高浮雕。神兽纹带造型生动，工艺精致。

"刘氏"龙画像镜　西汉

圆形，圆纽，纽外一周连珠纹，四乳钉间为龙虎与东王公、西王母。外一周铭文带"刘氏作竟（镜）真大巧，（上）有东王公西王母，宜子孙，师命长"。

我国现当代学者对铜镜透光奥秘的探索

20世纪70年中期，我国学者采用现代科学方法对透光镜进行了专门的研究，其中以上海市博物馆、复旦大学光学系、上海交通大学等单位为代表。

上海市博物馆和复旦大学光学系采用的是淬火法，复制出了一枚与西汉透光镜形制相同的铜镜，而且有着同样的透光功能。他们对其解释是："古镜的'透光'现象是由于热处理过程中产生的应力而造化镜面与镜背图案相应的凹凸不平发生的。淬火时，镜体薄处冷却得快，厚处冷却得慢，厚处冷却时收缩应力使镜面的相应部分下凹，或使薄处镜面凸起。在反光时，下凹部分光线会聚，因而厚处较亮；凸起部分光线发散，因而薄处较暗"（上海博物馆、复旦大学光学系：《解开西汉古镜"透光"之谜》，《复旦学报（自然科学版）》，1975年第3期）。可见他们既不同意元代吾丘衍的"镶嵌法"，也不同意布拉格为代表的"刮磨说"。但淬火法是否就是西汉透光镜的铸造之术呢，答案是否定的。因为虽然用淬火法可以使得铜镜透光，但是西汉透光镜不太可能是这种方法铸成。因为西汉透光镜金属成分中，锡的含量较高，达23%～26%，因此铜镜既硬又脆。加上镜边有一个又大又厚的环，内应力又大，如果采用

淬火法

上海市博物馆和复旦大学光学系采用的是淬火法，他们认为铜镜透光是由于热处理过程中产生的应力而造化镜面与镜背图案相应的凹凸不平发生的。淬火时，镜体薄处冷却得快，厚处冷却得慢，厚处冷却时收缩应力使镜面的相应部分下凹，或使薄处镜面凸起。在反光时，下凹部分光线会聚，因而厚处较亮；凸起部分光线发散，因而薄处较暗。

淬火法，铜镜很可能会裂开。

紧随之后的上海交通大学等单位，也不同意上海市博物馆和复旦大学光学系所采用的“淬火法”，也不同意“刮磨法”，而是采用“铸磨法”先铸造出了一枚与西汉透光镜形制完全相同的铜镜，然后进行研磨致薄，达到一定程度后即出现了透光效果，而且透光效果与西汉透光镜基本一样，于是他们认为西汉透光镜便是采用此种方法铸造而成，并先后于1976年第一期的《金属学报》和1978年第三届全国铸造学会年会上发表了《西汉“透光”古铜镜研究》等论文，阐述对西汉透光镜的研究成果，认为“淬火法”和“刮磨法”都缺乏历史依据，与我国古代铜镜铸造工艺无关，而自己采取“铸磨法”，强调的则是铸造残余应力和结构应力的影响，并不需要一些诸如刮磨、淬火等特殊的处理，只是通过古人也可采用的研磨使镜子自然透光，故这才是最简单而又符合传统的做法。

但对于上海交通大学的观点，何堂坤先生则不以为然。他于1982年第四期《中原文物》上发表题为《关于透光镜机理的几个问题》的文章，认为不能简单地否定刮磨和淬火法对铜镜透光的重要影响，而且两者并非全无历史依据：“我国古代‘透光镜’应当包括两者基本的类型，即‘曲率差异型’和‘反射率差异型’。它们的‘透光’原理各不相同，前者是镜面各部对光线发散度不同之故，后者则是镜面各部对光线反射能力不同所致。从整个意义上讲，要使铜镜‘透光’，必须使镜面各部存在与镜背图纹相应的发散度异差和反射率差异。这是两者不同的基本技术条件，只要满足了其中的一个条件，就可以使铜镜‘透光’。”

另外，何堂坤先生还在其专著《中国古代铜镜的技术研究》中对影响铜镜“透光”的工艺因素、中国“透光”镜与日本“魔镜”是否相同等问题都进行了专门的研究，可谓是我国当代有关“透光镜”透光机制研究的集大成者。

“铸磨法”

上海交通大学等单位，他们采用“铸磨法”先铸造出了一枚与西汉透光镜形制完全相同的铜镜，然后进行研磨致薄，磨薄一定程度果然有了透光效果，而且透光效果与西汉透光镜基本一样，故他们认为铜镜透光并不需要一些诸如刮磨、淬火等特殊的处理，而只是通过研磨就可使镜子自然透光。

博局镜　西汉

方纽座内八乳，“长宜子孙”四字铭，字体飘逸。主纹饰为博局神兽纹，铭文”言之纪从镜始，苍龙在左白虎在右，长宜二亲孙子“，神兽纹缘，纹饰精美，是同类镜中之佳品。

刀工形

银锭形

圆　形

弦　形

兽　钮

第四章

铜镜的中衰

三国魏晋南北朝时期是一个长期分裂的时代，社会战乱频繁，封建王朝频繁更替。三国时，因军阀混战，北方黄河流域的社会经济遭到了极其严重的破坏；西晋时，虽实现过短暂的统一，暂时结束了近半个世纪的分裂局面，但很快全国又陷入了长期的分裂割据状态，先后有三十多个大大小小的政权建立；南北朝时，中原地区战乱频繁，整个社会处于极度的动荡和不安之中，因受兵祸影响，封建经济发展缓慢。北方地区铜料严重不足，铁镜便在相当程度上代替了青铜镜，尤其是北朝后期；南方则因为社会相对安定，产铜区也较多，故铸镜业还算兴盛，但也大不如前。这一时期，南北铜镜的差异较大，南北铜镜发展明显不平衡，以绍兴、鄂城为主的南方广大地区，主要流行的是神兽镜和画像镜；北方地区神兽镜极少，而主要是流行变形四叶镜、夔凤镜、博局纹镜等。总的来说，整个三国魏晋南北朝时期，铜镜步入了中国铜镜发展的中衰期，铸镜手工业一度衰落，制造工艺大多较为粗糙；另外，铜镜类型创新少，无论从形制到纹饰、布局等，基本上还是沿袭汉制。

三国魏晋南北朝铜镜类型

根据考古发掘资料，这一时期所制铜镜大致可以分为如下几种类型。

神兽镜类

三国魏晋南北朝时期所制神兽镜较多，可见这一镜类在当时比较流行，大致可分为如下几种：

对置式神兽镜　此类镜为圆形，圆钮，圆钮座或连珠纹钮座，其主纹多分为四组，如安徽马鞍山东吴朱然墓出土的一铜镜。该镜四组主纹中两组为一神二兽，另外两组各有两神人。也

《女史箴图》（局部）　顾恺之　东晋

铜镜在经历了汉代的鼎盛时期后，到三国魏晋南北朝时期慢慢走向中衰期。图为东晋画家顾恺之在《女史箴图》里的一段展示古代女子对镜梳妆的画面。从画中可初步了解魏晋南北朝时期的铜镜形制特点。

（下）太康三年对置式神兽镜（拓片） 西晋

（上）太康四年神兽镜 西晋

圆形，扁圆钮。钮外有四组对置的神兽，主纹饰外为半圆方枚相间，镜缘上有铭文：“太康四年二月六日，吾作明竟（镜）幽谏三商，四夷自服，多贺国家人民安息，·胡虏殄灭，天下平复五谷熟。”“太康四年”为公元283年。此镜直径13.8厘米，重282克。

有的是四组主纹中两组为一神两兽夹钮而置，另两组各为一神一禽，还有的是两组为一神两兽，另两组为两神。

在对置式神兽镜中，也有带纪年铭者。如“太康三年对置式神兽镜”，径长13.6厘米。该镜主纹两组为对置的神兽，另两组为一神人和一朱鸟。其镜缘有铭文为：“太康三年十二月八日□贺□为杨州平土。三公九卿十二大夫，宜吏人。訾财千万，子孙富。”另一“太康三年对置式神兽镜”，径长16.7厘米，现藏于日本国五岛美术馆。该镜主纹两组为一神两兽，第三组为玄武，第四组为朱雀。镜缘有铭文带，为：“太康三年岁壬寅二月廿日，吾作竟，幽湅三商四夷服，多贺国家人民息，胡虏殄灭天下复，风雨时节五谷熟，太平长乐。”“太康”为西晋司马炎年号，太康三年即公元282年。

重列式神兽镜 此类铜镜又可细分为简单重列式神兽镜、半圆方枚重列神兽镜、分段式重列神兽镜等多种。

简单重列式神兽镜，此式有的主纹为五神、一侍、四兽上下重列；有的是

（上）重列神兽镜　汉／三国

圆形，扁形钮。镜上有五层神仙、瑞兽横向列置，外一周有铭文："吾乍（作）目（明）竟，三商……"。此镜直径12.3厘米，重268克。

半圆方枚重列神仙纹镜　三国时期

四神五兽上下重叠排列，外绕锯齿纹一周；有的是六神四兽上下排列，其有锯齿纹一周，部分内圈还有铭文一周，如："王言昔者见东方之光，日月之明，西方是火光，南方金色，北方水清，中□主作。"还有的是六神、六兽等上下重列，并内配有纪年铭，如湖北瓦房垮第八号墓出土的一"黄武四年重列神兽镜"，其纪年铭为："黄武四年六月五日丙辰作长明竟，服者大吉，寿得万年，鲍师扬名，无已人去之。""黄武"为三国吴孙权年号，黄武四年即公元225年。

半圆方枚重列神兽镜，此镜与简单重列式神兽镜不同之处在于，其外有半圆方枚一周。如鄂钢出土"黄初二年半圆方枚重列神兽镜”，径为13.1厘米，主纹为四神一侍四兽，上下重列，外有半圆方枚一周，每个方枚上有一字，组成“日王四月□三□□”句。镜内圈亦有铭文一周：“黄初二年十一月丁卯朔廿七日癸巳，扬州会稽阴师唐豫命作镜，大六寸清冒，服者高迁，秩公美，宜侯王，子孙藩昌”。再如五里墩出土的另一“黄初二年半圆方枚重列神兽镜”，镜内圈铭文与前者完全相同，只是主纹为七神四兽上下重列，方枚组成铭为“五王曰四月□三□□”句，另钮上有刻铭：“上大将军校尉李周镜”九字。

分段式重列神兽镜，其又可再细分为带纪年的分段式重列神兽镜和不带纪年的分段式重列神兽镜。前者举例如下：

黄龙元年分段式重列神兽镜，径12厘米，广西贵县出土。其主纹分为五段，第一段中为神人，第二段为四神人，第三段为东王公和西王母，第四段为一神四兽，第五段为一神。其外区有纪年铭：“黄龙元年太岁在丁酉七月壬子十三日甲子，陈□作三湅明镜，其有服者，命久富贵。”

黄龙二年分段式重列神兽镜，径13厘米，主纹为七神、三侍、五兽、二凤、一龟蛇分五段上下重列。其内圈纪年铭为：“黄龙二年七月丁未朔七日癸丑，大师鲍豫而作明镜，玄湅三商，灭绝乎秽，服者高迁，位至竹帛，寿复者石也。”

黄武六年分段式重列神兽镜，径亦为13厘米，主纹为七神、二侍、一龙、二虎、三凤、四兽及一龟蛇分五段上下重列。其内圈铭文为：“黄武六年十一月丁

黄武四年重列神兽镜　三国·吴

黄初二年半圆方枚重列神兽镜　三国·魏

黄龙元年分段式重列神兽镜　三国·吴

黄龙二年分段式重列神兽镜　三国·吴

嘉禾二年分段式重列神兽镜　三国·吴

赤乌五年分段式重列神兽镜　三国·吴

巳朔七日丙辰，会稽山阴作师鲍唐竟，照明服者也，宜子孙，阳遂，富贵老寿，□先牛羊马，家在武昌，思其少天下命吉服，吾王千昔□□”。

永安四年分段式重列神兽镜，该镜主纹为六段，第一段为一神一侍及禽兽，第二段为五神人，第三段为二神人，第四段为二兽二禽，第五段为五神人，第六段中为神人，两侧有玄武及兽等。镜外区有铭文：“永安四年大岁己巳五月十五日庚午，造作明竟，幽湅三商，上应列宿，下辟不祥，服者高官，位至三公，女宜夫人，子孙满堂，亦宜遮道，六畜潘伤，乐未。”“永安”为吴景帝孙休年号，永安四年即公元261年。

嘉禾二年分段式重列神兽镜，径11.7厘米，主纹为八神、三侍、四兽、二凤五段上下重列。其纪年铭为：“嘉禾二年正月大岁在口巳，五帝作竟，宜……（后字迹不清）。”“嘉禾”为吴孙权年号之一，嘉禾二年即公元233年。

赤乌五年分段式重列神兽镜，径11.3厘米，主纹神兽分五段上下重列，其镜铭为：“赤乌五年三月七日，直夫天下盲口丰之世言贵口夷吾口……（后残缺不清）。”“赤乌”亦为吴孙权年号，赤乌五年即公元242年。

不带纪年的分段式重列神兽镜也较常见，湖北省博物馆、鄂州市博物馆编《鄂城汉三国六朝铜镜》就详细介绍了三枚。第一枚径14.8厘米，主纹为十三神、五侍、十三兽、三凤、一龟蛇分五段上下重列，铭文为：“吾作明竟，幽湅三万□商，周刻无师，伯德万畺，白牙伯乐，□神□罔，天禽逆孝……曾年益寿，子孙蕃……（以下多为记号）”。第二枚径13.3厘米，主纹为八神、七侍、

（下）分段式重列神兽镜
六朝时期

扁圆钮，主纹为十三神、五侍、十三兽、三凤、一龟蛇分上下五段重列。边纹为云纹，内部有铭文。此镜直径14.8厘米，边厚0.4厘米。

鎏金画纹带神兽镜

扁圆钮，圆座。钮上有错金兽纹。主纹有六神四兽，外为一周半圆方枚纹饰，方枚上分别有一字，合起来为“九子作世而□服者吉利”。再外一周为锯齿纹。边纹是变异的云纹，内有龙、凤、兽、羽人组成的画纹带。此镜直径13.1厘米，边厚0.45厘米。

八兽、一凤、一龟蛇分五段上下重列，铭文为：“吾作明竟自有纪，幽商三众芒出范氏，具师长，甘录百旦，月日吉万，皆利，东王公西王母，朱人王乔赤松子，长予天公廿”。第三枚径15.1厘米，主纹为十一神、六侍、八兽、二凤、一龟蛇五段上下重列，铭文内容怪异，为：“三日四日五日六日七日八日九日月大……（以下均为无法识别的符号）”。此外，这种不带纪年的分段式重列神兽镜，有的却带有纪氏铭。如上海博物馆所藏“盖方神人神兽镜”，径13.8厘米，主纹为浮雕的十二神人和十二神兽，横列成五排，有铭文一周七十九字：“盖方作竟（镜）自有己，余（除）去不羊（祥）宜蕃市，青龙、白虎居左右，与天相保无穷之，东有王父，西有王母，仙人子乔赤松子，夫（天）王日月为祖始，位至三公宜□□，寿命久长，主如山石，富贵宜侯王，合湅三黄明竟（镜）起大吉。”

画纹带神兽镜 根据鎏金与否，此类镜又可分为鎏金画纹带神兽镜和画纹带神兽镜两种。

鎏金画纹带神兽镜，多为扁圆钮，钮上或钮面有错金兽纹，主纹为神兽，外多有半圆方枚一周，再外有锯齿纹或菱格纹一周，边纹外为云纹，内为有羽人、鸟兽、龙凤等组成的画纹带。半圆方枚上常铸有文字，如“吴造明镜，神圣设容，服者卿公”、“九子作世而□服者吉利”、“吾作明竟，幽湅三商，□

画纹带神兽镜　六朝时期

图中所示为六朝时期的六枚画纹带神兽镜。

□黄白，□□□□，□□□□、周刻无亟，白牙圣□、□□□□、照头大明，子孙蕃昌，□□□□、吉师命长”等。

不鎏金的画纹带神兽镜则更多，仅《鄂城汉三国六朝铜镜》一书就专门介绍了六枚。其主纹亦为神、兽、侍、鸟，外有半圆方枚一周，再外有辐线纹、尖齿纹或锯齿纹一周；边纹为云纹，内有羽人骑兽、羽人乘凤、羽人操舟、奔龙飞凤等组成的画纹带。方枚组成的铭文如：“吾作明竟，幽湅三商，宜子孙”、“吾作明竟，幽湅三商，周刻容象，万疆，白牙，大吉羊”、“吾作明竟，幽湅三商，周刻万疆，白牙奏乐，象神见容，吉羊命长”、“吾作明竟，幽湅三商，周刻容象万疆，白牙曾主曰蕃昌，长宜子孙大吉羊，宜居矦公王，官贵阳曰昌，居已目”、“九日员□象，异服者命长”、“天下作镜明而清，服者宜先皇”等等。

黄武六年半圆方枚神兽镜　三国·吴

王如山石方枚四兽镜　三国

纪年半圆方枚神兽镜　因此类铜镜数量较多，尤以为甚，且有明确的纪年，与前文所述半圆方枚神兽镜有所不同，故将其专列一类。

于鄂城出土的纪年半圆方枚神兽镜，镜多为圆形，扁圆钮，如下：

黄武六年半圆方枚神兽镜，径11.6厘米，主纹为六神四兽，外为半圆方枚，其铭文合为：“市北王古师左也工大主士大吉兮”。外有锯齿纹一周，变纹外有变异云纹，内有铭文为：“黄武六年三月十日壬巳朔，身吏亭度之□，羊吉者，宜市来□□□□今史命平天，人可大吉。”

黄龙元年半圆方枚神兽镜，径12.9厘米，主纹为三鸟、四兽、五神，外有半圆方枚一周，每枚上有一字，合为：“黄龙元年太岁在丁巳，乾坤合化，帝道始平，五月丙午，□□□日中，造作明竟，百湅青铜，服者万年，位至三公，辟除不祥。”

赤乌三年半圆方枚神兽镜，径12.2厘米，已残，主纹只剩二神三兽，方枚外有锯齿纹一周，边有铭文为：“赤乌三年五月□□□作，……宜矦王”。

太平元年半圆方枚神兽镜，有三枚，一径为12.8厘米，主纹为五神四兽，边有铭文一周：“太平元年岁在丁卯，帝道始□，造作明竟，百湅正□，□□”。一径为11.5厘米，主纹为四神四兽，其

太平元年半圆方枚神兽镜　三国时期

半圆方枚神兽镜　六朝时期

分段式重列神兽镜　六朝时期

铭文为："太平元年……明竟，百湅正同（铜），太平十五，作□，吕风"。一径为12.3厘米，主纹为六神、四兽、四凤，其外方枚铭为："太平元年，岁在□□"，再外有辐线纹一周，边有铭文为："□□四年，造作明竟，可以昭明，服者老寿，宜公卿，居□如此，乐未央"。"太平"为会稽王孙亮年号，太平元年即公元256年。

永安四年半圆方枚神兽镜，径12.1厘米，主纹为五神四兽，边有铭文为："永安四年五月五日丙午日造镜，寿如东王公西王母，□□□宜长者吏人。"

永安六年半圆方枚神兽镜，径13.7厘米，主纹为四神四兽，铭文为："永安六年五月廿五日费氏作竟五□青石竟，服竟者位至三公，九卿十二大夫，长生□□宜子，家有五马千头羊，子孙昌，宜侯王光。"

宝鼎二年半圆方枚神兽镜，径12.1厘米，主纹为四神四兽，其半圆方枚铭合为："天王日月，天王日月"。外有尖齿纹一周，边有铭文为："宝鼎二年十月廿五日造作明镜，百湅青铜……（下残缺不清）。""宝鼎"为乌程侯孙皓年号，宝鼎二年即公元267年。

画纹带佛兽镜　此类镜的主题纹饰，多以佛像或模仿佛像的神仙像代替一般神兽镜中流行的神仙图像。如故宫博物馆藏的一画纹带佛兽镜，以四圈状乳钉相隔为四部分，分别饰有佛像人物一组；外有半圆方枚，再外有画纹带，方枚铭合为："吾作明竟，幽湅三商，□□□刑，大吉□年，益□□□，□堂宜行，官□位至，三公九卿，侯相天王，百子家平，□□□□，□□□□，□□□□，□如吾言"。此镜可

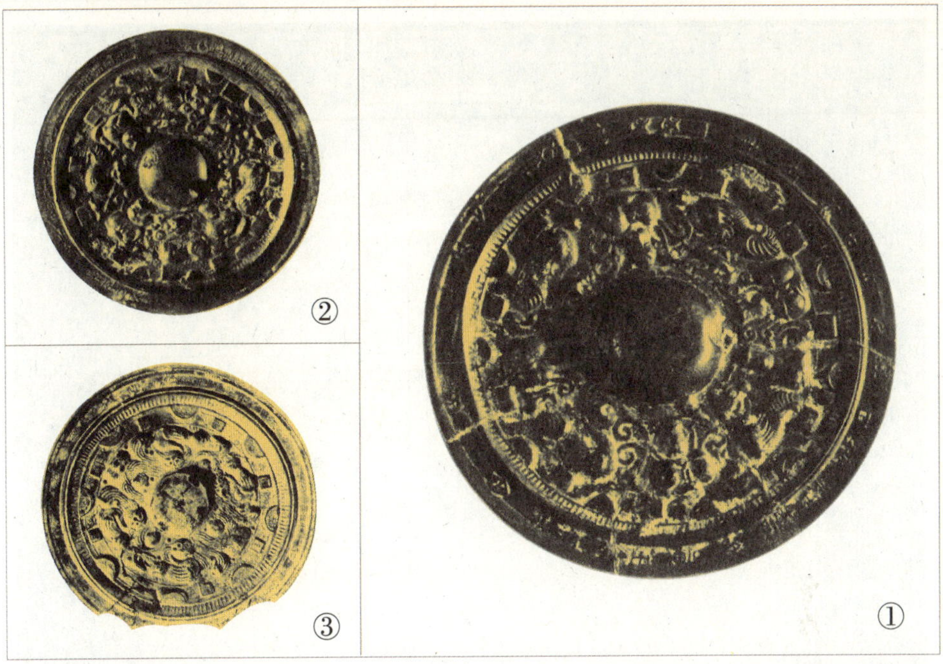

①永安四年半圆方枚神兽镜　三国·吴

②永安六年半圆方枚神兽镜　三国·吴

③宝鼎二年半圆方枚神兽镜　三国·吴

谓是佛教早期从南方传入我国的重要物证。

画像镜类

画像镜类又可细分为神人车马画像镜和神人禽兽画像镜。

神人车马画像镜如“周是神人车马画像镜”，径22.1厘米，分为四区，一区为六马驾车，一区为五马驾车，一区为一神三侍，一区为一神二侍。镜纹两主神为东王公和西王母，外区有铭文为：“吴向里周是作竟四夷服，多贺国家人民息，胡虏殄灭天下复，风雨时节五谷熟，长保二亲得天力，传告后世乐无极。”

神人禽兽画像镜，主纹由神人和飞禽走兽组成。如1963年湖北鄂城出土的一“荣氏神人禽兽画像镜”，径16.3厘米，主纹为两组神像及两组羽人禽兽纹，外有铭文为：“荣氏竟佳且好，明而日月世少有，宜子孙兮”。再如“三羊神人禽兽画像镜”，主纹亦为神人和各种禽兽。其外区有铭文为：“三羊作竟自有纪，除去不羊宜古市，上有东王公西王母。”

魏晋南北朝画像镜

画像镜纹饰多为神像、历史人物、车骑、四神、禽兽等。根据纹饰特点，魏晋南北朝画像镜可分为神人车马画像镜、神人禽兽画像镜两种。镜中的两主神人常为东王公和西王母。

荣氏神人鸟兽画像镜　六朝时期

圆形，圆钮，重圈连珠钮座。主纹为二神、二侍、四鸟兽，有四乳钉。外有铭文："荣氏镜佳且好，明而日月世少有，宜子孙兮。"

神人鸟兽画像镜　六朝时期

变形四叶镜类

此类铜镜多为圆钮，圆钮座，主纹为灵活多变的四叶纹。可细分为变形四叶兽首镜、变形四叶对凤镜、变形四叶佛像对凤镜、变形四叶人物对鸟镜等四种类型。

变形四叶兽首镜，主纹为四只或八只形状相似的兽首。其中四大兽呈对称式分布，四小兽环绕其间。有的还配有带纪年的铭文带，如三国魏甘露四年纪年铭："甘露四年五月十日，右尚方师作竟，清而明，位至三公，□高官，□子宜孙。""甘露"为高贵乡公曹髦年号，甘露四年即公元259年。再如甘露五年纪年铭为："甘露五年二月四日，右尚方师作竟，清而明，君宜高官，位至三公，保宜子孙。”

变形四叶对凤镜，四叶多作宝珠状，叶内多填有兽纹，叶间常配有四凤或八凤，其中以八凤最为常见。有的还于四叶内配有铭文，如“位爵明公”、“君长宜官”、“大宜天子”等。

变形四叶佛像对凤镜，其特点是在变形四叶纹的叶瓣或连弧纹缘内填充有佛像或飞天像。如1975年于湖北鄂钢五里墩出土的一四叶八凤佛兽镜，径16.3厘米，主纹为四桃形叶间四对凤，四桃形叶将镜背分为四区，每区内有一对凤鸟。四叶瓣中都有佛像，其中三瓣各为一尊坐佛，坐佛都有圆形项光；另一瓣中为三尊佛，居中主尊头上有项光，作半跏思维态，两侧胁侍一跪一立，头上均无项光。莲座下莲台两侧各有两龙，即天龙，为“八部护法”之一。此镜的出现，与佛教的传入紧密相关。

变形四叶人物对鸟镜，于变形四叶内各饰有一人。如浙江金华西晋墓出土的一变形四叶人物对鸟镜，径15.5厘米，四片桃形叶内各有一双手高举站立的人像，两侧有铭文，分别为：“弟子仲由”、“弟子颜渊”、“弟子子贡”、“圣□□子”。四桃形叶间有叶脉纹，其间为相对的二鸟；再外区有“子丑寅卯辰巳午未申酉戌亥”十二地支铭。由铭文可知，此镜很明显反映的是儒家人物典故。

夔凤镜类

夔凤纹镜于东汉时期出现，至三国魏晋南北朝时继续流行，其中以直行铭文双夔或双凤镜最为常见。如湖南郴州六朝墓出土的“生至君宜直行铭文双夔镜”，径10.3厘米，钮上下各有两条平行竖线，线之间上有铭文“生至”、下有铭文“君宜”；钮的两侧各有一夔，两头一身，身躯呈S状卷曲，外有连弧纹带。再如河南洛阳晋墓出土的“位至三公直行铭文双凤镜”，径9.2

（左）变形四叶佛像对凤镜　六朝时期

（右）四叶八凤镜　晋代

平钮，钮外四叶间为八凤图案，连弧内为瑞兽禽鸟。此镜直径12.4厘米，重273克。

“长宜高官”对凤镜　三国/晋

圆形，涡旋钮。主纹饰为四组对凤纹，连弧纹缘。钮外为变形四叶纹，内切方格中有“长宜高官”四字，四叶纹间有“位至公侯”四字。此镜直径12.1厘米，重233克。

“位至公”镜　三国时期

三羽人间间有方枚，三方枚内为“位至公”三字铭。此镜直径8.7厘米，重84克。

厘米，钮上下两道竖线内分别配有“位至”和“三公”的铭文，在“位至”铭右侧和“三公”铭左侧有两行三角纹，两周弦纹外有斜线纹带。从目前出土情况来看，“位至三公”夔凤镜较多，如河南洛阳五十四座晋墓中出土的二十四面铜镜中，“位至三公”夔凤镜就达八面，占到了三分之一。

瑞兽纹镜类

此类铜镜多为圆钮，圆钮座，宽素缘，其特征为由瑞兽或鸟纹与方格相间绕钮，有三兽三方格、四兽四方格等形式。有的内区龙虎对峙，或双龙对峙，如湖北鄂城出土“李氏龙虎对峙镜”，径13.1厘米，主纹为高浮雕的龙虎各一，呈对峙状，龙虎纹下端有鸟兽纹等。其外有铭文一周：“李氏作竟四夷服，多贺国家人民息，胡虏殄灭天下复，风雨时节五谷熟，长保二亲得天力，传告后世乐无。”再如浙江上虞出土“青羊龙虎对峙镜”，主纹为一龙一虎夹钮对峙，铭文为“青羊作竟佳且好兮”。还有的青羊龙虎对峙镜，铭文为“青羊作竟大毋伤，巧工刻之成文章兮”、“青羊志兮”等。除龙虎对峙镜外，还有双龙对峙镜，如湖北鄂城出土“吾作双龙对峙镜”，径11.3厘米，主纹为夹钮对峙的双龙，后有一龙尾随，三龙形态相似，外有铭文一周：“吾作明竟自有纪，刻治禽守（兽）世少有，吉。”

禽鸟镜

此镜多为圆形，圆钮，圆钮座，主纹为飞鸟、鸿鹤或鸳鸯等，如湖北鄂城出土“飞鸟镜”，径8.4厘米，镜钮及钮座下叠压一飞鸟；再如湖南长沙出土“鸳鸯四叶镜”，径7厘米，钮座外四鸳鸯与四不规则的菱形叶相间环绕。

“位至三公”夔凤纹镜　晋代

“尚方”龙虎镜　汉／三国

飞鸟镜　晋代

南北铜镜的不平衡发展

三国魏晋南北朝时期，南北铜镜明显发展不平衡。这主要体现在以下几个方面：

铜镜类型的差异

根据前文对三国魏晋南北朝时期铜镜类型的分析，不难发现南北地区铜镜流行的类型各不相同。以绍兴、鄂城为主的南方广大地区，主要流行神兽镜和画像镜。如前文神兽镜镜铭中

（左）会稽山　明刻本《山海经》插图

会稽即今绍兴，后代将会稽所产铜镜称为“会稽镜”。会稽铜镜在东汉早中期兴起。在会稽铜镜中，最有特色的是画像镜和神兽镜。因制造铜镜需要铜料，所以生产地需要具有相关方面的地理条件。在《山海经》中曾有对会稽山所处位置的描绘，书中所载会稽山范围相对现代来说较大，包含现在的位置。图为《山海经》中会稽山的插图。

（右）神兽镜　晋代

四组神兽对置环列，边有方枚半圆，方枚上刻有铭文。此镜直径 13.4 厘米，重 324 克。

多次提到的“会稽”，即指今浙江绍兴，此地早在汉代就是重要的铸镜地，三国魏晋南北朝时期依旧如此。另，湖北鄂城也曾发现多枚神兽镜。根据王仲殊对所见此一时期百余枚有代表性的铜镜的记述，其中神兽镜数目约占一半，达四十余枚，足见神兽镜比例之大。另外南方的其他地区，如湖南、江苏、安徽、江西、广东、广西等地，神兽镜同样流行。

而此时于北方地区所制神兽镜数目则极少，主要流行变形四叶镜、夔凤镜、博局纹镜等。据《洛阳晋墓的发掘》一文载，河南洛阳五十四座晋墓中出土的二十四面铜镜中，神兽镜仅有一面，夔凤镜则占到了三分之一，此外有博局镜、连弧纹镜、昭明镜等。

铸镜地发达程度的差异

早在汉代，会稽就是一个重要的铸镜中心，到三国孙吴时期，更是达到了极盛期。目前出土的这一时期所制铜镜，有的镜铭就直接提到“会稽”。如鄂钢出土的“黄初二年半圆方枚重列神兽镜”，前文已述，再如“黄武六年分段式重列神兽镜”，该镜内圈铭文为：“黄武六年十一月丁巳朔七日丙辰，会稽山阴作师鲍唐竟，照明服者也，宜子孙，阳遂，富贵老寿，□先牛羊马，家在武昌，思其少天下命吉服，吾王干昔□□”。

另外三国孙吴前期的都城所在地鄂城也曾较大规模地铸造铜镜。据《纪年镜》图版 23 之一所载“半圆方枚神兽镜”，其有铭文为：“黄初二年，武昌元作明镜，宫湅三章，乃而清明，吉羊（祥）。”此处的“武昌元”，曾有人认为是人名，而王仲殊则认为，“武昌”应为地名，即鄂城。将铸镜地标入铭文中，足见鄂城在当时的铸镜业

鄂　城

即今天的武昌。它为三国孙吴前期的都城所在地，亦为重要的产铜地和铸镜地。据梁陶弘景《古今刀剑录》中记载：“吴王孙权以黄武五年采武昌铜铁，作千口剑，万口刀，长三尺九寸，刀头方，皆是南铜越炭作之。”又宋乐史《太平寰宇记》“鄂州·武昌”条说，白雉上“南出铜矿，自晋宋梁陈以来置炉烹炼”。铜镜铭文中有的也明确标明“武昌”二字，如“黄武六年十一月丁巳朔七日丙辰，……家在武昌”、“黄初二年，武昌元作明镜……”等。

“石氏”铭半圆连弧镜　汉 / 三国

圆形，圆钮，变形柿蒂纹钮座。钮外座一周是半圆组成的连弧纹，其外一周有铭文：“石氏作竟四夷服，多贺……风雨时节五谷熟，长保二年得天力，传告后世，乐无……曾年益夫兮”。此镜直径 14.2 厘米，重 330 克。

三角缘神兽铜镜　三国时期

圆形，圆钮。缘部隆起较高，断面呈三角形。内纹为九乳钉，外部六神兽分布钮外一周，间以花朵。外有锯齿纹与波浪纹各一周。

出土的部分变形四叶兽首镜，配有带纪年的铭文带，其上铭文就明确提到了“右尚方”。如三国魏甘露四年纪年铭为：“甘露四年五月十日，右尚方师作竟，清而明，位至三公，口高官，口子宜孙。”再如甘露五年纪年铭为：“甘露五年二月四日，右尚方师作竟，清而明，君宜高官，位至三公，保宜子孙。”

另外，于日本出土的三角缘神兽镜中，有十余枚铸有“铜出徐州，师出洛阳”铭文，但这种镜铭在国内尚无一见，故其“洛阳”之含义还有待商榷。

已负盛名。

而在北方，曹魏时期的右尚方，仍是掌管铸镜的重要官方机构。《通典》中云：“秦置尚方令，汉因之，后汉掌上手工作御刀剑玩好器物……汉末分尚方为中左右尚方，魏晋因之。”目前

三、产铜地数量及产铜量的差异

三国魏晋南北朝时期，南方产铜地先后有三处：

一为丹阳。如《三国志》卷六十四，《吴书十九·诸葛腾二孙璞阳传》中记

会　稽

会稽即今天的浙江绍兴。它早在汉代就是一个重要的铸镜中心，到三国孙吴时期，更是达到了极盛期。这一时期的铜镜铭文中很多就直接提到“会稽”二字。会稽也有着全国著名的铸镜师，如铭文“扬州会稽阴师唐豫命作镜”、“会稽山阴作师鲍唐竟”等提到的铸镜师。这些铸镜师甚至到全国其他地区铸造铜镜，会稽镜师可谓闻名一时。

会稽山阴作师鲍唐造镜

载："恪以丹杨山险，民多果劲，……山出铜铁，自铸甲兵。"该处"丹杨"即为"丹阳"。

二为武昌。据梁陶弘景《古今刀剑录》中记载："吴王孙权以黄武五年采武昌铜铁，作千口剑，万口刀，长三尺九寸，刀头方，皆是南铜越炭作之。"又宋乐史《太平寰宇记》卷一百一十二"鄂州·武昌"条说，白雉上"南出铜矿，自晋宋梁陈以来置炉烹炼"。据考古发现，鄂城（即武昌）丁祖公社的铜灶、泽林公社的小铜山等地皆有开采铜矿和炼铜的遗址，东邻鄂城的大冶县铜绿山，更是近年发现的古代大型的采铜冶铜遗址（铜绿山发掘队：《湖北铜绿山春秋战国古矿井遗址发掘简报》，《文物》1975年第二期）。

三为南广郡。《南齐书》卷三十七，《列传·第十八》中记："永明八年，悛启世祖曰：'南广郡界蒙山下，有城名蒙城，可二顷地，有烧炉四所，高一丈，广一丈五尺。从蒙城渡水南百许步，平地掘土深二尺，得铜。又有古掘铜坑，深二丈，并居宅处犹存。邓通，南安人，汉文帝赐严道县铜山铸钱，今蒙山近青衣水南，青衣左侧并是故秦之严地道。青衣县又改名汉嘉。且蒙山去南安二百里，案此必是通所铸。近唤蒙山獠出，云甚可经略。此议若立，润利无极。'并献蒙山铜一片，又铜石一片，平州铁刀一口。上从之，遣使入蜀铸钱，得千余万，功费多，乃止。"上文便明

（左）开采铜矿　古书插图

古代中国东南部有丰富的铜矿，东汉中期至三国时期，会稽郡成为铜镜制造的一个中心。在开采铜矿时往往夹土带石，常常要凿数丈才可得到矿石。图为古书中开采铜矿的场景。

（右）淘净铜砂　古书插图

铜的成形从开采到提炼需要经过一系列的程序。铜砂在矿内形状不一、大小不等、硬度不均，需要将其淘洗去掉土渣，然后入炉煎炼，使其熏蒸流出黄色液体自然铜。

“长宜生子”夔凤镜　汉／三国

圆形，圆钮。钮外为四蝙蝠形的叶纹，内刻有“长宜生子”铭文。四蝠叶间为夔凤纹，外围为十二内向连弧纹。此镜直径13.9厘米，重288克。

确表明，南广郡为南齐一重要产铜区。

就北方而言，有关铜矿采冶资料的记载很少。仅见《魏书》卷一百一十，《志第十五·食货六》有云：“二年冬，尚书崔亮奏：‘恒农郡铜青谷有铜矿，计一斗得铜五两四铢，苇池谷矿，计一斗，得铜五两；鸾帐山矿，计一斗得铜四两；河内郡王屋山矿，计一斗得铜八两；南青州苑烛山、齐州商山并是往昔铜官，旧迹见在。谨按铸钱方兴，用铜处广，既有治利，并宜开铸。’诏从之。自后所行之钱，民多私铸，稍就小薄，价用弥贱。”可见当时北方产铜地数量即产铜量之少。

综上可见，三国魏晋南北朝时期因受产铜数量的限制，北方铸镜业落后于南方，南方主要流行神兽镜等，而北方则流行变形四叶镜、夔凤纹镜等，南北铜镜铸造业发展并不平衡。

南北铜镜的差别

魏晋南北朝时期，南北铜镜差别明显。以绍兴、鄂城为主的南方广大地区，主要流行的是神兽镜和画像镜。而我国的北方地区，神兽镜极少，而主要是流行变形四叶镜、夔凤镜、博局纹镜等。而且总的来说，南方铜镜业比北方发达，南方产铜地和铸镜地明显比北方要多，南北铜镜发展明显不平衡。

佛教的传入与佛像镜的兴盛

“佛像镜”是随着佛教传入我国而产生的一个新的铜镜类型。此类镜的特点在于，其纹饰中有着与佛像或佛教有关的纹饰，如佛祖、莲、莲台、飞天、居士等。

佛像镜最早的出现时期，周世荣先生在其《中华历代铜镜鉴定》中认为是三国时。但李龙等学者根据新出土的一些考古资料，则认为佛像镜于东汉中期便已起源于河南洛阳地区，到三国魏晋南北朝时期已开始流行和兴盛。那么佛像镜到底在三国魏晋南北朝时期发展如何，下文即以出土的铜镜实物进行分析。

佛祖铜鎏金坐像　清代

佛教认为，贪念、欲望是五蕴痛苦和烦恼滋生的根源，要避免痛苦，摆脱烦恼，就要否认五蕴及其和合体，也即客观世界和人本身存在的真实性，进入无我的境界。画面中，佛进入了五阴无我、四大苦空的境界。这尊祖师像造型高29厘米，精美别致，生动传神，为藏传佛像中的瑰宝。

目前出土佛像镜概况

目前国内发现的饰有早期佛像的铜镜大致可分为佛像夔凤镜和佛像神兽镜两类，主要发现于长江中下游地区三国至西晋时期的墓葬中，如湖北武昌、湖南长沙、浙江武义、江苏南京、江西新建和靖安等地，其中以鄂城（武昌）出土最多。这些佛像镜的花纹形式布局和佛像图纹内容大体相同，即在宝珠状四叶纽座的四个叶瓣内和镜缘内侧的连弧内，装饰有佛像和飞天等佛教图纹内容，列举具代表性者如下：

鄂城西山出土铜镜。1963年8月出土。径14.2厘米，主纹为八凤，组成四组相对的双凤，双凤之间有如意状“仪仗”间隔。四叶瓣内设有佛像，各填有曲屈的兽形。镜缘内侧是十六个单线连弧，连弧内除了有凤和兔等禽兽纹之外，还有两个连弧内分别是不同姿态的飞天。其中一飞天头顶有背光，双袖向上飘舞，身下用曲波线表示。另一个飞天则是广袖伸张，身姿飘舞，露出两脚。

鄂城铜镜。1975年10月于湖北省鄂州市采集，现藏湖北省鄂州市博物馆。此镜径14.2厘米，略有破损和残缺。内区四叶纹中，三叶饰夔兽，另一叶内为一尊侧身趺坐人物，似为老者形象，或为维摩像，一说为“在家佛徒”形象，戴高冠，蓄长髯，坐于莲花纹座上。

鄂城西晋墓出土铜镜。1970年10月于鄂城钢铁厂西晋墓出土。径18.4厘米，主纹与鄂城西山出土铜镜类似。其四叶内在相对的两个叶瓣内填曲屈的龙形兽，另两叶瓣内分别为天鹿和飞天像。飞天着广袖和长飘带，翩翩起舞状，其头顶部有肉髻，双脚裸露在外。

鄂城西晋墓出土铜镜二。1986年4月13日于鄂州市出土。径18.5厘米，主纹亦为八凤纹。柿蒂四瓣中均有三

佛　祖

有广义和狭义之分，狭义指佛教的创始人释迦牟尼，广义指修行成道者为佛，开创宗派者为祖师，故称成佛做祖者为佛祖。佛教传入我国后，铜镜文化也深受佛教影响，佛祖等图案也逐渐成为铜镜背后的纹饰。

居士，梵语意译。原指古印度吠舍种姓工商业中的富人，因信佛教者颇多，故佛教用以称呼在家佛教徒之受过“三归”、“五戒”者。《维摩诘经》称，维摩诘居家学道，号称维摩居士。慧远义记：“在家修道，居家道士，名为居士。”故居士后为出家人对在家信佛的人的泛称。

维摩诘像

莲

佛家称佛所居世界。如莲宇为佛寺的别称，莲宗是佛教净土宗的异名。因西方极乐世界多生莲花，又叫莲邦，所以由慧远所创的修极乐净土的门派，也叫莲宗。莲界，指佛家净土世界；莲座，佛家语，指诸佛的莲花座位。

佛坐莲花冥想　韩国绘画

佛祖即佛教创始人乔达摩·悉达多。随着佛教传入中国，逐渐进入到人们的生活中，许多与生活有关的器物上也具有了佛的形象。在古代铜镜上就出现过佛祖的形象。因为佛家是向人们告诫人类生活本质的智慧，因此在某种程度上是精神力量的象征。

尊佛像，造型完全相同；居中佛像为主佛，坐莲花座，两侧二像侍立，佛像背皆有项光。据考，此镜为三国吴时所制。

浙江武义县出土三国时铜镜。径15.4厘米，主纹为四组相对的双凤，双凤间隔多须球状物，王仲殊称为双钩形图案。四瓣柿蒂纹中，相对两瓣有飞天；其余两瓣中，一瓣有三尊像，莲花座佛居中，两侧立像为胁侍；第四瓣损。镜缘内侧联弧纹带一个弧形内有飞天，其余有黄道十二宫的巨蟹等。

长沙左家塘出土铜镜。径约16厘米，主纹为四组相对的双凤，双凤间隔多须球状物。相对两瓣柿蒂纹内有华盖佛龛，坐佛趺坐在莲花座上，两侧各一双肩披羽立像，应为“羽人”；另两瓣内有半跏思维佛像；连弧纹弧形内有青龙，白虎，巨蟹等。此镜为迄今所见佛像夔凤镜中的最佳品，推为吴中后期制作。

南京西善桥出土铜镜。径14.5厘米，双凤间隔下垂心叶形图案，柿蒂形钮座的四瓣内都设有佛像，但在镜缘内侧连弧纹带的十六个弧形中，两个弧形内各有一飞天，头上有项光，其余弧形内有青龙、白虎、朱雀等。制作年代约为三国至西晋初期。

江西靖安县出土夔凤飞天铜镜。1985年出土，径13.8厘米，西晋太康

四叶八凤镜及拓片

扁圆钮，重圈座。主纹为四桃形叶间四对凤，叶内各有一兽。其外有十六个单线内向连弧，弧内各有一兽。边纹为蔓草，中间有十六种鸟兽。此镜共有鸟兽48只，图案布局合理、美观。镜直径18.5厘米，边厚0.45厘米。

飞 天

佛教壁画或石刻中的在空中飞舞的神。梵语称神为提婆，因提婆有“天”的意思，所以汉语译为飞天。铜镜纹饰中很多都有着飞天纹饰，它明显是佛教文化影响的结果。

九年（公元288年）制，现藏江西省靖安县博物馆。镜缘十六个联弧中饰禽兽纹，其中一联弧纹中有飞天像。

杭州出土铜镜。径11.6厘米，主纹为四组相对双凤，双凤之间有一心叶形图案。四瓣柿蒂形钮座内有佛像，两像并立，头有项光。在镜缘内侧连弧纹带的十六个弧形中，三个弧形内各有一人形，虽没有明显项光，但从其姿态看应属飞天之类。现藏浙江省博物馆。

故宫博物院藏铜镜。径22.1厘米，内区以四圈状乳钉相隔为四部分，各部分饰有佛像人物一组；外有半圆方枚，再外有画纹带，方枚铭合为：“吾作明竟，幽湅三商，□□□刑，大吉□年，益□□□，□堂宜行，官□位至，三公九卿，侯相天王，百子家平，□□□□，□□□□，□□□□，□如吾言”。

除以上考古发掘出土资料外，还有一些传世佛像镜，如日本东京国立博物馆、美国哈佛大学福格博物馆、波士顿美术馆和德国柏林国立博物馆藏品，其形制和图纹与前文所述发掘出土的铜镜相似。王仲殊认为，佛像夔凤镜出土地点分别为浙江杭州、武义、金华，江苏南京，湖北鄂城等地。故夔凤镜在地域上的分布虽遍及全中国，但佛像夔凤镜的分布主要集中于长江中下游地区，即三国时代吴国境内发达地区。

佛教影响下佛像镜的兴盛

对佛教传入我国的具体时间，历来有多种不同观点：佛教界普遍把汉明帝夜梦金人、遣使求法作为佛教传入

柿蒂八凤镜及拓片

扁圆钮，圆座。主纹饰为柿蒂纹间八凤，蒂内有铭文“位至三公”，连弧纹一周在外装饰。此镜直径11厘米，边厚0.3厘米。

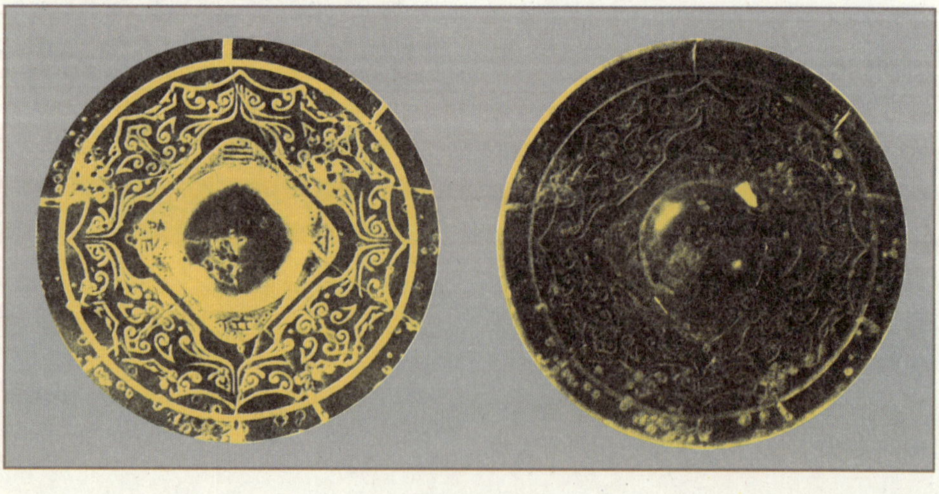

中国的开始；有学者认为佛教传入始于汉武帝时期；另有观点认为，汉哀帝元寿元年，即公元前2年，大月氏王使臣伊存口授《浮屠经》，当为佛教传入汉地之始。故概之，佛教传入我国，应为两汉之际。

五乳仙人镜 汉／三国

宗教为铜镜发展创造了更多的题材内容，同时宗教也通过铜镜得以扩大影响。许多宗教题材的图画形式出现在铜镜中。此镜主题图为五乳五组仙人扶琴演乐，整体纹饰在同时期的铜镜中较为少见。

到三国魏晋南北朝时期，佛教得到了快速发展，佛教僧侣数目急剧增加。据《释迦方志》卷下《教相篇》记载，西晋时期，两京僧尼数为3 700多人，到东晋时期，全国的僧尼数量已达到24 000人。百姓出家为僧为尼，除了出于经济原因，即成为僧侣后，能得到最起码的基本生活保障，另一个原因，即在于佛教本身的影响。

羽人瓦当 唐代

在《楚辞》、《山海经》中都有关于羽人的记载，其象征意义大多被认为是飞仙。羽化登仙、羽化驾龙，说明了古人的一种精神思想。在铜镜的纹饰中也有羽人形象，这是古人将观念附加在器物上的表现。图为唐代的羽人瓦当。

南北朝时期，佛教日渐盛行。根据唐法琳《辨正论》记载，南朝到梁，共有寺院2 846所，僧尼82 700人，与东晋相比，寺院增加了1 000多所，僧尼增加了三倍多。具体而言，刘宋僧尼数为36 000人，南齐为32 500人，梁为82 700人，陈为32 000人，北魏达到了20万人，北齐多达30万人，北周境内寺院更是多达1万所，僧尼多至100万人。《魏书》卷一百一十四《释老志》载，魏太和元年，有寺6 478所，僧尼77 258人。延昌中，有寺13 727所。东魏末年，魏境更是“僧尼大众两百万矣，其寺三万有余”。

佛教影响如此之大，与统治阶级的大力扶持紧密相关。最为典型的为梁武帝萧衍，他曾在天监三年，即公元504年所颁崇佛诏中言：“愿未来世中，童男出家，广弘经教，化度含识，同共成佛。”甚至还几度舍身入泰寺为奴，而令众大臣倾国库为其赎身，可谓空前绝后。作为最高统治者的萧衍如此崇信佛教，当时社会的崇佛之风可想而知。

这种对佛的崇拜，自上而下地渗

彩绘人物故事镜　东吴

人物故事镜是铜镜主题内容之一，这件东吴时期的彩绘人物铜镜在经历了近两千年历史后，图案仍能够完好，较为罕见。

透到社会的各个方面，包括雕塑、壁画、铜镜纹饰等各种艺术作品。如前文所说，目前国内发现的饰有早期佛像的铜镜，主要发现于长江中下游地区三国至西晋时期的墓葬中，尤其以鄂城出土最多。那么为什么发源于北方的“佛像镜”却兴盛于南方地区呢？

早期，佛教传播以洛阳为中心，广布于北方。但在曹魏时期，大规模的宗教活动受到了严格的限制，曹操曾下令“逐除奸邪鬼神之事，世之淫祀，由此遂绝”，作为宗教之一的佛教，自然也受到了遏制，佛像镜的制造因此受到重大影响。

相比之下，南方的孙吴对佛教则采取了宽容的政策。在孙氏政权稳定和巩固后，包括高僧和佛教徒在内的大批北方移民为了逃避战乱和宗教约束，纷纷南下。《出三藏记集》卷七记支愍度《合首楞严经记》云支越（即支谦）：“以汉末沸乱，南渡奔吴。从黄武至建兴中所出诸经，凡数十卷，自有别传记录。”再如《高僧传》卷一《汉洛阳安清传》中记载：“安清，字世高……游化中国，宣经事毕，值灵帝之末，关洛扰乱，乃振锡江南。”可见高僧和佛教徒的南下，为东吴江南佛教的繁荣创造了有利的条件。

舍身侍佛的梁武帝

梁武帝(464—549年)，名萧衍，字叔达。除了在政治、军事上的才能之外，梁武帝在学术研究和文学创作上有突出成就。他重用士族，推崇佛教，曾四次舍身佛寺。

东吴时期可谓江南佛教史的正式开端。在此，江南第一座佛寺建初寺建成，吸引了第一批如康僧会等迁至江南的高僧，随即产生了“中国最早的佛塔、中国最早的螺髻佛像、最早的螺发佛像、最早的石造像、最早的陶塑佛像、最早纪年的铜制佛像、最早的僧人造像”等等（阮荣春：《中日联合研究组情况汇报及我见》，载《艺苑》（美术版）1992年第二期）。虽没有明确提到佛像镜，但佛教造像工艺的流行，无疑对佛像镜的制造产生积极的影响。

曾经作为吴地佛教传播中心的鄂城武昌，是三国东吴时期孙权创立的第一个都城。由于统治阶级对佛教采取宽容的态度，使得此地的佛教发展迅速，通过史籍记载，便可看出当时鄂城佛教的发展状况。如光绪十一年编修的《武昌县志》记载：“昌乐院，在县南六里，汉建安二十五年孙权作，寺有二浮图，东有戴渊记，西为谢尚立石。”在《佛祖统记》一书中也有类似的记载：“黄初元年，吴王孙权于武昌建昌乐寺。”另外，由于为吴的都城，更是具有得天独厚的引进人才的条件，除了佛教人才，还有其他各种手工业者，包括铜镜铸造者纷纷来此。鄂城出土“黄武六年分段式重列神兽镜”，其内圈铭文写道：“黄武六年十一月丁巳朔七日丙辰，会稽山阴作师鲍唐竟，照明服者也，宜子孙，阳遂，富贵老寿，□先牛羊马，家在武昌，思其少天下命吉服，吾王干昔口□”。此地出土的另一“黄初二年半圆方枚重列神兽镜”，镜内圈亦有铭文一周：“黄初二年十一月丁卯朔廿七日癸巳，扬州会稽阴师唐豫命作镜，大六寸清冒，服者高迁，秩公美，宜侯王，子孙藩昌”。这种鲍唐所作铜镜，在武昌发现了五面之多。从中可以看到，会稽山阴的许多著名铸镜师都来到了武昌，这对铜镜，包括佛教镜的制造起到了积极的作用。从铜矿资源来看，如前文所述，当时的鄂城附近有着丰富的铜矿资源。据梁陶弘景《古今刀剑录》中记载：“吴王孙权以黄武五年采武昌铜铁，作千口剑，万口刀，长三尺九寸，刀头方，皆是南铜越炭作之。”近年发现的古代大型采铜冶铜遗址，东邻鄂城的大冶县铜绿山，至今仍在开采。

正是因为鄂城有着备受统治者支持的佛教政策、出色的铸镜师、丰富的铜矿资源，佛像镜的兴盛也就成了很自然的事情。

（左）佛道相容的青釉褐彩壶

（右）黑釉楼阁佛像陶魂瓶　三国·吴

道教文化铜镜的神奇功能

陶弘景

在铜镜中常有神仙人物故事的出现，这与当时道教的盛行有着不可分割的联系。图中中心人物是道家陶弘景。他是上清经道派的主要代表，茅山派的创立者。画面中陶弘景在与弟子探讨道法。

魏晋南北朝时期，是道教走向成熟、逐渐定型的重要时期。这一时期涌现了如葛洪、陶弘景、寇谦之、陆修静等一批道教领袖人物。他们从道教理论、组织制度、宗教实践等方面，对早期道教进行了改造和发展。而此时所制铜镜，便被赋予道教文化色彩，成了道教的重要宣传工具。道教认为，铜镜既然能洞察万物，补人眼之不足，自然可以照出妖魅（照妖镜）；镜曾照往古，也将照未来，自然可以据以预测命运（镜卜与镜听）。

照妖镜

古人以铜镜为降妖镇邪之物，实源于铜镜照容这一基本功能。随着道教发展，古人又将铜镜映照的功能加以发挥，认为隐形于世的鬼魅经铜镜一照，就会露出原形，从而失去魔力，自行逃遁，于是铜镜平添了降妖镇邪之魔力。北周庾信《小园赋》言：“镇宅神以埋石，厌山精而照镜”，前一句说的是埋石辟邪，后一句即反映了铜镜照妖的民俗观念。

以镜辟邪，最早见于汉代镜铭。如“左龙右虎辟不羊，朱鸟玄武顺阴阳，子孙备具居中央，长保二亲乐富昌”，

鎏金铜辟邪 南北朝

道教镇邪镜

铜镜不仅为日常生活所用，而且还赋予了宗教文化色彩，具有多种象征意义。道教中最重要的法器就是镜子，此面铜镜中除了绘有道家神仙形象外，还有鹤、龟等形象，这些都是具有神仙法力效应的祥物。

“辟不羊”即辟不祥之意。此类镜铭的出现，既表现了人们对美好生活的期望，更为镜增添了神秘的色彩。

有关铜镜照妖的较早记载如《西京杂记》：宣帝被收系郡邸狱，臂上犹带史良娣合采婉转丝绳，系身毒国宝镜一枚，大如八铢钱。旧传此镜照见妖魅，得佩之者为天神所福，故宣帝从危获济，及即大位，每持此镜，感咽移时辰，常以琥珀笥盛之。

晋代道教理论家葛洪在《抱朴子·内篇十七》“登涉”篇谈到登山之道，带镜照妖辟邪之法。书中写道，有谚曰：“太华之下，白骨狼藉”，入山而无术，必有患害，故应带镜以却鬼魅。具体如下：

“万物之老者，其精悉能假托人形，以眩惑人目而常试人，唯不能于镜中易其真形耳。是以古之入山道士，皆以镜径九寸已上，悬于背后，则老魅不敢近人。或有来试人者，则当顾视镜中，其是仙人及山中好神者，顾镜中故如人形。若是鸟兽邪魅，则其形貌皆见镜中矣。又老魅若来，其去必却行，行可转镜对之其后而视之，若是老魅者，必无踵也；其有踵者，则山神也。”

文中说世间万物久炼成精者，都能假托人形而迷惑人，“惟不能易镜中

照妖镜

照妖镜即传说能照出妖魔鬼怪原形的宝镜。古人认为世间万物久炼成精者，都能假托人形而迷惑人，“惟不能易镜中真形”，铜镜一出，即能将一切本来面目暴露于光天化日之下。即隐形于世的鬼魅经铜镜一照，就会露出原形，从而失去魔力，自行逃遁。这种有着降妖镇邪的特异功能的铜镜便称为照妖镜。

陆修静　匱舒　国画　当代

陆修静（公元406—477年），南朝宋道士，早年弃家修道。公元453年，在建康（南京）卖药，宋文帝命左仆射徐湛请他入内讲道固辞而去，后居住在庐山修道。

真形”，铜镜一出，即能将一切本来面目暴露于光天化日之下。这样，以铜镜映照妖魔鬼怪使其显出原形，就成了一种辟邪的道术。又同书同篇记载：“昔张盖蹹及偶豪成二人，精思于蜀云台山石室中，忽有一人，黄绢单衣葛巾，到其前曰：‘劳乎道士，辛苦幽隐。’于是二人顾视镜中，乃鹿也。”

类似的记载还见于陶渊明所著的《搜神后记》：“淮南陈氏于田中种豆，忽见二女子，姿色甚美。着紫襦，青裙，天雨而衣，不湿其臂。先挂一铜镜，镜中见二鹿，遂以刀砍获之以为脯。”同书又言：“林虑山下有一亭，人每过此，宿者辄病死云。尝有十余人，男女杂合，衣或白或黄，辄蒲博相戏。时有郅伯夷者宿于此亭，明烛而坐颂经。至中夜，忽有十余人来与伯夷并立蒲博。伯夷密以镜照之，乃是群犬。因执烛起，佯误以烛烧其衣，作燃毛气。伯夷怀刀捉一人刺之。初作人唤，遂死成犬，余悉走去。”

古人虔信铜镜辟邪之神力，还广搜种种神话传说来渲染。如《潜确类书》载：“昔黄帝氏液金以作神物，于是为鉴，凡十有五，采阴阳之精，以取乾坤五五之数，故能与日月合其明，与鬼神通其意，以防魑魅，以整疾病。”把铜镜说成是凝结阴阳之精、聚合五五之数的神物，便是对铜镜辟邪神力的神话诠释。对此，《本草纲目》亦云：“镜乃金水之精，若有神明，故能辟邪魅忤恶，凡人家宜悬大镜，可辟邪魅。”

晋代葛洪《西京杂记》更是将此说加以发挥：“有方镜，广四尺，高五尺九寸，表里洞明，人直来照之，影则倒见，以手扪心而来，则见肠胃五脏，历

"青盖"龙虎镜 汉/三国

圆形，圆钮。主纹饰为龙虎相对，龙虎下有一羽人与一兽，有"青盖"二字铭文，镜缘为三角齿纹。此镜直径10.1厘米，重67克。

仙山并四兽镜 南北朝

"吾作"神兽镜 汉/三国

圆形，扁圆钮。主纹饰为外方枚和半圆相间，镜纽外有四组对置的神兽，方枚内有铭文"吾作明镜，幽谏三商……"。此镜直径10.8厘米，重376克。

然无碍。人有疾病在内，则掩心而照之，则知病之所在。又女子有邪心，则胆张心动。秦始皇常以照宫人，胆张心动者则杀之。"

又郭宪所著《洞冥记》卷一云："望蟾阁十二丈，上有金镜，广九尺。元封中，有祇国献此镜，照见魑魅，不获隐形。"

唐李商隐《李肱所遗画松诗书求两纸得四十韵》诗也曾言及照妖镜："我闻照妖镜，及与神剑锋。"隋人李巨仁《赋得镜诗》云："魏公（《初学记》作"宫"）知本性，秦楼识旧名。凤从台上

双凤八卦纹镜　唐代

葵花形，圆钮。主纹为两对凤，其间有一用八卦符号围起的“镇”字，外圈为一周铭文。从其形制及纹饰看，此镜为辟邪之镜。直径22.3厘米，重1 422克。

出，龙就匣中生。无波菱自动，不夜月恒（《万花谷》作“常”）明。非唯照佳丽，复得厌山精。”末二句便形象地将镜子的功能进行拓展，言铜镜不只可用来映照佳丽，还可以用来震慑山精。

又《全唐诗补编》中有无名氏《唐武得祷雨辟邪镔铁镜铭》：“镔铁作镜辟大旱，清泉虔祀甘霖感，魅孽当前惊破胆，服之疫疠莫能犯。双龙□□略重长颔，回禄睢盱威早敛。”（见《唐文拾遗》卷六十二引《湘烟录》。镜末署“武德壬午，造辟邪花镔铁镜”。）此诗将镜之辟邪意象说得活灵活现。

有关铜镜降妖辟邪的信仰，在历代传承过程中，不断地被人们发挥和扩展。于是在“照妖镜”之外，还产生了能穿透人体照见内脏的“照骨镜”和照见水中怪物礁石的“照海镜”等。

提及以镜为降妖辟邪之物，不可不言王度。王度依据民间传说和道教传说，于《古镜记》中编纂了十二个有关镜之神异功能的故事，将铜镜的驱邪照妖的功用发挥得淋漓尽致，神乎其神。对此，汪辟疆先生就曾指出："古今小说纪镜异者，此为大观矣。其事有无，姑勿论。即观其侈陈灵异，辞旨诙诡，后人摹拟，汗流莫及。上承六朝志怪之余风，下开有唐藻丽之新体。洵唐人小说之开山也。"

在王度笔下，镜已被拟人化，赋予了人的身份。它既有如人之貌，亦具人之情。文章将镜人格化，整篇文章如同一篇人物传记。镜已不再是镇邪降妖之中介，而是直接成为事件之主体，这较传统镜意象有了很大突破。正是因为这类故事的广泛流传，镜子能够照妖驱邪的观念，便更加深入人心，家喻户晓。

镜卜与镜听

在铜镜之前，镜子（水镜）很早就被赋予了一种神秘功能，即作占卜预测之用。如晋葛洪《抱朴子·杂应》载："或问将来吉凶安危去就，知之可全身，为有道乎？抱朴子曰：……用明镜九寸以上自照，有所思存，七日七夕，则见神仙，或男或女，或老或少，一示之后，心中自知千里之外、方来之事也。明镜或用一，或用二，谓之日月镜；或用四，谓之四规。四规者，照之时前后左右各施一也。"

又《御定月令辑要》卷二十云："镜卜增熙朝乐事：除夕更深人静，或有祷灶请方抱镜出门，窥听市人无意之言，以卜来岁休咎。李廓镜听词：匣中取镜辞灶王，罗衣掩尽明月光。昔时长着照颜色，今夜潜将听消息。门前地黑人来稀，无人错道朝夕归。更深弱体冷如铁，绣带菱花怀里热。铜片铜片如有灵，愿得照见行人千里形。"

上为"镜卜"之出典。另有一种占卜法叫"镜听"，这种占卜方法，在唐代之前就已经出现，唐代诗人王建有《镜听词》云："重重摩挲嫁时镜，夫婿远行凭镜听。回身不遣别人知，人意丁宁镜神圣。怀中收拾双锦带，恐畏街头

玄武纹镜　宋代

"玄武谓龟蛇，位在北方故曰玄，身有鳞甲故曰武。"玄武在古代被认为是一种神灵，并将其应用在星象、方位等方面。此玄武纹铜镜，图案、形制精美，色相好，是宋代铜镜中的佳品。

怪兽镜

扁圆钮，圆座。主纹为四兽，其形与神兽镜上的兽类似。主纹外有一周辐射线纹，边纹为卷云纹。此镜直径 9.4 厘米，边厚 0.2 厘米。

捉鬼图纹方镜　宋代

方形，小钮。钮右侧饰一神人，左手握剑，右手持铃，作搏斗状，钮左侧饰人形怪物，高举双手作逃跑状，钮下方饰水波纹。此镜边长9.5厘米，重85克。

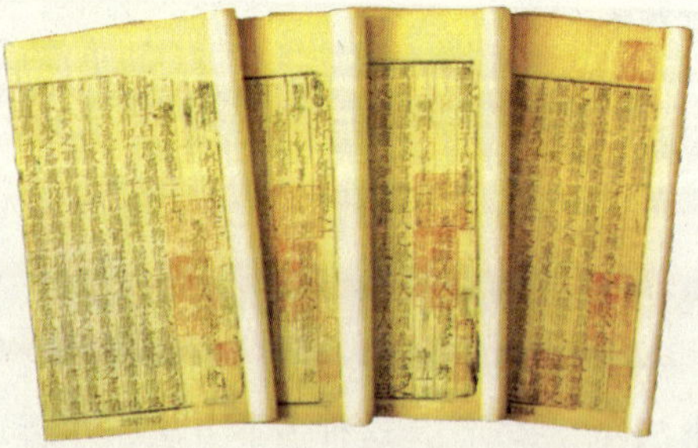

《抱朴子》书影

《抱朴子》为东晋葛洪所撰一部道家理论著作。此书在内篇中论述了神仙、炼丹、符箓等事。

见惊怪。嗟嗟唧唧下堂阶，独自灶前来跪拜。出门愿不闻悲哀，郎在任郎回未回。”

对此，宋朱牟《曲洧旧闻》卷九亦有记载：“王建集有《镜听词》，谓怀镜于通衢间，听往来之言，以占休咎。近世人怀枸以听，亦犹是也。又有无所怀而直以耳听之者，谓之响卜，盖以有心听无心耳。”

同书还记载了另外一则故事：尚书曾叔夏未第时同友人镜听，正遇上有人朗读苏轼的谢表。曾叔夏听到了上句："弹冠结绶，共欣千载之逢。"友人晚来一步，只听得下句："掩面向隅，不忍一夫之泣。"结果真的是前者高中，而后者落第。当然这也只是巧合罢了。

元伊世珍《琅环记》卷上引《贾子说林》载其法更详："镜听咒曰：'并光类俪，终逢协洽。'先觅一古镜，锦囊盛之，独向灶神，勿令人见。双手捧镜，诵咒七遍，出听人言，以定凶吉。又闭目信足走七步，开眼照镜，随其所照，以合人言，无不验也。昔有女子卜一行人，闻人言曰：'树边两人。'照见簪珥，数之得五。因悟曰：'树边两人'非'来'字乎？五数，五日必来也。至期果至。此法唯宜于妇女。"

这里已将镜听的具体操作方法解释得极为详尽：双手捧镜，诵咒七遍，出听人言，以定凶吉。又闭目信足走七步，开眼照镜，随其所照，以合人言。

到了清代，镜听已非"方伎"了。据清人徐珂《清稗类钞·迷信类》记载："镜听不必学而能，非方伎也。古人之为之者，每于除夕或新岁，先事洒扫，置香、等于灶门，注水满档，置于水，虔礼拜祝，拨使旋，随柄所指之方，抱镜出门，密听人言，第一句即是卜者之兆。"可见此时的镜听之术已不再像以前那么神秘莫测，而已非"方伎"，人人都已知晓其操作方法。

清梁绍壬《雨般秋雨随笔》亦载有

"镜　听"

"镜听"为古代占卜方法之一。它至晚于唐代就已出现，其操作方法为：于除夕或岁首，怀镜胸前，诵咒七遍，出听人言，以定凶吉。又闭目信足走七步，开眼照镜，随其所照，以合人言。清代以后镜听已非"方伎"，而是人人知晓的占卜方法。

"巧工"龙虎镜　汉/三国

铜镜在古代应用广泛，不仅因为它的日常实用功能，而且还因铜镜具有辟邪功能。这件圆形圆钮的铜镜，钮外有双龙、双虎相对，外面一周有铭文带"巧工作竟(镜)大毋伤，浮云莲出建四，白虎辟邪居中央，长保二亲乐兮"，镜缘为勾连变形兽纹。

乾隆八卦纹镜　清代

菱花形，圆柱形钮，莲花钮座，莲花上有一周 192 字的铭文。“8”字环绕纹间饰八卦纹及“大清乾隆壬寅年制”。此镜为清宫内府造，直径 24.5 厘米，重 3 650 克。

两则故事：“昆山徐大司寇（干学）昆季三人，未第时，除夕相约镜听。乃翁侦知之，先走匿门外。俟三子之出，揖而前曰：‘恭喜弟兄三鼎甲。’诸子知翁之戏己也，不顾而走。则有二醉人连臂而来，甲拍乙之肩而言曰：‘痴儿子，你老子的话是不错的！’盖以诽语相戏也。已而果应其言。”

又“塘黄文僖公（机）未遇时镜听，闻二妇人相语云：‘家有二鸡，明日敬神，宰白鸡乎？宰黄鸡乎？’其一曰：‘宰黄鸡可也。’‘机’，‘鸡’同音，遂以为谶。”

从上面两则故事可见镜听在清时已是很多人都知晓的事情了，可见其影响之深广。文中所言镜听效果极为灵验，徐干学兄弟三人果如其父所言，都先后登第。黄机则也如二妇人所言，成为了宰相。当然，这一切无证可循，书中记载无非就是将镜之占卜预测功能予以肯定。

文人所作"镜听词"也颇多，除了唐王建《镜听词》，又有唐李廓《镜听词》："匣中取镜祠灶王，罗衣掩尽日月光。昔时长看照颜色，今夜潜将听消息。……铜片铜片如有灵，愿得照见行人千里行。"更是将镜写得神秘非凡。另《聊斋志异》中亦有多篇写镜之作，且专有《镜听》篇，讲述镜听占卜之术得以应验之事。

以镜为预测和占卜的，还有龟镜（龟鉴）。据说龟甲的碎片可以占卜定吉凶，而镜又能照人之美恶，故龟镜便用以为观测事物过去和预测未来行动的准则。《北史·长孙道生传附长孙绍远遗表》载："此数事者，照烂典章。杨榷而言，足为龟镜。"唐刘知几《史通·载文》亦载："此皆言之成轨则，为世龟镜，求诸历代，往往而有。"又《旧唐书·刘贲传》载："且俱非大德之中庸，未为上圣之龟鉴，何足以为陛下道之哉！"以上均是言镜可为占卜预测之用。

龟　镜

龟镜又名龟鉴。据说龟为极具灵性的动物，龟甲的碎片可以占卜定吉凶，而镜又能照人之美恶，故龟镜便用以为观测事物过去和预测未来行动的准则，它有着非凡的占卜预测功能。

总之，关于道教中诸具有神奇功能的铜镜，无论是把它作为驱邪照妖的法宝，还是占卜预测的工具，其实都是将铜镜的鉴容功能予以引申化。这实际上表现了古人渴望了解事物真相、崇拜真实、掌握未来的一种心态。

（左）五子登科铭镜　清代

五子登科，源于五代时期，多为吉祥、祝福之意。此镜圆形，方钮。钮外饰有四方框，框内各有一字，连续为"五子登科"。"五"字旁章形印记为"任德甫造"。此镜直径 39.8 厘米，重 6 050 克。

（右）龟钮篆文镜　元代

铜镜与信物

镜子既珍贵又常见，既与自我密切相关又常常作为情感和人伦的纽带，因此常被作为信物，不仅是情爱的见证，婚姻的媒介（玉镜台），也是友情的信物（千秋镜）；不仅生离要以破镜为誓，就是死别也要埋镜相赠（石镜）。

（左）柿蒂纹残镜　战国时期

“破镜”在古代有其特定意义，最常见为“破镜重圆”。但此处所指破镜并非一般残镜，而是具有某种象征意义。图中所示残镜，整体形制较为简单，主纹饰为四柿蒂叶形，边缘处有一缺角，据缺角处形制看应为出土时所坏。

（右）竹林弹琴纹镜　唐代

此镜龟钮，龟卧于荷叶之上，与四围图案构成和谐的神仙瑞兽画面。镜钮一侧有断痕。

破镜重圆

汉乐府中有一首《古绝句》：“藁砧今何在，山上复有山。何当大刀头，破镜飞上天”（《玉台新咏》卷十《古绝句四首》其一）。破镜入诗自此始。就诗论诗，这里的破镜只是月亮的隐语。唐吴兢《乐府古题要解》卷下载：“‘砧藁今何在’，藁砧，趺也，问夫何处也；‘山上复有山’，重‘山’为‘出’字，言夫不在也；‘何当大刀头’，刀头有环，问夫何时当还也；‘破镜飞上天’，言月半当还也。”前三句的解释易懂，但对最后一句的解释却不太明晰。

受《古绝句》影响，唐人于诗文中

凡写新月，便常用破镜喻之。如李白《答裴侍御先行至石头驿以书见招，期月满泛洞庭》言："忆昨新月生，西檐若琼钩。今来何所似，破镜悬清秋。恨不三五明，平湖泛澄流"，刘禹锡《七夕二首》之一言："河鼓灵旗动，嫦娥破镜斜"，王泠然《初月赋》言："清光未满，斜轮半空，依稀破镜，仿佛悬弓"，陆贽《东郊朝日赋》言："初破镜而半掩，忽成轮而上征"，李程《破镜飞上天赋》言："何新月之婵娟，如破镜之上天"等等。

历代吟咏破镜之诗甚多，又如唐元稹《古诀绝词》其二："感破镜之分明，睹泪痕之馀血。"这里用"破镜"暗喻主人公与其情人处于别离之苦中，足见相思之深。李商隐《破镜》："玉匣清光不复持，菱花散乱月轮亏。秦台一照山鸡后，便是孤鸾罢舞时。"杜牧《破镜》："佳人失手镜初分，何日团圆再会君。今朝万里秋风起，山北山南一片云。"小李杜的同题诗都以破镜写情人离别。罗虬《比红儿诗》其五十八："红儿若向隋朝见，破镜无因更重寻。"此处借徐德言夫妇破镜重圆之事，称赞杜红儿美貌胜过乐昌公主，实际也是以镜写情。

宋词中以破镜为题材的也不少，如苏轼的《蝶恋花·佳人》下阕："扑蝶西园随伴走。花落花开，渐解相思瘦。破镜重圆人在否。章台折尽青青柳。"李致远的《碧牡丹》开篇就是："破镜重圆，分钗合钿，重寻绣户珠箔。"

古代小说中，铜镜亦常被作为爱情信物，如志怪小说《异苑·山阴徐琦》和唐传奇《游仙窟》都写到主人公因爱赠镜。《昆仑奴》中男女恋人更是用铜镜来约定相见时辰。当然，更知名的还是"乐昌分镜"的故事，最早见于唐李冗《独异志》卷下载：

徐德言妻陈氏，叔宝（即陈后主）妹（即乐昌公主）。因惧乱不能相保，德言乃破一镜分之，以为他年不知存亡，但端午日各持其半镜，于市内卖之，以图相合。至期适市，果有一破镜，德言乃题其背曰："镜与人俱去，镜归人不归。无复嫦娥影，空留明月辉。"时陈氏为杨素所爱，见之，乃命德言对饮。三人环坐，令陈氏赋诗一章，即还之。陈氏曰："今日何迁次，新官对旧官。笑啼俱不敢，方验作人难。"素感之，乃还德言。

这个故事在唐人孟棨《本事诗·情

"千里共婵娟"月宫香炉镜　宋代

铜镜在古时作为爱情的标记，寓"心心相映"之意。许多铜镜上的铭文更为此象征意义做出证实。此造型独特的镜子为香炉形，中间设置有一腿，可以自立。镜左侧有玉兔捣药纹饰，后面立有一枝繁叶茂的桂树，右侧有"但愿人长久　千里共婵娟"十字铭文。

万春芙蓉镜　清代

此镜造型精美，嵌在一方形木盒之中，正面是圆形镜面，背面是可开启的雕刻的镂空支架，从支架正中圆形开口处可见方形的镜纽，上面有“乾隆年制”四字。因此镜原配有书形木匣，上提有“万春芙蓉镜”，故得名。

感第一》中有更详细的记载，仅将端午日改为正月十五，在此引录如下：

陈太子舍人徐德言之妻，后主叔宝之妹，封乐昌公主，才色冠绝。时陈政方乱，德言知不相保，谓其妻曰：“以君之才容，国亡必入权豪之家，斯永绝矣。倘情缘未断，犹冀相见，宜有以信之。”乃破一镜，人执其半，约曰：“他日必以正月望日，卖于都市，我当在，即以是日访之”。及陈亡，其妻果入越公杨素之家，宠嬖殊厚。德言流离辛苦，仅能至京。遂以正月望日，访于都市，有苍头卖半镜者，大高其价，人皆笑之。德言直引至其居，设餐具言其故，出半镜以合之，乃题诗曰：“镜与人俱去，镜归人不归，无复嫦娥影，空留明月辉”。陈氏得诗，涕泣不食。素知之，怆然改容，即召德言，还其妻，仍厚遗之。闻者无不感叹，仍与德言陈氏偕饮，令陈氏为诗，曰:“今日何迁次，新官对旧官，笑啼俱不敢，方验作人难”，遂与德言归江南竟以终老。

李冗《独异志》成书略早，大约在唐宣宗至僖宗乾符年间，即公元846—874年，而孟棨《本事诗·情感第一》略晚，成书于光启二年，即公元886年。因后者叙述更详细和丰满，流传也就更广，因此后来的“破镜重圆”与“乐昌分镜”的故事都源于此。“破镜重圆”后用以比喻夫妻离散或决裂后重又团聚或和好；“乐昌分镜”则比喻夫妻分离。后来的“分鞋破镜”也有着同样的意义，“分鞋”之典源于明陶宗仪《辍耕录·贤妻致贵》，其载宋程鹏举被虏于张万户家为奴，娶张所虏宦家女某氏为妻。妻见程才貌不凡，非久居人后者，屡劝程逃亡。程疑妻受张所使试探自己，即以告张，妻因此被张赶出。妻临行，脱绣鞋一只换程鞋一只，期望日后执此相见。“分鞋”与“破镜”在比喻夫妻分离这点上有着同样的涵义，于是后人便将两者合为一起，即“分鞋破镜”，用以喻夫妻分离。从唐代开始，铜镜和鞋子便已成为姑娘嫁妆中的必备之物，带有“同（铜）偕（鞋）到老”的寓意。

其实早在汉代，有铜镜就曾铸“长相思，毋相忘”之句，以表相思之情，如“见日之光，天下大明，千秋万世，长毋相忘，宜侯王。”、“清银铅华以为镜，丝组为纪以为信，清光明乎服春，富贵番昌，镜辟不祥。”

文学虽高于生活，但毕竟来源于生活。众古籍中对破镜故事的记载，本质上还是来源于当时合葬分镜的习俗。考古中破镜文物的发现，使传说中“破镜重圆”一说得以验证。据考古资料证，破镜重圆的葬俗，最迟在东汉已经有之。据《洛阳烧沟汉墓》载，于38号同穴异室墓A、B二个棺内各出土半枚残镜，合起来恰为一枚完整的四神规矩镜，径14.8厘米。这种合葬分镜的考

八角云龙纹镜　明代

此镜造型精美，远看如五彩粉瓷的化妆盒。八角造型、云龙纹装饰，镜匣造型也独具一格，合盖如一精美的八角盒。

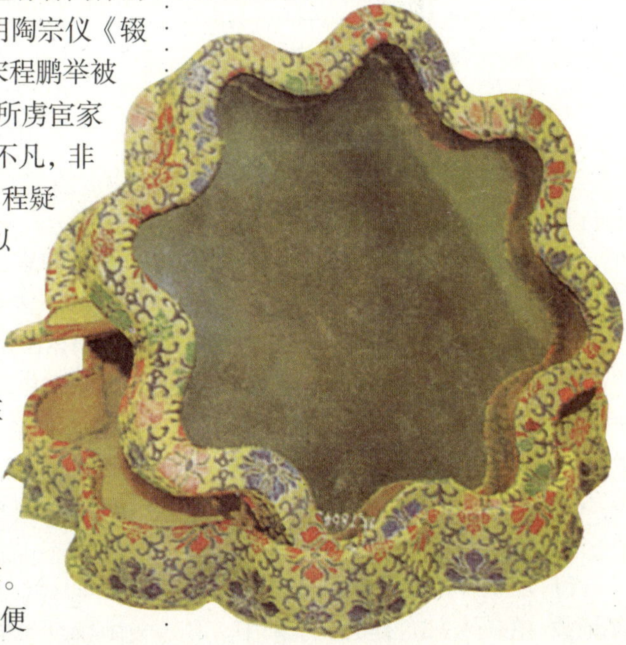

卧女长方足镜架　宋代

此镜架为长方形，座上有一女子侧卧，脸向上，右手支撑，背后有一月牙形支架，架上装饰有灵芝状云纹。镜架通高18.3厘米，宽24.4厘米。

古发现还有不少，兹举例如下：

陕西安塞县王家湾汉墓中就出土一件昭明铜镜，“铜镜出土时分成两半，一半放置于男主人头边，一半放置于女主人头边”（《考古》，1995年第11期，第1047页）。

安徽省怀宁县两座唐墓，两墓相距3米，各出土半镜一枚，可重合组成径为22.5厘米的圆形铜镜（江用虎、沈翀：《破镜，原来真的可以重圆》，《新华社每日电讯》，2003年5月23日）。

《广西状族自治区钦州隋唐墓》一文记载，在一夫妇合葬的双室墓中，十二生肖八卦镜破为两半，分别置于男女两室，左室的镜面朝上，右室的镜面朝下（《考古》，1984年第3期）。

江西省星子县北宋墓，系长方形竖穴石椁夫妻合葬墓，男女墓室分开而葬。根据出土的墓志记载，男子墓主葬于徽宗建中靖国元年，即公元1101年，女子墓主葬于元祐七年，即公元1092年。随葬物品中包括铜镜，出土时铜镜亦已分为两半，男女棺室中各置一半，合成一个正方的“亚”字形，故铜镜名为“连钱亚字镜”（彭适凡、唐昌朴《江西发现几座北宋纪年墓》，《文物》，1980年第5

期）。

以上是明确找到两枚半镜之例，但考古中还发现大量仅找到半枚破镜，而另一半未能发现的例子：

江西省樟树市经楼清墓四号出土一枚半镜，时代为乾隆十四年，铜镜本当为“五子登科”吉祥镜，但现存的半镜上只有“子”、“登”二字（江西省文物考古研究所、江西省樟树市博物馆：《江西省樟树经楼南家明清墓群发掘简报》，《南方文物》2001年第3期）。

江西省玉山县唐墓中出土半枚铜镜，考古工作者认为，“半面铜镜系入葬前打破，由后代在死者夫妻双方墓穴中各置半枚”（张敏、周伟：《半面唐朝铜镜印证“破镜重圆”》，《新华社每日电讯》2001年6月19日）。

20世纪50年代，沈从文先生在其著作《唐宋铜镜》中就这么感慨：“西汉初年的社会，已起始用镜子作为男女间爱情的表记。生前相互赠送，作为纪念；死后埋入坟里，还有生死不忘的意思。‘破镜重圆’的传说，就在这个历史阶段中产生，比后来传述的乐昌公主故事早七八百年。”

根据考古的实物发现和古代文献的详细记载，我们看到，镜子在汉时已成为表示爱情的重要信物，后经历代发展，代表信物的功用逐渐加强。相爱之人生前以镜相赠，或各执半镜等待团圆；死后更是将镜各分一半，埋入墓中，期盼来世还能相聚，爱情还能永远。

玉镜台

以镜作为信物，除前文所述的破镜重圆故事外，还有玉镜台之典故。如

单凤镜　唐代

此镜只有一半，仅可见钮与菱花形边，主纹饰只可见一只凤与一“秋”字铭文，据此可推知此镜应为“千秋”镜。此镜直径约22.3厘米。

赤乌三年半圆方枚神兽镜

此镜出土于鄂城，现已不全。扁圆钮，主纹只可见二神三兽，其外为一周半圆方枚，再外一周为尖齿纹。镜直径12.2厘米，边厚0.4厘米。

《世说新语·假谲》中最早载有：

温公（温峤）丧妇，从姑刘氏家，值乱离散，唯有一女，甚有姿慧，姑以属公觅婿。公密有自婚意，答云：“佳婿难得，但如峤比云何？”姑云：“丧败之馀，乞粗存活，便足慰吾馀年，何敢

双环龙纹镜　明代

此镜造型独特，双环形，无钮。在两环相交处饰有云朵纹，云朵中心有菱形几何纹。两环的另一边各有龙纹图案。缘为凸缘，旁有凹槽一周。

希汝比！”却后少日，公报姑云：“已觅得婚处，门地粗可，婿身名宦，尽不减峤。”因下玉镜台一枚，姑大喜。既婚交礼，女以手批纱扇，抚掌大笑曰：“我固疑是老奴，果如所卜。”玉镜台是公为刘越石（刘琨）长史，北征刘聪（前赵刘渊第四子，字玄明）所得。

温公以玉镜台为爱情信物、定婚聘礼，后引申作婚娶聘礼的代称。古代诗赋曲文中，以此故事为吟咏题材的也很多，如南朝梁萧纲《咏雪》言：“思妇流黄素，温姬玉镜台”，唐张纮《行路难》云：“君不见温家玉镜台，提携抱握九重来”，唐李白《送族弟凝之滁求婚崔氏》云：“玉台挂宝镜，持此意何如”，宋钱惟演《无题》云：“啼妆不治金翘暗，肠断温郎玉照台”，《群音类选·犀佩记·势逼改嫁》云：“好将聘物早持归，自有温郎玉镜台”等。元关汉卿甚至根据此故事写出了《玉镜台》杂剧剧本，其第二折《菩萨梁州》写道：“古人亲事把闺门礼正，但得人心至诚，也不须礼物丰盈，点灯吃饭两分明。缑山无梦碧瑶笙，玉台有主菱花镜。”后清人李慈铭《越缦堂读书记·外家纪闻》亦载：“北江与其内姊适程氏者，幼相亲爱，颇有玉镜台之慕，而姻事不谐。”这些均是以玉镜台写男女定情之事。

除了玉镜台外，磨镜也与婚恋相关，明清戏剧《荔枝记》（又名《陈三五娘》）中就载陈三五娘的爱情故事，讲的是南宋端宗年间，泉州的陈必卿（陈三），遇到黄碧琚（五娘），互生爱慕之心。为了能接触五娘，陈三便乔装为磨镜师，到王家磨镜，并故意将宝镜打破，于是入王家为奴，后与五娘及其婢益春私奔，追求自由的爱情。从诗词曲赋到杂剧戏曲，可见铜镜充当婚恋信物的习俗之久、影响之大。

千秋镜

铜镜制造之初，为极为稀有珍贵之物，如《左传·庄公二十一年》所载：“郑伯之享王也，王以后之（盘）鉴予之。虢公请器，王予之爵，郑伯由是始恶于王。”

由是观之，虽说铜镜还不能同礼器铜爵相媲美，但其能为周王赏赐之物，仍能见其价值非凡。正因为如此，铜镜便逐渐成为友朋间临别相赠之物。如唐白居易《以镜赠别》云：“人言似明月，我道胜明月。明月非不明，一年十二缺。岂如玉匣里，如冰常澄澈。月破天暗时，圆明独不歇。”此诗即是以铜镜置于玉匣中加以珍藏，来比喻友情的万古长青。再如朱昼的《赠友人古镜》诗“赠君将照色，无使心受惑”，也是以赠镜来表友谊。以镜相赠还有一层意思，因为铜镜本为“金”所制成，故可象征金石之交。如《南史·王广之传》中记载：“梁武起兵，东昏召珍国以众还都，使出屯朱雀门，为王茂所败。乃入城，密遣郗纂奉明镜献诚于梁武帝，帝断金以报之。时侍中、卫尉张稷都督众军，珍国潜结稷腹心张齐要稷，稷许之。十二月丙寅旦，珍国引稷于卫尉府勒兵入自云龙门，杀东昏于内殿，与稷会尚书仆射王亮等于西锺下，使国子博士范云等奉东昏首归梁武。后因侍宴，帝曰：‘卿明镜尚存，昔金何在？’珍国曰：‘黄金谨在臣肘，不敢失坠。’”

又如汉代辛延年《羽林郎》中云：“贻我青铜镜，结我红罗裾”，南朝徐陵《为羊衮州家人答饷镜》诗云：“信来赠宝镜，亭亭似团月。镜久自逾明，人久情逾歇。取镜挂空台，于今莫复形。不见孤鸾鸟，香魂何处来？”等，都体现了男子赠送明镜给女子的习俗。同样，镜子也可作为女子赠送给男子的信物，如乔知之《定情篇》中云：“妾有秦家镜，宝匣装珠玑。鉴来年二八，不记易阴晖。妾无光寂寂，委照影依依。今日持为赠，相识莫相违。”

最能体现赠镜风习的，即为千秋镜。因农历八月五日是唐玄宗的生日，时称千秋节，《新唐书》卷二十二中记：“千秋节者，玄宗以八月五日生，因以其日名节，而君臣共为荒乐，当时流俗多传其事以为盛。”自开元十七年（公元729年）起，便将唐玄宗诞生的这一天定

鸳鸯雀鸟镜　唐代

葵花形，圆钮。钮两侧有一对鸳鸯立于荷花之上，钮下饰雀鸟，钮上一只作展翅飞翔状的戴胜鸟，外圆有蜜蜂、花相间环绕。此镜上鸳鸯也有成双成对的爱怜之意，是一件象征吉祥如意的铜镜。镜直径11.2厘米，重324克。

云龙纹镜　唐代

为“千秋节”，庆祝皇帝寿诞；规定全国放假三天，“每年八月五日为千秋节，王公已下献镜及承露囊，天下诸州咸令宴乐，休假三日，仍编为令”（《旧唐书·卷八本纪第八》），又“着之甲令，布于天下，咸令休假”（《唐会要》卷二十九）。这一天要举行盛大的宴会，举国赋诗饮酒、寻欢作乐、热闹非凡。君臣之间还要互赠礼物，其中最典型的为铜镜，故取名为“千秋镜”。自此至五代末年，除了少数的几个皇帝未设此诞节外，其他皇帝纷纷仿效玄宗，将自己生辰之日作为全国性的节日。

据《旧唐书·玄宗纪》中所载：“八月丁亥，上御花萼楼，以千秋节百官献贺，赐四品已上金镜、珠囊、缣彩，赐五品已下束帛有差。”唐玄宗自己也有《千秋节赐群臣镜》诗云：“铸得千秋镜，光生百炼金。分将赐群后，遇象见清心。台上冰华澈，窗中月影临。更衔长绶带，留意感人深。”“千秋镜”衔长绶带，因绶谐寿，故表明当时人以镜祈求长寿的风俗，如“宝镜颁神节，凝规写圣情。千秋题作字，长寿带为名。月向天边下，花从日里生。不承悬象意，谁辨照心明”（《奉和圣制赐王公千秋镜应制》）。席豫亦有诗云：“令节颁龙镜，仙辉下凤台。含灵万象人，写照百花开。色与皇明散，光随圣泽来。妍媸冰鉴里，从此愧非才。”（《奉和敕赐公主镜》）再如白居易《百炼镜——辨皇王鉴也》中云：“百炼镜，镕范非常规，日辰处所灵且祇。江心波上舟中铸，五月五日日午时。琼粉金膏磨莹已，化为一片秋潭水。镜成将献蓬莱宫，扬州长吏手自封。人间臣妾不合照，背有九五飞天龙。人人呼为天子镜，我有一言闻太宗。太宗常以人为镜，鉴古鉴今不鉴容。四海安危居掌内，百王治乱悬心中。乃知天子别有镜，不是扬州百炼铜。”杜甫《千秋节有感二首（八月二日为明皇千秋节）》之一亦云：“自罢千秋节，频伤八月来。先朝常宴会，壮观已尘埃。凤纪编生日，龙池堑劫灰。湘川新涕泪，秦树远楼台。宝镜群臣得，金吾万国回。衢尊不重饮，白首独余哀。”

作为礼尚往来，群臣也纷纷将铜

（下左）千秋节镜（拓片） 唐代

（下右）鸾鸟舞马纹千秋镜 唐代

“千秋”云龙纹镜 唐代

此镜缘装饰有彩云和小花，缘上有“千秋”两字。

镜等礼品进奉给皇帝。《旧唐书卷八·本纪第八》即云：“每年八月五日为千秋节，王公已下献镜及承露囊。”张九龄甚至还赠送《千秋金镜录》，此事见于《全唐文》，其《进千秋节金镜录表》中记载：

臣九龄言：伏见千秋节日，王公已下悉以金宝镜进献，诚贵尚之尢也。臣愚以谓明镜所以鉴形者也，有妍媸则见之于外；往事所以鉴心干也，有善恶则省之于内。故黄帝《镜铭》云：“以镜自照见形容，以人自照见吉凶。”又古人云：“前事之不远，后事之元黾。”元黾亦犹镜也。伏惟开元神武皇帝陛下圣德之至，动与天合，本已全于道体，固不假于事鉴。然覆载广大，无所不包，圣道冲虚，有来皆应，臣敢缘此义，谨于生辰节上《事鉴》十章，分为五卷，名曰《千秋金镜录》。虽闻见褊浅，所择不深，至于区区效愚，其庶乎万一。不胜悃款之至，谨言（《全唐文》卷二百八十八）。

金谷园宴饮赋诗　华嵒　纸本设色　清代

此画取材于唐代著名诗人杜牧的《金谷园》诗意，描绘了石崇与绿珠在玄管声中两情相悦的美好瞬间。金谷园是西晋富豪石崇在河南巨资修建的华丽林园，石崇常于园中宴会宾客，二十四友往来其间，听惯玄歌，看尽翠袖又当筵赋诗，未完成者罚酒三杯，可谓当时的大盛会。

对此，司马光于《资治通鉴》中也有类似记载，其云："秋，八月，壬子，千秋节，群臣皆献宝镜。张九龄以为以镜自照见形容，以人自照见吉凶，乃述前世兴废之源，为书五卷，谓之《千秋金镜录》，上之；上赐书褒美。"

需要说明的是，皇帝赐予群臣之镜，与群臣进奉给皇帝之镜不同。据考古发现的唐代盘龙镜，有的在镜缘小团花中刻有"千"、"秋"二字，这当是典型的玄宗皇帝赐予群臣的千秋镜。另据唐玄宗《千秋节宴》云："月衔花绶镜，露缀彩丝囊"，张说《奉和圣制千秋节宴应制》："五德生王者，千龄启圣人。……珠囊含瑞露，金镜抱仙轮。……熏歌与名节，传代幸群臣"，大概可推知此类铜镜多为月轮之形，即月宫镜。唐代张汇的《千秋镜赋》说得更是具体，其云："刻以为龙，镂以成鹊。"这与出土的唐代"双鹊盘龙月宫镜"颇为相似。

正因为对铜镜借鉴作用的强调，所以"千秋镜"后来被引申为历史之镜，谓世世代代可供借鉴的事物。如宋苏轼《乐语·兴龙节集英殿宴教坊词·口号》中云："观书已获千秋镜，积德长为万岁山。""深宫遐览千秋镜，渊思汲古资修绠。"最为典型的要数唐代张汇的《千秋镜赋》，兹摘录如下：

伊惟仲秋，日在端午，我皇帝出震兰殿，诞膺紫微。祥光夜合，佳气晨飞。圣人作而万物睹，固先天而天不违。是以礼容之盛，六叶交映。或体天以设轨，或因时而布令。乃启新节，献金镜。形于四海，加于百姓。虚以受物，则万象必涵；金以平心，而九流惟正。当其时也，天宫戚里，公侯卿士。各荐其明，用伸知己。虽大小而殊致，必规圆而相似。且夫考工垂典，匠人有作。或铸或□，是磨是削。刻以为龙，镂以成鹊。初临玉□，透鸾影而将飞；未对金墀，拂菱花而不着。徒观其用之则满，舍之则虚。固无私于物类，非取鉴以焉如。尔其提握见重，光芒未歇。若清潭之无比，类瑶池之有月。如以题古字，隐盘龙。无藏菲薄，无漏纤浓。映空而天地且霁，照远而山河更重。岂独淋漓

蟠龙月字镜 明代

此镜圆形，无钮。中间有一圆框，框内有一“月”字，圆框周围饰团身龙纹，龙体四周饰云纹。镜直径14.2厘米。

玳瑁之床，澄澈芙蓉之帐。荧荧绮疏之下，皎皎青楼之上。有美人兮无良媒，饰蛾眉而相向者也。所以吾君钦崇万化，锡赉百官。其表不枉，其形必端。《诗》所谓“我心匪鉴”，岂不戒于游盘。别有照象无疲，含光未知。方有期于见胆，窃自比于临池。倘先容之可致，庶斯焉而取斯。

石 镜

石镜，本义为如镜的山石。据晋王嘉《拾遗记·周灵王》载：“时异方贡玉人、石镜，此石色白如月，照面如雪，谓之‘月镜’。”北魏郦道元《水经注·庐江水》：“山东有石镜，照水之所出。有一圆石，悬崖明净，照见人形，晨光初散，则延曜入石，豪细必察，故名石镜焉。”唐李白《寻阳送弟昌峒鄱阳司马作》诗：“松门拂中道，石镜回清光。”王琦注：“‘松门山’上有石镜，光可照人。”可见，古人谓石镜即是指石之亮如同铜镜一般，故名。

正因为石镜照人透彻至极，古人

于是认为其在照见有形的东西的同时，还可以照见无形的东西，故让石镜也带上了神秘的色彩。据《古今小说·临安里钱婆留发迹》载："这临安里中有座山，名石镜山。山有圆石，其光如镜，照见人影。钱婆留每日同众小儿在山边游戏，石镜中照见钱婆留头带冕旒，身穿蟒衣玉带。"又《吴兴郡记》中云："临安县东五里有石镜山，东有石镜一，径二尺四寸，清亮具见人形状。钱缪幼时照之，衣冠俨然王者。"钱缪，字具美，五代时临安人，唐昭宗时，曾拜镇海镇东军节度使，拥兵两浙地区，统辖十二州，后又被封为越王、吴王。及唐亡，更是受封为吴越国王。《吴兴郡记》所记的故事，当为后人所附会，以镜作为其神化的道具，无疑是对铜镜意象的扩展。

铜镜常被作为人们互表感情的信物，而作为如镜般的石头，即"石镜"，也担任着同样的角色。晋常璩《华阳国志·蜀志》中记载："武都有一丈夫化为女子，美而艳，盖山精也。蜀王纳为妃……无几，物故。蜀王哀念之，乃遣五丁之武都担土为妃作冢，盖地数亩，高七丈，上有石镜，今成都北角武担是也。"

又《艺文类聚》卷七十引《蜀王本纪》载："武都丈夫化为女，颜色美好，盖山精也。蜀王娶为夫人。无几物故，蜀王于武都担土，于成都葬之，盖地三亩，号曰武担。以石作镜一枚，以表其墓。"

蜀王以石镜为送葬之物，故后遂用作送葬物之典，以表思念之情。如南朝梁刘孝威《蜀道难》载："沉犀厌怪水，握镜表灵丘。"唐骆宾王《畴昔篇》言："华阳旧地标神制，石镜峨眉真秀丽。"又唐杜甫《石镜》诗："蜀王将此镜，送死置空山。"石镜便也成了铜镜信物意象的延伸。

彩漆双喜龙凤纹镜　清代

此镜圆形，圆钮，以黑色漆作地漆。主纹饰为龙凤纹，钮左侧饰凤，右侧饰龙，龙凤首在下尾在上，用红黄两色漆描绘。龙凤周围饰有云纹。镜纽上方饰有红色双"喜"字。

鎏金龙凤纹镜　明代

此镜为如意云头钮，镜钮两侧饰有一龙一凤，又有云朵纹装饰期间。此镜以叶纹为地，通体鎏金，作卷缘状。在镜纽上方一长方框内，饰有"万历年造"四字。

第五章

铜镜的再度繁荣

公元581年，隋朝建立，结束了中国长达三百多年的南北分裂局面。不过隋朝仅二世而亡，公元618年，李渊父子取得政权，建立唐朝，中国封建社会自此进入全盛时期。自隋至唐，虽有朝代更迭，但总体上社会稳定，民族融合，疆域统一，生产力得到高度发展，社会经济繁荣昌盛，中外文化交流密切，对世界文化也产生了深远的影响。作为人们生活日用品的铜镜工艺，在这一时期也得了长足的发展，铜镜种类多样、纹饰复杂、形制多变、风格独特、制作精巧，故可称中国铜镜文化进入了铜镜发展史上的第二个黄金期——铜镜的再度繁荣时期。

隋唐铜镜的分期

隋唐铜镜的发展大致可分为三个时期：隋至唐初铜镜、盛唐铜镜、中晚唐铜镜。

隋至唐初时期

这一时期为汉魏铜镜向唐代铜镜的过渡时期，故铜镜工艺在沿袭前代特征外，又有了创新。

从形制方面来看，这一时期铜镜形制有圆形和方形两种，与传统形制特征相似，即以圆形者较多。镜钮除了圆形外，也多见兽钮和龟钮。

纹饰方面，这一时期镜背主题纹饰虽仍然流行四兽、六兽或“四神”图案，间配以流云纹或规矩纹，但却与汉魏四神镜能够明显区分。汉魏铜镜的四神多配置于四乳或规矩纹间，镜背一般也不分内外区；隋至唐初铜镜的四神虽也多配置于规矩纹间，但规矩纹只有“V”形符号，而没有“T”、“L”符号，而且镜背由双重高凸弦纹分为内外区。除流行四神镜、十二生肖镜、四神十二生肖镜、瑞兽镜外，以鸾鸟葡萄、宝相花等为主题的纹饰图案，也逐渐

侯瑾之铭方镜　唐代

唐代铜镜在造型上突破了汉式铜镜，如葵花镜、菱花镜等样式。其图形内容大多表现大唐帝国的繁荣景象。此侯瑾之铭方镜铸于中唐时期。钮下方池水中伸出一荷叶为钮座，池旁有四山石。钮上方饰山峰及云间日出图，山下方有一矩形框，框中有铭文“侯瑾之”3字。钮右侧饰神鸟，鸟展翅，长尾上卷，单腿立于石上，上方有二树。钮左侧饰竹林，林中玉隐士盘坐，琴置于膝上，前方有一几案。

“传闻仁寿”铭昆仑奴镜 隋代

汉朝之后，中国铜镜在隋唐时期得以快速发展。据说唐玄宗常在他生日这天赐文武百官铜镜，以后民间也竞相效仿，更刺激了铜镜的生产。本图所示为隋朝时期的“传闻仁寿”铭昆仑奴镜（直径24.2厘米，厚1.5厘米，重2 576克），此镜呈半球形钮，莲纹钮座，以四组莲花宝珠纹将主纹饰区分为四区，以高浮雕工艺雕塑四组纹饰。从整体画面看，此镜内容所表现的应为隋唐时期中西文化交流之真实写照，其马应为汗血宝马，其狮应为西域朝贡之瑞兽，牵狮之人应为史有记载的昆仑奴。

开始发展起来。

铭文方面，隋至唐初时期铜镜铭文不像汉魏铜镜铭文有减笔减字或加“而”补“兮”等情况，其文体一般为四字诗歌，字体多为隶书，点画无缺。

盛唐时期

盛唐时期中国社会经济空前繁荣，文化艺术也迅速发展，铜镜工艺也显示出了崭新的特征和风格。

形制方面，这时期的铜镜除已有的圆形和方形外，还新出现了菱花形、葵花形等新镜型。镜体一般都比较厚重，给人大气之感。在材质上，铜镜金属成分中锡的含量也增多，镜面较前朝所制更显清亮明澈。

纹饰方面，除之前已有的兽纹、宝相花纹继续流行外，还出现了大量的

螺钿镜　唐代

螺钿又名“螺甸”、“螺填”、“钿嵌”等，它原是用在髹漆工艺上的一种装饰手段。螺钿主要取材于蚌壳，将其珠光层加以磨薄磨光加工成薄片后，制成人物花草鸟兽等形象嵌入预先雕成的凹形图案内，再髹上一层光漆，后磨平抛光使其露出钿片。唐代螺钿工艺较为盛行，螺钿镜的流行时期主要集中在唐玄宗及其稍后一段时间。下左右两图分别为螺钿镜的正反面。

新题材：有取材于自然界的雀鸟花枝、雁鹊蜂蝶，有历代传说中的奇禽异兽，有流传广泛的神仙人物，还有体现现实生活的骑马打球等。因此这一时期的铜镜种类繁多，有海兽葡萄镜、雀绕花枝镜、瑞兽纹镜、对鸟镜、宝相花镜、盘龙镜、狩猎镜、打马球镜、三乐镜、月宫镜、飞仙镜、真子飞霜镜。除此之外，盛唐时期还开始流行各种特种工艺镜，如螺钿镜、金银平脱镜、嵌银鸾兽镜、错金镶料镜等。纹饰的表现手法也富于写实，图案多采用高浮雕或浅浮雕的装饰技法，花纹结构恰当、富丽大方、制作完美，呈现出浓厚的“盛唐气象”。

同时，因纹饰的突出，铜镜铭文明显减少，铭文带也很少见，这与汉魏铜镜显着不同，也与隋至唐初铜镜有别，体现了盛唐时期铜镜的独特之处。

中晚唐时期

受安史之乱的影响，中晚唐时期社会经济逐渐萧条，铜镜工艺也急剧衰退。此时所制铜镜，无论在造型、纹饰，还是技法等方面，都已不比盛唐时期。

这一时期的铜镜形制除圆形外，还流行方形和方亚字形。镜多为圆钮，且多无钮座；镜缘多为素缘；镜体多较单薄，铸造也不太精细。

纹饰方面，除有简单的植物纹（叶脉纹）外，同时还流行具有道教意味的八卦纹和带有佛教色彩的“卍”形纹。八卦纹以八卦为主，同时配以符箓、干支、星象等纹样；佛教“卍”形纹，则显得单调乏味。总的说来，此时的铜镜纹饰大不如前，呈现出明显的衰退现象。

铭文方面，中晚唐所制铜镜铭文较前期有所增加，圈带式铭文也明显增多，但文字排列不够严谨，内容也不够丰富。

隋唐铜镜的类型

隋唐铜镜类型繁多，大致可以分为如下几种类型：

十二生肖镜　隋代

四神十二生肖镜类

四神即汉代的四神（亦称四灵），为青龙、白虎、朱雀、玄武；十二生肖与汉代的十二辰铭却有所不同，而是我们现在所说的十二生肖动物，即鼠（子）、牛（丑）、虎（寅）、兔（卯）、龙（辰）、蛇（巳）、马（午）、羊（未）、猴（申）、鸡（酉）、狗（戌）、猪（亥）。北魏正光四年十二生肖纹镜，钮周为四兽，外区以直框分成十二格，每个格中内置一生肖动物，尽管形态生硬、造型简陋，但无疑是隋唐四神十二生肖镜的滥觞。四神十二生肖镜类又可分为十二生肖镜、四神十二生肖镜、四神镜等三种。

四神十二生肖镜　唐代

十二生肖镜　圆形，圆钮，连珠纹钮座。素平缘，缘内饰锯齿纹一周，外区由斜立双线分为十二区，每区置十二生肖各一。隋文帝开皇三年（公元583年）刘伟夫妻合葬墓即出土了一面十二生肖铜镜，铭文内容为："光正随人，长命宜新"。西安隋炀帝大业四年（公元608年）墓也曾出土一面十二生肖镜，径16厘米。镜背花纹分为四组：第一周为八字铭文，铭文与前镜完全一致；第二周为缠枝卷叶花纹；第三周为由双线分成的十二区，每区置十二生肖各一；第四周为三角锯齿纹带。另外，唐太宗贞观四年（公元630年）墓也出土了此类铜镜。可见，十二生肖铜镜大量流行年代应为隋至唐初。

四神镜　唐代

此镜为大钮，钮座为一兽，主纹为简化博局纹与四神，外圈铭文为："仙山并照，智水齐名，花朝艳采，月夜流明，龙盘五瑞，鸾舞双情，传闻仁寿，始验销兵"，变形卷云纹缘，青灰光，纹饰清晰。

瑞兽十二生肖镜　唐代

四神十二生肖镜　圆形，圆钮，连珠纹、柿蒂纹或花瓣纹钮座。内区为四神，外区为十二生肖，故名"四神十二生肖镜"。有的分为三区，中区为铭文带，如湖南长沙出土的一"仙上四神十二生肖镜"，中区铭文为："仙上并照，智水齐名，花朝艳采，月夜流明，龙盘五瑞，鸾舞双情，传闻仁寿，始验销兵。"另《博古图录》中著录有一武德纪年铭镜，其铭文为："武德五年岁次壬午八月十五日甲子，扬州总管府造青铜镜一面，充癸未年元正朝贡，其铭曰上元启祚，灵鉴飞天，一登仁寿，于万斯年。"武德为唐高祖李渊年号，武德五年，即公元622年。

四神镜　圆形，圆钮，柿蒂纹、兽形纹或双龙纹钮座。内区主纹为四区，即青龙、白虎、朱雀、玄武各置一方，外区为铭文带，如"团团宝镜，皎皎升台，鸾窥自舞，照日花开，临池似月，睹貌娇来"等铭文。有的四神镜则分内中外三区，外区为禽鸟瑞兽纹，中区为铭文带，其铭文如："美哉圆鉴，览物称奇，雕镌合矩，镕铣应规，仙人累莹，玉女时窥，恒娥是埒，服御攸宜"等。

瑞兽镜类

所谓瑞兽，据梁上椿先生所述，是似狮、似虎、似豹、似马、似狼、似羊、似鼠或称狐首狮身兽、狐首马身兽等。瑞兽镜即是以上各种形态的兽纹作为主题纹饰，瑞兽的数量为四兽、五兽、六兽、八兽不等，以四兽、六兽居多。瑞兽镜类又可细分为瑞兽十二生肖镜、瑞兽铭带镜、瑞兽花枝镜等三种。

瑞兽十二生肖镜　圆形，圆钮，多为四兽十二生肖镜和六兽十二生肖

海兽葡萄镜　唐代

海兽葡萄镜又名海马葡萄镜、天马葡萄镜、瑞兽葡萄镜等。镜圆形，伏兽钮，纹饰为浮雕式“海兽葡萄纹”，镜背分成内外二区。瑞兽嬉戏于葡萄枝间。这种纹镜流行于唐高宗时期，以武则天时期最盛。此类镜装饰奇异，纹样充满神秘色彩，被称之为“多谜之镜”、“凝结欧亚大陆文明之镜”。

镜，即铜镜内区四区或六区内各配置一瑞兽，外区则配置十二生肖。有的还有中区，并配有铭文，如“绝照览心，圆辉属面，藏宝匣而光掩，挂玉台而影见，鉴罗绮于后庭，写衣簪乎前殿”，“仙山并照，智水齐名，花朝艳彩，月夜流明，龙盘五瑞，鸾舞双情，传闻仁寿，始验销兵”等。

瑞兽铭带镜　圆形，圆钮，镜背分为二区或三区，内区瑞兽形态配置

小簇花八瓣镜　唐代

（上）海兽葡萄方镜　唐代

此铜镜呈方形，伏兽钮，分内外两区，内区四瑞兽作匍匐状，形态各异，瑞兽间以蜂蝶，葡萄、枝叶铺地；外区间饰八鹊鸟十二蜂蝶蜻蜓，鹊鸟有作展翅飞翔或作栖立状，花枝纹缘。

瑞兽禽鸟葡萄方镜　唐代

此镜为伏兽钮，内区四兽，外区禽鸟、葡萄相间，黑漆古。瑞兽禽鸟葡萄镜（尤其是方镜）现流世较少。

也有所不同，有的似虎似豹又似狮，有的似狐又似狼；外区有铭文带，铭文如“玉匣”、“杨府”、“窥庄”、“美哉”、“仙山”、“兰闺”、“团团”、“光流”、“练形”、“盘龙”、“昭仁”、“灵山”等。后文将详细介绍。

瑞兽花枝镜　此镜为圆形、八瓣菱花形或八出葵花形，其特点是瑞兽纹与花枝纹相结合，如四瑞兽花枝镜、宝相花八瑞兽镜、双犀花枝镜等。其中双犀花枝镜的双犀，正如《中国铜镜图典》所言，头部结构似犀，但身躯形态与犀并不完全相同，而是更像鹿，因而此物显然是以现实生活中犀或鹿的形象为本，而并不专指某一物，故归于瑞兽之列。如甘肃平凉唐宣宗大中五年（公元851年）墓中就曾出土一直径为22.6厘米的双犀花枝镜，现为宝鸡市博物馆藏。双犀花枝镜一般形体较大，如浙江绍兴所出土的一面，直径为24.2厘米；上海博物馆藏的一面双犀花枝镜则更大，直径为24.9厘米，重达1 800克。

瑞兽葡萄镜类

瑞兽葡萄镜类，为唐代铜镜中最具特色的新镜类。瑞兽纹早在汉代就已出现，而将瑞兽与葡萄纹相结合，却是唐代铜镜首创。瑞兽葡萄镜，可谓是唐代对外文化交流的产物。此类铜镜有多种称呼，《博古图录》中称其为海马葡萄鉴，即海马葡萄镜；《西清古鉴》中称其为海兽葡萄鉴，即海兽葡萄镜；另外还有人称其为天马葡萄镜、禽兽葡萄镜、鸾兽葡萄镜等。尽管其名称各不相同，但这仅是对瑞兽的具体称呼差异，而葡萄纹饰则是得到了一致认同，故此统称为瑞兽葡萄镜。瑞兽葡萄镜形制主要为圆形，也有少量方形或菱花形，可细分为瑞兽葡萄镜、瑞兽鸾凤葡萄镜、葡萄蔓枝镜等多种。

瑞兽葡萄镜　其主题纹饰由瑞兽和葡萄组成。根据瑞兽数量的多少，可将其分为四瑞兽葡萄镜、五瑞兽葡萄镜、六瑞兽葡萄镜、八瑞兽葡萄镜等多种。其主纹布局有两种形式：一种由双线高圈将镜背分为内外两区，内区为四五只绕钮奔驰的瑞兽，瑞兽间有葡萄蔓枝叶实；外区为飞禽葡萄蔓枝叶实。另一种亦由高线圈分为内外两区：内区为姿态各异的瑞兽作攀援葡萄蔓枝叶实状，瑞兽的数量也多少不一，有的甚至多达十数只；外区纹饰以葡萄蔓枝叶实为主，间以飞禽走兽、蜜蜂蝴蝶等。

瑞兽鸾凤葡萄镜　圆形，伏兽钮或蟠龙钮，连珠纹高圈将镜背分为内外两区。与第一类瑞兽葡萄镜相比，此类瑞兽鸾凤葡萄镜特点在于内区增加了鸾凤、孔雀等纹饰。如上海博物馆藏的一径为20厘米、重达1 950克的孔雀瑞兽葡萄镜，镜内区纹饰即为孔雀、狻猊和葡萄，一孔雀作开屏飞舞状、一孔雀侧视作摇曳状，孔雀两旁为四只伏地昂首的狻猊，孔雀和狻猊间间以葡萄纹；外区为姿态各异的十二只喜鹊，喜鹊的周围环绕许多小的蜻蜓、蜂蝶等，其间还间杂有四十三串葡萄纹。此镜整个纹饰繁密华丽，图纹细密，刻画工巧，颇具代表性。

孔雀

孔雀如葡萄一样，盛产于西域等地。孔雀纹在唐镜纹饰中的流行，还与佛教相关。如同狮子一样，佛教视孔雀为神禽，孔雀的佛家语为摩由维，佛教中有一菩萨就名为孔雀明王。

葡萄蔓枝镜　圆形，圆钮，圆钮座。有的分为内外两区：内区为葡萄蔓枝叶实纹，外区有的为铭文带。有的为忍冬纹、连云纹等；有的内区为花叶纹，外区为葡萄蔓枝叶实纹；有的整个画面全由蔓枝葡萄纹构成。

瑞兽鸾鸟镜类

瑞兽鸾鸟镜于《博古图录》中又称

禽鸟葡萄纹镜　唐代

此镜呈圆形，圆钮，内圈四禽鸟环绕追逐，内外区葡萄及叶蔓铺地。镜为海兽葡萄镜形制，但内区仅有禽鸟的比较少见。

舞马

令马按节拍舞蹈。唐代舞马活动以开元天宝时最盛。唐玄宗常于其生日千秋节或重大宴会活动时，往往盛饰马百匹，分成左右，教之舞蹈，为其助兴。唐代咏舞马的诗词很多，如张说的《舞马千秋万岁乐府词》等。

磨镜药物和毡团

在古代，磨镜是一种专门职业。磨镜人走街串巷，吆喝高喊，招揽生意。到晚清时期，虽然铜镜已经慢慢淡出历史舞台，但在街头巷尾依然能够见到磨镜的匠师。图为古人磨镜时所用的玄锡和毡团。

四鸾绕花枝镜　唐代

为舞凤狻猊鉴。此镜类的形制为圆形，也有菱花形或葵花形等多种。其主题纹饰由双兽和双鸾组成，在瑞兽和鸾鸟之间还配有花枝、流云和仙山等纹饰。其又可细分为双兽双鸟绕花枝镜、双兽双鹊绕花枝镜、双兽双鸾绕花枝镜、双鸾双龙镜、瑞兽鸳鸯并蒂莲镜、二马双雁荷花镜等多种。其中双兽双鸾绕花枝镜大多出自唐中宗时期。另外值得一提的是二马双雁荷花镜，该镜类于上海博物馆藏一枚，径23.6厘米，重为1 830克，六出葵花形，半圆钮。钮上方为口衔莲枝的双雁，两侧为对称的作舞蹈状的双马纹饰，马两足踏于莲花上凌空当舞，煞是飘逸美观；下方为一株大莲花，叶中心长有莲苞，其两侧又各蔓生有莲苞和莲叶，莲叶中心开出两朵莲花瓣，舞马便是踏于此莲花瓣上。此镜纹饰特殊，在铜镜纹饰中极为少见，故弥足珍贵。

禽鸟镜类

此类镜主题纹饰由禽鸟和花枝组成。根据纹饰配置的差异，可分为雀绕花枝镜和对鸟镜。

雀绕花枝镜　此镜打破了传统铜镜形制以圆形为主的陈规，而是以菱花形、葵花形居多。镜多为圆钮，也见弓形钮或无钮座。主题纹饰以四禽鸟在花枝间环绕为主。禽鸟有鸳鸯、雀、鹊、凫雁等多种类型，动物形态各异，有的作嬉戏状、有的作飞翔状，还有的作俯首状。花枝多为带有叶和苞的小折枝花。整个纹饰动静结合、相映成趣，恰如一幅花鸟画。根据纹饰细节不同，可分为三鸟绕花枝镜、四鸟绕花枝镜、双鹊鸳鸯绕花枝镜、四鸾绕花枝

八弧双鸾衔长绶花草镜 唐代

此镜是当时的吉祥物，镜面有双鸾，各口衔飘动的五采长绶带而翩翩对舞，（绶与“寿”同音，鸾又有“天下安宁”的涵义）。这种铜镜可能与唐玄宗每年“千秋节”要铸镜赏赐宗室臣下的史事有关。玄宗曾为这种铜镜赋诗说“更衔长绶带，含意感人深”。

镜、鸳鸯花枝镜、双鸾双鹊绕花枝镜、双鹊鸳鸯镜、四鸟衔绶绕花枝镜和四鸾衔绶镜等多种种类。

对鸟镜　《博古图录》中称其为莲凤鉴，即莲凤镜，《西清古鉴》中则称其为双鸾鉴，即双鸾镜。对鸟镜形制多为八出葵花形，其主题纹饰以二禽鸟为主，配以其他动物纹饰，变化多样，有双鸾双兽镜、双鸾瑞兽云纹镜、双鸾瑞兽花鸟镜、双鸟双龙镜、双鹊鸳鸯镜、双鸾双鸟镜、双鸾四鸟镜、双鸾花鸟镜、双鸾禽鸟荷花镜、双鹊衔绶鹦鹉镜、双鸾衔花花鸟镜、双鸾花鹊镜、双鸾花叶方胜纹镜、双鸾衔花枝镜、双鹊月宫盘龙镜等多种类型。

从考古资料可知，唐玄宗天宝四年（公元745年）墓、唐肃宗乾元元年（公元758年）墓、唐德宗兴元元年（公元784年）合葬墓、唐代宗大历元年（公元766年）墓和大历二年（公元767年）墓均有对鸟镜出土，可见盛唐和中唐时期对鸟镜颇为流行。

花枝镜类

花枝镜的主题纹饰为花瓣、花枝、花苞等。《博古图录》中称其为宝花鉴，还有的称其为宝相花、团花、花枝、花叶纹镜。沈从文于《古代镜子的艺术特征》中统称为宝相花图案，其云：“包括有写生大串枝、簇六规矩宝相、小簇草花、放射式宝相及交枝花。”（沈从文：《古代镜子的艺术特征》，《文物参考资料》，1957年第8期）花枝镜形制有葵花形、菱形、圆形等。花枝镜类型复杂，本书据《中国铜镜图录》，将其分为宝相花镜、花枝镜、团花铭带镜、交枝花鸟镜几类。

宝相花镜　宝相花镜为唐代铜镜中颇具特色的一镜类。宝相花为佛教雕刻艺术中常见的花型，有的为莲花，即荷花图案的变形，有的是莲花与牡丹相结合组成的图形。根据纹饰布局的不同，宝相花镜又可分为缠绕式宝相花镜、散点式宝相花镜、放射式宝相花镜等。

花枝镜　花枝镜多为圆形或八出

长 绶

“绶”为古代丝带。古代用以系佩玉、官印、帷幕等。绶带的颜色常用以标志不同的身份与等级。长绶因与“长寿”谐音，所以它常作为延年益寿的象征。铜镜背后饰有长绶的纹饰，正是人们对长寿追求的体现。

宝相花

指的是将某些自然形态的花朵（主要是荷花）进行艺术处理，变成一种装饰化的花朵纹样。有的为莲花即荷花图案的变形，有的是莲花与牡丹相结合组成的图形。唐代铜镜背后有的就饰有宝相花纹饰，被称为宝相花镜。它为唐代颇具特色的一种镜类。

葵花形，钮座呈圆形或花瓣形。根据纹饰花枝数量的差异，其又可分为四花枝镜、六花枝镜、八花枝镜等多种。

团花铭带镜　又名宝相花铭带镜、簇六规矩宝相花铭带镜、簇六团花铭带镜等。多为圆形，圆钮，连珠纹或花瓣纹钮座。内区钮座外环绕六朵同形团花，团花间配以花叶纹；外区为铭文带，有“灵山”、“玉匣”、“练形”、“花发”等文字。如“灵山”铭：“灵山孕宝，神使观炉，形圆晓月，光清夜珠，玉台希世，红庄应图，千娇集影，百福来扶。”“玉匣”铭：“玉匣初开镜，轻灰拭故尘，光如一片水，影照两边人。”还有的团花铭带镜分为三区，最外区还饰有多种花纹。因团花铭带镜铭文与瑞兽铭带镜基本一致，故流行时代也应相同，即流行于隋朝至唐初时期。

交枝花鸟镜　多为八出葵花形，内为圆形，圆钮。钮座外有四朵交枝花，花间配有四鸟（多为喜鹊），即所谓的四喜穿花，故此类铜镜又称为“四喜穿花镜”。

神仙人物故事镜

神仙人物故事镜题材相当广泛，

（左）宝相花铭镜　唐代

（右）卷枝花镜（图案）　唐代

唐代的装饰艺术在很大程度上是出于对自然的热爱和高度理解，这种艺术的现实性和节奏感可由唐代铜镜的花枝图案中窥见一斑。大卷枝图案如像本图形式，常常用更丰富的色彩和十分复杂的形式大胆地表现在当时土木建筑的主要部分上。

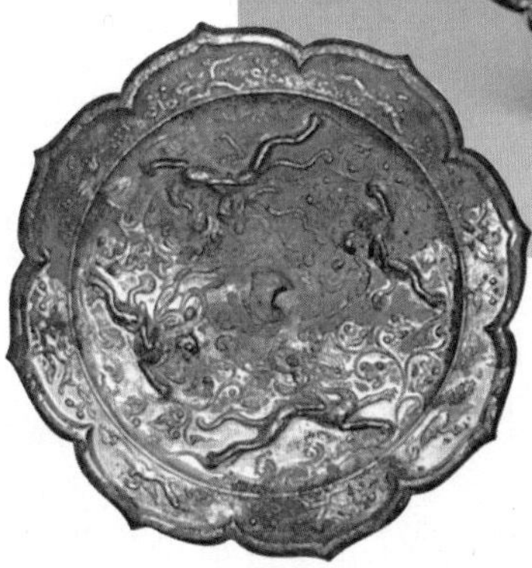

（上）三乐镜　唐代

仙人骑龙纹菱花镜　唐代

包括神仙传说、民间故事、历史轶闻及社会生活等多种内容。有的体现了道教文化色彩，如飞仙镜、月宫镜、真子飞霜镜、王子乔吹笙引凤镜等；有的与唐代社会生活紧密相关，如马球镜、狩猎镜等；有的体现了民族文化的交融，如乐师弄狮镜；还有的反映了儒家传统观念，如三乐镜。此处仅对三乐镜进行介绍，其余将在后文谈及。

三乐镜　三乐镜又名荣启奇镜或荣启期镜，多为圆形或葵花形。镜的构图基本相同，镜钮左侧为一头戴高冠、身着长袍之人，左手伸指作询问状，右手持龙头杖；右侧为戴冠披裘老人像，左手持琴，头部微斜，神态自若；上方为一长方形三栏竖格铭，为“荣启奇问曰答孔夫子”；下方为一柳树。根据铭文可知，镜钮左侧之人当为孔夫子，右侧即为荣启奇，钮下柳树当象征郕之野。

唐代诗歌中也有不少以荣启奇三乐为题材的篇章，其中尤以白居易作品最多，如《郡中夜听李山人弹三乐》言：“荣启先生乐，姑苏太守闲。”《偶作》：“张翰一杯酒，荣期三乐歌。”《晚起》：“荣公三乐外，仍弄小男儿。”《池上幽境》：“此是荣先生，坐禅三乐处。”《不与老为期》：“百忧非我所，三乐是吾师。”另吴筠《高士咏·荣启期》中亦云：“荣期信知止，带索无所求。外物非我尚，琴歌自优游。三乐通至道，一言醉孔丘。居常以待终，啸傲夫何忧。”

平脱银庭院仕女游乐图镜　唐代

铜镜是古代梳妆照容的生活日用品，与威严神秘的商彝周鼎相比，小巧玲珑、纹饰绚丽的铜镜更显示出世俗的风格，散发着温馨的生活气息。图为唐代平脱银庭院仕女游乐图镜。

盘龙镜

盘龙镜类最为常见的为八出葵花形，也有八瓣菱花形。其主纹常为一左向或右向盘绕的龙纹，有的还于边缘配有流云、花草纹，以及“千秋”字铭。除单龙镜外，唐代也曾出现了少量双龙镜，如《中国铜镜图典》中就记载了一枚双龙镜，镜钮左右各有一盘龙，双龙龙首相对。唐代盘龙镜的流行，大概与千秋节有关。张汇《千秋镜赋》中就言道“如以题古字，隐盘龙。”又如《古今图书集成》中记：“唐天宝三载五月十五日，扬州进水心镜一面，纵横九寸，青莹耀日，背有盘龙，长三尺四寸五分，势如生动，元宗览而异之。”“天宝”为玄宗年号。从此镜背有盘龙的记载，可知此种水心镜大概就为盘龙镜。《全唐文·水镜赋》亦云：“原夫水能利物，镜以含虚，泛□攸往，盘龙是居。”又李肇《国史补》中云：“天宝中，扬州铸水心镜，清莹耀日，背有蟠龙。”从题名“水镜”和赋中“盘龙”及文中“蟠龙”字可知，水镜背面应刻有盘龙纹饰。

除君臣之间互赠的铜镜有盘龙镜外，民间也有不少盘龙镜。如孟浩然《同

三乐镜纹饰

三乐镜纹饰题材，明显取材于《列子·天瑞第一》：“孔子游于太山，见荣启期行乎郕之野，鹿裘带索，鼓琴而歌。孔子问曰：‘先生所以乐，何也？’对曰：‘吾乐甚多。天生万物，唯人为贵。而吾得为人，是一乐也。男女之别，男尊女卑，故以男为贵；吾既得为男矣，是二乐也。人生有不见日月、不免襁褓者，吾既已行年九十矣，是三乐也。贫者士之常也，死者人之终也，处常得终，当何忧哉？’孔子曰：‘善乎！能自宽者也。’”所言“三乐”，简言之，就是以身为人为乐、以男身为乐、以九十高寿为乐。这既反映了封建社会男尊女卑的思想，也间接体现了人们对高寿的向往和追求，同时告诫人们应知足常乐。

（左）盘龙铭带瑞兽镜　唐代

此镜为半球形钮，莲纹座，座外的正六方图形将主纹饰区分为六部分，每区高浮雕一瑞兽，或疾蹄奔逐，或仰天长啸，或回首搔痒；外区有楷书铭文：“盘龙丽匣，舞凤新台，蓬支影见景观，目曜花开，团凝辟转，月似轮癸，端开鉴远，胆照光彩。”

（右）云龙纹镜　唐代

此镜镜缘呈葵花形，圆钮，钮外一龙，回首作吞珠状，龙身外四朵祥云缭绕。龙作为铜镜图案始于战国，唐代蟠龙纹镜上的单体龙形象非常雄伟，作飞跃盘旋之势，龙角后举，张口吐舌，四肢伸张多为三尖爪，后肢有的与尾部相纠结，躯体饰繁密的鳞纹，周围有祥云相伴。李白诗云：“美人赠此蟠龙之宝镜，烛我金缕之罗衣，时将红袖拂明月，为惜普照之余晖。”此类铜镜盛行于中唐时期。

张明府清镜叹》言：“妾有盘龙镜，清光常昼发。”李白《代美人愁镜二首》言：“美人赠此盘龙之宝镜，烛我金缕之罗衣。”白居易《感镜》言：“美人与我别，留镜在匣中。自从花颜去，秋水无芙蓉。经年不开匣，红埃覆青铜。今朝一拂拭，自照憔悴容。照罢重惆怅，背有双盘龙。”诗词中所说的“盘龙”显然指的就是镜背的盘龙纹饰。又如施肩吾《冬词》诗言：“锦绣堆中卧初起，芙蓉面上粉犹残。台前也欲梳云髻，只怕盘龙手捻难。”“盘龙手捻难”，描述得可谓生动形象，既反映了镜背纹饰的形象，也将纹饰雕刻的质感表现得淋漓尽致。另薛逢《灵台家兄古镜歌》言：“盘龙鳞胀玉匣溢，牙爪触风时有声。”乍看诗句似乎没有明显描写盘龙镜，但稍加分析就会发现，此诗描写的正是盘龙镜。又龙护老人《铸镜歌》云：“盘龙盘龙，隐于镜中。分野有象，变化无穷。兴云吐雾，行雨生风。上清仙子，来献圣聪。”这里甚至还将盘龙镜神化，并赋予了道教的色彩。《国史补》中亦说：“背有蟠龙。先有老人自称龙护，有小童曰无冥所在。炉前得素书一纸，小隶云：‘镜龙长三尺四寸五分，法三才，象四时，禀五行。纵横九寸，类九州岛，鼻如明月珠。开元皇帝圣通神灵，吾遂降祉，可以辟百邪，鉴万物。’”更是将盘龙镜说得神乎其神。

出于盘龙镜龙纹饰的特殊象征意义，唐代皇帝有的就将其置于墓中，民间百姓亦有此习俗，如河南偃师唐玄宗开元二十六年（即公元738年）夫妇合葬墓就出土了一直径为24厘米的单龙镜。

八卦镜

八卦镜有圆形、方形、葵花形等多

①

②

③

种。其主纹为八卦，另配置有其他一些图案，有的配以十二生肖，有的配以干支，有的配以星象，有的配以双鸾，还有的配有铭文等。

八卦镜种类很多，最常见的有以下几种：

八卦镜 方形小圆钮。钮外呈方形环绕配置有八卦纹，有的还于外区铸有铭文，如“形□□□，保□长生，水银阴精，辟邪□□”等。

八卦十二生肖镜 此镜钮座外环以八卦纹，其外再环以十二生肖纹。纹饰布局一般分为四区，自内至外分别为八卦八字铭、八卦符号、十二生肖、铭文带。其铭文多为“水银呈阴精，百炼得为镜，八卦寿象备，卫神永保命”之类。

八卦干支镜 此镜布局多内区为八卦图像，外区为干支铭文。也有的还分为四区，由内至外依次为符箓、干支铭、八卦图像。

八卦百炼镜 八卦图像亦呈方形环绕配置于钮外，其外再配有铭文，如“精金百炼，有鉴思极。子育长生，形神相识”一类。

八卦双鸾镜 内区为夹钮而立的

①“天地含象”五岳八卦星辰镜 唐代

此镜为唐代高道司马承祯根据道教教理教义提出、设计、制造的道教法器镜，是同类纹饰镜中的珍品，铸成镜后晋献唐玄宗。镜面呈圆形，山字纹覆方钮，钮的四边相接四个山字形纹饰，合起来表现五岳，五岳的四角各有四字篆铭和“天地含象，日月贞明，写规万物，洞鉴百灵”十六字铭文。五岳和铭文区外是水波纹，水波纹外是八卦纹，八卦与镜缘之间是日月和星辰相对置，三弦带纹缘。

② 八卦四神十二生肖镜 唐代

③ 八卦十二生肖镜 唐代

八卦十二地支镜　唐代

八卦镜类有圆形、方形、葵花形等三种，主题纹饰为八卦，配置其他图像。种类较多，有八卦镜、八卦百炼镜、八卦十二生肖镜、八卦干支镜、八卦星象镜、八卦双鸾镜等，主要流行于公元八世纪中叶到十世纪初的唐朝中后期。

双鸾，外区为铭文，如旅顺博物馆藏一对鸾八卦镜，其铭文为“上圆下方，象于天地，中列八卦，备着阴阳，辰星镇定，日月贞明，周流为水，以名四滨，内置连山，以旌五岳”。

八卦星象镜　圆形，分三区，以铭文为主。如故宫博物院藏的一星象纹八卦镜，其内区铭文为“（乾）四阴，

“千秋镜”

每年八月五日为千秋节，即唐玄宗的生日。节日举行盛大的宴会，君臣之间互赠礼物，其中最典型的为铜镜。《旧唐书·玄宗纪》中云：“八月丁亥，上御花萼楼，以千秋节百官献贺，赐四品已上金镜。”作为礼尚往来，群臣也会向皇上赠镜，“王公已下献镜及承露囊”（《旧唐书卷八·本纪第八》），这种于千秋节君臣互赠之镜就被称为“千秋镜”。

八 卦

又称经卦，即《周易》中的八种具有象征意义的基本图形，每个图形用分别代表阳的“—”（阳爻）和代表阴的“－－”（阴爻）组成，名称为乾、坤、震、巽、坎、离、艮、兑。

“平 脱”

“平脱”就是将金、银纹饰用胶漆平粘于素胎上，空白处填漆，再加以细磨，使粘上的花纹与漆面平齐。它为铜镜制作的一种特殊工艺。唐代金银平脱工艺非常流行，平脱器物丰富而精美。但因金银平脱极为奢侈，耗费极高，后来被列为禁绝之品。

银平脱凤鸟花卉镜　唐代

此铜镜镜面平坦，半圆钮，纹饰为银平脱。围绕钮的四方各有花卉和凤鸟，纹饰华丽，银花镂刻技巧精湛。金银平脱法是从漆器工艺借鉴而来，将金银薄片刻成各种纹样，粘贴在素地上，全面髹漆数层，再经研磨显出金银花纹，使花纹与漆底达到同样平度。此法精细费工，材料贵重，但成镜色调和谐，给人富丽优雅之感，现存世极少。

（坎）阳元，（艮）二阳，（震）三阳，（巽）四阳，（离）花阴，（坤）二阴，（兑）二阳”。中区饰有八同形符，符间有铭文“元长父舍，玄凌交度府，太玄禁府，太清馆，太华台，紫薇宫，黄帝大居堂，太素右堂”；外区亦饰有八不同形符，其间有星象纹。

万字镜

此镜多为圆形或亚字形，圆钮或弓形钮。其主纹为以钮为中心的一个“卐”符号。有的于“卐”字纹转折处各填一字，合为“永寿之镜”四字，有的则于“卐”字纹两侧配有“受岁”二字。万字镜的出现，当与佛教影响相关，后文将详细介绍。

特种工艺镜

唐代文化自由奔放的特点，也影响到铸镜工艺的发展，这一时期的铜镜铸造手法新颖，出现了金银平脱镜、贴金银镜、螺钿镜等特种工艺镜类。

金银平脱镜　何堂坤先生认为，金银平脱工艺的要点就是先将金银饰片用胶漆平粘到素地上，空白处再填以漆，后全面髹漆数重，并晾干细磨过，至金银纹与漆面平齐而又得以脱露于漆面中。金银平脱镜一般形体较大，直径多在二十厘米以上，镜为圆形或葵花形，主要有金银平脱天马鸾凤镜、金银平脱羽人飞凤花鸟镜、金银平脱鸾鸟衔绶镜、金银平脱鸾鸟兽带镜等多种类型。

唐代金银平脱工艺流行，所制大量平脱器形制、纹饰丰富而精美。《朝野佥载》卷三曾载：“（唐）中宗令扬州造方丈镜，铸铜为桂树，金花银叶，帝

“千秋”双鸾镜 唐代

唐镜的造型和装饰打破了过去传统铜镜的圆、方形式，发展出八棱、菱花、八弧、四方委角等式样。唐代小规格的铜镜直径仅3厘米，小型镜做工精湛，装饰精美。其装饰图案也打破了汉魏六朝的程式和格律，珍禽异兽、花鸟鱼虫、神话传说等无所不有。

每骑马自照，人马并在镜中。”从“金花银叶”的描述，可知此镜当为金银平脱镜。除铜镜外，唐代还有很多其他的平脱器物，如唐段成式《酉阳杂俎·忠志》记：“安禄山恩宠莫比，锡赍无数，其所赐品目有……金平脱犀头匙筯、金银平脱隔馄饨盘、平脱着足迭子。”

因为金银平脱工艺复杂，耗费极高，所制器物奢侈，故唐后期被列为禁绝之品。据《新唐书·肃宗纪》载：“禁珠玉、宝钿、平脱、金泥、刺绣。”又《全唐文·收复两京大赦文》记：“珠玉宝钿平脱金泥织成刺绣之类，一切禁断。”《全唐文·申约葬祭式敕》亦记：“葬祭之仪，古有彝范。顷来或逾法度，侈费尤多。自今以后，宜俭约悉依令，不得于街衢致察。及假造花果禽兽，并金银平脱宝钿等物，并宜禁断。”《旧唐

八棱贴金花鸟镜　唐代

盛唐时期，金银平脱制品在上层统治阶级中极为盛行，充分反映了这时唐代在经济上处于鼎盛期。但金银平脱制品费工费料、价格昂贵，自安史之乱后便被禁止，从侧面反映出唐朝国势日趋衰落。进入宋朝后，金银平脱制品几乎绝迹，明代甚至已不为世人知晓。此镜为贴金。

书·代宗纪》亦云："诏诫薄葬，不得造假花果及金手脱宝钿等物。"正因为对金银平脱器物的禁止，故至五代以后，此工艺便渐趋衰落，宋代已绝。

贴金银镜　"系指镜背贴以金板或银板，其上刻出各种纹饰，或者在镜背凸起的纹饰上贴以金银片的铜镜"（孔祥星、刘一曼：《中国古代铜镜》，文物出版社1984年）。因为所贴的金片或银片都容易脱落，故此类铜镜保存困难，传世极少。贴金银镜可分为贴银镀金山水人物镜、贴银鸟兽花枝镜、嵌银鸾兽镜等多种。

旧时文献中关于贴金银镜的记载不多，如《旧唐书·高季辅传》记载："太宗尝赐金背镜一面，以表其清鉴焉。"《新唐书·于高张传》记："后为吏部侍郎，善铨叙人物，帝赐金背镜一，况其清鉴焉。"两处记载说的其实都是太宗赐高季辅金背镜之事，"金背镜”即指贴金银镜。

螺钿镜 螺钿即螺填，指用螺蛳壳或贝壳镶嵌在漆器、硬木家具或雕镂器物的表面，做成有天然彩色光泽的花纹、图形的一种制作工艺。宋方勺《泊宅编》卷中载：“螺填器本出倭国。物象百态，颇极工巧”，清赵翼《陔馀丛考·螺填》亦载：“髹漆器用蚌蛤壳镶嵌，像人物花草，谓之螺填。此器多出自广东沿海一带。”

螺钿镜可分为螺钿人物花鸟镜、螺钿人物镜、螺钿宝相花镜、螺钿盘龙镜等多种。其中特别引人注目的是河南洛阳出土的一径为24厘米的螺钿人物花鸟镜，圆形，圆钮。钮上方有一株花树，树斜上有一轮明月，树下为一只猫形兽，树两侧各有一鹦鹉；钮左为一手抚琵琶老者；钮右为一手持酒盅老者，面前放有一壶一鼎，身后有一双手捧盒女侍；钮下有仙鹤和水池，池内有戏水的鸳鸯和漂浮的花瓣。整个画面充满了清新闲适、恬静悠然的生活气息。

文学作品中亦常见螺钿镜的记载。如李贺《恼公》：“钿镜飞孤鹊，江图画水葓。”司空图《南北史感遇十首》之一：“景阳楼下花钿镜，玄武湖边锦绣旗。昔日繁华今日恨，雉媒声晚草芳时。”温庭筠《女冠子》：“霞帔云发，钿镜仙容似雪。”贺铸《减字浣溪沙（十五之十二）》：“留不住时分钿镜，旧曾行处失金莲，碧云芳草恨年年。”等。从以上记载可见，螺钿镜当多为唐代女性使用之器物。因其制作工艺同样繁杂奢侈，故唐代以后已不多见。

螺钿人物花鸟镜　唐代

唐代螺钿镜被誉为“中国最美的铜镜”。本图所示铜镜图案以海蚌贝壳镶嵌成，《竹林七贤》中的嵇康和阮籍端坐左右，阮籍弹拨，嵇康手持酒盅。嵇康前一鼎一壶，后立一人双手捧盒而侍。钮上方花树树梢月似银盘，树下一猫蹲坐憩息，两侧各一振翅翘尾的鹦鹉。下方白鹤随乐翩然起舞，小鸟驻足聆听。满地落花缤纷，一派鸟语花香、温馨祥和的气氛。此镜经历千年磨蚀，但其浓郁的生活气息却依旧具有极强的感染力。

螺钿瑞兽花卉镜　唐代

螺钿镜为盛唐时独创的特种工艺镜。螺钿瑞兽花卉给人以富丽、高雅之感。此镜图案分三个层次：中间是由花卉枝叶簇拥的圆钮；第二层对称分布螺钿镶嵌的四只瑞兽，目光炯炯，形体矫健，毛绿逼真，有作回首状，有作仰天长啸状，形神兼备；外层花枝点缀，花卉枝叶筋脉清晰可见。

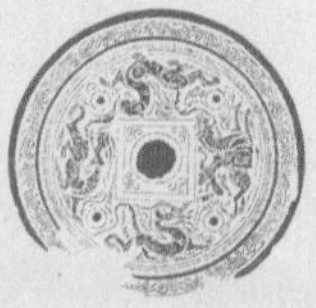

盛唐气象下铜镜意象的新发展

“盛唐气象”，本是形容唐代诗歌独特风格之句。在盛唐气象的影响下，铜镜意象也得到了新的发展。若仅是常人取镜自照，自然与文学无关；一旦照镜的是位美人，铜镜便被作为美人之伴收入文学作品之中——美人照镜。照镜者若是仁人志士，此即是对镜抒怀；照镜者若是智者，此便是智者自省。有时，照镜者爱上了镜中的自我，此即镜恋；有时，照镜者不认识镜中的自我，此即昏镜；有时，照镜者分不清镜中之我和对镜之我，此即变形镜；若在镜中看到心灵的影像，这时的镜子就不仅仅是一件日用品，而是对自我的映射工具。但由文学作品可以了解

（上）“玉匣”双瑞兽镜

圆形，圆纽，内区双瑞兽环绕，首尾相接，瑞兽口衔另一瑞兽之尾，外区为铭文带“玉匣聆看镜，轻灰暂拭尘，光如一片水，影照两边人”，三角锯齿纹缘。双瑞兽镜在隋唐瑞兽镜中较少见。

（下）明齐瑞兽镜

内区为四瑞兽间饰羽翅纹，外为铭文带：“明齐秋月质圆等天若珠辟之澄光彩如素月之无云烟。”

到，古人在自照之时，自我意识并不强烈（镜恋的故事很少有记载），所以不论是美人还是志士，在览镜之余，想到的多是可能失去的恩宠或尚未获得的功名。

美人照镜

镜作为闺中器物，几乎成了女性世界的标志。美人照镜，画眉梳洗，含情凝思，自然是闺中最美的景致之一。温庭筠的《菩萨蛮》便是写美人照镜的代表作：“小山重叠金明灭，鬓云欲度香腮雪。懒起画蛾眉，弄妆梳洗迟。照花前后镜，花面交相映。新帖绣罗襦，双双金鹧鸪。”

单纯描写照镜美人的诗作虽多，但更引人注目的还是写照镜美人的心事。因为身处寂寞的闺房，终日画眉梳妆，镜外人看镜中人，自不免思念镜中看不到的人，顿生无名的哀怨。如南朝梁朱超道《咏镜诗》云：“折花须自插，不用暂临池。当犹可怜面，偏与镜相宜。安钗钏独响，刷鬓袖俱移。唯馀心里恨，影中恒不知。”又如南朝梁高爽《咏镜诗》：“初上凤凰墀，此镜照蛾眉。言照常相守，不照长相思。虚心会不采，贞明空自欺。无言此故物，更复对新期。”又施肩吾的七绝《佳人览镜》，更是将佳人览镜的敏感悲伤描绘得历历在目：“每坐台前见玉容，今朝不与昨朝同。良人一夜出门宿，减却桃花一半红。”

镜作为闺怨情思的象征，可从以

“花间词派”鼻祖温庭筠　白描

温庭筠（约公元812—866年），本名岐，字飞卿，晚唐太原祁（今山西祁县）人。据考，温庭筠幼时已随家客游江淮，后定居于雩县（今陕西户县）郊野，靠近杜陵，所以他尝自称为杜陵游客。温庭筠少敏悟，善鼓琴吹笛，尤长于诗词。《北梦琐言》说温庭筠“才思艳丽，工于小赋，每入试，押官韵作赋，凡八叉手而八韵成”，所以时人称为“温八叉”。在我国古代，文思敏捷者，有数步成诗之说，而像温庭筠这样八叉手而成八韵者再无第二。

大吉菱花双鸾镜　唐代

此镜为八瓣菱花形，圆钮，双鸾对立于荷花之上，上有“大吉”二字铭文，内切圆外是八组花卉纹，此镜尺寸较大，厚重型。带“大吉”铭文的双鸾镜存世极少。

下两则有关镜的典故见之。

鸾镜（镜中鸾、鸾影、分鸾）

此典见于南朝宋范泰《鸾鸟诗序》：

昔罽宾王结置峻卯之山，获一鸾鸟，王甚爱之。欲其鸣而不致也，乃饰以金樊，飨以珍羞。对之愈戚，三年不鸣。其夫人曰："尝闻鸟见其类而后鸣，何不悬镜以映之。"王从其意，鸾睹形悲鸣，哀响中霄，一奋而绝（《艺文类聚》卷九十引）。

此事亦见南朝宋刘敬叔《异苑》卷三：

罽宾国王买得一鸾，欲其鸣，不可致，饰金繁响，珍羞对之，愈戚，三年不鸣。夫人曰："尝闻鸾见类则鸣。何不悬镜照之。"王从其言。鸾睹影，悲鸣冲霄，一奋而绝。

鸾鸟三年不鸣，因不见其同类。悬镜以照，以为同类，故后常以此典喻失偶，尤以咏女子失偶自伤为切。

以鸾鸟为纹饰的铜镜，便称为"鸾镜"。如李贺《贝宫夫人》诗有："长眉凝绿几千年，清凉堪老镜中鸾。"白居易《太行路》中云："何况如今鸾镜中，妾颜未改君心改。"温庭筠《菩萨蛮·宝函钿雀金鸂》："鸾镜与花枝，此情谁得知。"金人党怀英《青玉案·红莎绿蒻春风饼》："佳人却恨，等闲分破，缥缈双鸾影。"

双鸾衔绶镜（一）　唐代

鸾是民间一种象征吉祥的飞鸟，"长绶"象征长寿，所以双鸾衔绶纹是当时的一种流行图案，双鸾衔绶镜也是唐代最流行的铜镜之一。此铜镜圆钮，分内外两圈，内圈有莲花图案，背纹饰双鸾口衔长绶，足踏花枝，呈飞翔状。

鸾　镜

又称镜中鸾、鸾影、分鸾。鸾鸟三年不鸣，因不见其同类。悬镜以照，以为同类，于是悲鸣冲霄，一奋而绝。事见南朝宋范泰《鸾鸟诗序》和南朝宋刘敬叔《异苑》。后常以此典喻失偶，尤以咏女子失偶自伤为切。以鸾鸟为纹饰的铜镜，便称为"鸾镜"。后来鸾镜的最初义被淡化，而只是成了铜镜的一个代名词。

鹊　镜

汉东方朔《神异经》云：

昔有夫妇将别，破镜人执半以为信。其妻与人通，其镜化鹊，飞至夫前，其夫乃知之。后人因铸镜为鹊安背上，自此始也（《太平御览》卷七一七引）。

此传说以镜化鹊来遥报妻子之不贞，而后人常以"鹊镜"来咏夫妻之情。如南朝梁吴均《闺怨》诗："愿为飞鹊镜，翩翩照离别。"王勃《上皇甫常伯启》"鹊镜临春，妍媸自远"，则以鹊镜言夫妻别离。李白《代美人愁镜二首》其一"明明金鹊镜，了了玉台前。拂衣交冰月，光辉何清圆”，用“明明”、“了了”、“冰月”和“清圆”表现美人的操守。《代美人愁镜二首》其二“影中金鹊飞不灭，台下青鸾思独绝”，则是以“飞不灭”表现了闺中人对外出丈夫的忠贞之情。在《神异经》中，鹊镜也就是破镜（信物），但后人用鹊镜典往往与破镜无关，只取夫妻相思义。破镜一节我们已于前文专门论及。

鹊 镜

汉东方朔《神异经》云：“昔有夫妇将别，破镜人执半以为信。其妻与人通，其镜化鹊，飞至夫前，其夫乃知之。后人因铸镜为鹊安背上，自此始也。”这个传说以镜化鹊来遥报妻子之不贞，而后人常以“鹊镜”来咏夫妻之情。

东方朔

东方朔（公元前154—前93年），字曼倩，西汉文学家，汉武帝的大臣，其性诙谐幽默，善辞赋，被后世誉为“智圣”。其所著《神异经》是一部怪诞经书，书中所述及的神异事物无不巨大无匹，尤见古人的想象力丝毫不在今人之下。

对镜咏怀

镜子虽说可谓女性世界的标志，但它同样在男性世界中扮演了重要的角色。同样是顾影自怜，因为男女社会责任的不同，内容也完全不同。

《北周诗》卷四庾信《尘镜诗》云：“明镜如明月，恒常置匣中。何须照两鬓，终是一秋蓬。”因为明镜如月，让人清楚地看到两鬓如蓬的憔悴，心中顿时生出壮志未酬的悲哀。唐初诗人张九龄更直接地说出了“形影自相怜”，其《照镜见白发》云：“宿昔青云志，蹉跎白发生。谁知明镜里，形影自相怜。”与张九龄同时的刘希夷在《览镜》中的感受也大体相同：“青楼挂明镜，临照不胜悲。白发今如此，人生能几时。秋风下山路，明月上春期。叹息君恩尽，容颜不可思。”末二句，透露出美人香草的思路。

李白在《将进酒》中开篇便高唱：“君不见黄河之水天上来，奔流到海不复回。君不见高堂明镜悲白发，朝如青丝暮成雪。”黄河之水一泻千里奔流到海的感觉今可直观，但“明镜悲白发”则需细细体会了。李白在《览镜书怀》云：“得道无古今，失道还衰老。自笑镜中人，白发如霜草。扪心空叹息，问影何枯槁。桃李竟何言，终成南山皓。”说是“自笑”，其实是“深悲”。杜甫《江上》：“江上日多雨，萧萧荆楚秋。高风下木叶，永夜揽貂裘。勋业频看镜，行藏独倚楼。时危思报主，衰谢不能休。”虽未直接写出对镜的悲哀，将“频看”与“独倚”相对，更见迟暮之感。白居易《照镜》诗：“皎皎青铜镜，斑斑白丝鬓。岂复更藏年，实年君不信。”用“青铜镜”与“白丝鬓”相对，委实工整。同题的唐诗还有不少，如李益《立秋前一日览镜》：“万事销身外，生涯在镜中。唯将满鬓雪，明日对秋风。”薛稷《秋朝览镜》：“客心惊落木，夜坐听秋风。朝日看容鬓，生涯在镜中。”李崇嗣《览镜》：“岁去红颜尽，愁来白发新。今朝开镜匣，疑是别逢人。”可见，诸多诗人都习惯于借镜抒发时光流逝而壮志未酬之感。如李益的《罢镜》：“手中青铜镜，照我少年时。衰飒一如此，清光难复持。欲令孤月掩，从遣半心疑。纵使逢人见，犹胜自见悲。”

《三国志·魏志·夏侯惇传》：“太祖自徐州还，惇从征吕布，为流矢所中，伤左目。”裴松之注引《魏略》云：“时夏侯渊与惇俱为将军，军中号惇为盲夏侯。惇恶之，照镜恚怒，辄扑镜于地。”眼睛瞎了拿镜子撒气，看起来很可笑，其实与文人仇镜的心情无异。

“放日圆形”瑞兽镜　隋唐

圆形、圆纽、莲花纽座。内区有六瑞兽面面相对，六兽动感十足，神态生动；外区瑞兽、仙禽相间环绕，间以“放日圆形象质摸星”八字铭文。此纹饰和铭文为同类隋唐镜中罕见。

对镜自省

对镜生悲慨于古人常见，也常有用镜子来激励自己的。如《墨子·非攻》云：“君子不镜于水而镜于人。镜于水，见面之容；镜于人，则知吉与凶。”意思是以水为镜不如以人为镜，后来魏征将此意境发挥得淋漓尽致。

《庄子·应帝王》云：“无为为尸，无为谋府，无为事任，无为知主，体尽无穷，而游无朕，尽其所受于天，而无见得，亦虚而已。至人之心用心若镜，不将不迎，应而不藏。故能胜物而不伤。”

与墨子不同，庄子强调镜子的“虚”，认为“至人”要学习镜子的“虚”，镜子的“不将不迎，应而不藏”。《韩非子》则云：“古之人，目短于自见，故以镜观面；智短于自知，故以道正己。镜无见疵之罪，道无明过之恶。目失镜，则无以正鬓眉。身失道，无以知迷惑。”强调镜子可以帮助对镜者自省。在韩非子看来，如果对镜发现自己“白发新”，就应该调整心态，而不是一味地忧虑壮志未酬了。晋代傅咸《镜赋》在赞颂镜子“不有心于好丑，而众形其必详；同实录于良史，随善恶而是彰”的美德后，要求对镜的君子应该“内省而自箴”。

最典型的对镜自省莫过于达摩的面壁，虽说壁而非镜，但面壁十年而悟道，壁上留下达摩的影子，所面之壁不是镜子又是什么？不是所有的人都愿意对镜自省，有的人甚至不愿意通过镜子看到自己的“瑕疵”，所以他们喜欢昏镜而不是明镜。如刘禹锡《昏镜词》："昏镜非美金，漠然丧其晶。陋容多自欺，谓若他镜明。瑕疵既不见，妍态随意生。一日四五照，自言美倾城。饰带以纹绣，装匣以琼瑛。秦宫岂不重，非适乃为轻。"

镜　恋

尽管在诗词中，不论是美人还是志士，大多是对镜兴悲。但在日常生活中，喜欢照镜甚至照镜成癖的人不在少数。最早的例子出现在张华的《博物志》卷四："山鸡有美毛，自爱其色，终日映水，目眩则溺死。"刘敬叔《异苑》卷三记载更为详细："山鸡爱其毛羽，映水则舞。魏武时，南方献之。帝欲其鸣舞而不由。公子苍舒令其置大镜其前，鸡鉴形而舞，不知止，遂乏死。韦仲将为之赋其事（"其事"一作"甚美"）。"

这个故事和前引鸾鸟照镜事当同出一源，只是取义不同。钱钟书在《管锥编》中将山鸡之舞分为两种情况：①无意识形式：山鸡不知道水中之影就是自己，它怜爱的是它的同类；②有意识形式：山鸡知道水中之影是自己而孤芳自赏式地自恋（钱钟书：《管锥编》，中华书局1979年，第752页）。如果将鸾鸟和山鸡的故事放在一起，就发现鸾鸟照镜属于无意识形式，而山鸡狂舞则属于有意识形式。

与鸾鸟照镜不同，山鸡照镜并不为诗人们关注。诗人们对于山鸡要么只是简单的描写，如温庭筠《咏山鸡》："万壑动晴景，山禽凌翠微。绣翎翻草去，红觜啄花归。巢暖碧云色，影孤清镜辉。不知春树伴，何处又分飞。"要么作为反面的映衬，如李白《秋浦歌》："秋浦锦驼鸟，人间天上稀。山鸡羞渌

庄周梦蝶　白描

庄子（约公元前369—前286年），名周，字子休，战国时期思想家和哲学家。庄子思想对中国古代哲学的发展有很大影响。魏晋时期的玄学思潮融合儒、道，"祖述老庄"，《庄子》和《周易》、《老子》一起并称为"三玄"。唐天宝元年（727年），信奉道教的唐玄宗诏号《庄子》为《南华真经》，奉为道教的经典之一。相传庄周曾经梦见自己变成了蝴蝶，而醒来后看到自己是人，顿时迷茫，不知自己是蝴蝶所变，还是自己变成了蝴蝶。这一说法后来通常被用作解释老庄的哲学思想。

刘禹锡

刘禹锡（公元772—842年），字梦得，晚年自号庐山人，唐中晚期诗人。政治上主张革新，是王叔文派政治革新活动的中心人物之一。其讽刺诗往往以寓言托物手法，抨击社会现象。晚年所作风格渐趋含蓄，讽刺而不露痕迹。刘禹锡晚年回到洛阳，任太子宾客，死后被追赠为户部尚书，其《陋室铭》影响后世颇深。

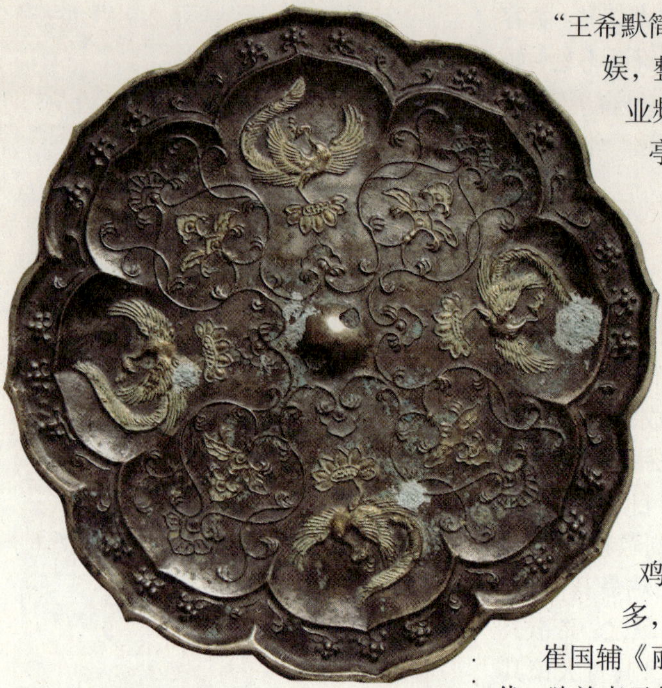

鎏金葵花鸾鸟镜　唐代

此镜形制独特，内外两圈皆呈八瓣菱花形，圆钮。四只鸾鸟相间而成，间饰花枝。鸾鸟脚踏莲花，昂头，口含灵芝草，欲振翅飞翔。此镜纹饰和谐，清新自然，为唐代典型的鸾鸟镜。

水，不敢照毛衣。”诗人们从不以山鸡自喻（李商隐《破镜》：“玉匣清光不复持，菱花散乱月轮亏。秦台一照山鸡后，便是孤鸾罢舞时。”此处只用鸾鸟照镜的典故。），也就是说，诗人们并不愿意像山鸡那样露骨地自恋。如崔护《山鸡舞石镜》：“庐峰开石镜，人说舞山鸡。物象纤无隐，禽情只自迷。”与山鸡相反的是通天犀，唐段成式《酉阳杂俎》卷十六载：“犀之通天者，必恶影，常饮浊水。”这让人联想到中世纪时害怕看到自己身体的西方人，但这个不知道为什么不愿意看见自己影子而不愿照水镜的通天犀，在中国文学中从没有被注意过。

并不是没有像山鸡一样的人，如旧题北宋《清异录》卷三《居室》载：“王希默简淡无他好，唯以对镜为娱，整饰眉鬓。以杜甫有‘勋业频看镜’之句，作‘策勋亭’。”陶谷对于“对镜为娱，整饰眉鬓”的王希默只有讽刺，一如唐代诗人讽刺“自迷”的山鸡。在他看来，王希默的“对镜为娱，整饰眉鬓”怎么可以与杜甫的对镜之悲相提并论呢！

直接写到人如同山鸡一样对镜自恋的例子不多，却颇有意味。唐代诗人崔国辅《丽人曲》言：“红颜称绝代，欲并真无侣。独有镜中人，由来自相许。”“相许”虽有赞许之义，但更常见的意思是愿许终身。如南朝谢朓《江上曲》：“千里既相许，桂舟复容与。”同时期诗人徐勉《采菱曲》：“倘逢遗佩人，预以心相许。”我们虽不能肯定崔国辅诗中“相许”的确切涵义，但既有“绝代”、“无侣”的铺垫，似乎也可以解读为镜恋。

最有名的镜恋故事属于明代的冯小青，这个美丽、羸弱的少女在临死

山鸡舞镜

山鸡对镜起舞，比喻自我欣赏，也比喻对同类的执着与痴情。南朝宋刘敬叔《异苑》卷三：“山鸡爱其毛羽，映水则舞。魏武时，南方献之，帝欲其鸣舞而不由。公子苍舒令置大镜其前，鸡鉴形而舞，不知止，遂乏死。”

前迷恋的不是别的，而是镜子中的自我。她的那句诗无疑是镜恋者最好的写照："瘦影自临秋水照，卿须怜我我怜卿。"《红楼梦》第八十九回曾化用过此诗："次日，黛玉清早起来，也不叫人，独自一个呆呆的坐着。……那黛玉对着镜子，只管呆呆地自看。看了一回，那泪珠儿断断连连，早已湿透了罗帕。正是：瘦影正临春水照，卿须怜我我怜卿。"

冯小青的故事因潘光旦的研究而为人所关注（潘光旦：《冯小青：一件影恋之研究》，见《潘光旦选集》第一集，光明日报出版社，1999年），但仔细品味冯小青的这句诗，我们不难发现，她的哀怨与历来美人照镜的哀怨无本质的区别，和西方那喀索斯、阿佛洛狄忒的故事并不相同。这种区别根源于中西文化的差异，一如西方人对镜自省然后忏悔，而中国人对镜自省然后悟道。表面上悟道没有什么不对，但忏悔的时候发现了自己，而悟道的时候则忘记了自己。

变形镜

此处所言的"变形镜"，与前文所言"照妖镜"相比，在本质上并无不同，只是变形镜属于自照，而照妖镜强调映物。唐代杜光庭在《录异记》卷八中记载："又一墓在咸阳原上，既入得镜，两面可照人。鼻在侧畔，背面莹洁如新，磨毕以面照之，如常无异；以背照之，形状备足，衣冠俨然而倒立也。"此处的镜子，就可以说是一种变形镜。镜子具有两面，而且背面照之还成倒影。《录异记》中的这一记载，或许就直接或间接地为后来《红楼梦》中"风月宝鉴"出现起到了借鉴的作用。《红楼梦》第十二回有段文字为读者所熟知，当贾瑞被凤姐折磨至病倒时，有个道士送他一面"两面皆可照人"的"风月宝鉴"，并

（上）宝相花镜　唐代

八瓣葵花镜，圆纽，纽边莲花座，纽座外饰八片瓣以枝蔓相连，叶瓣外侧饰八朵盛开的花卉，八朵花由两种造型不同的花朵相间，一种花蕊凸起，一种为莲花，素平缘。此镜纹饰采用浮雕工艺，花卉造型饱满，富丽堂皇，是唐代花卉镜中的精品。

（下）花卉纹镜　唐代

八瓣葵花形，圆纽，纽外围一复瓣花形，内有一周花蕊，与纽组合成一朵大花纹饰；一周连珠纹外是主纹饰，枝蔓相连德四支盛开的大花朵和四支叶瓣相衬的花朵；素平缘。此镜尺寸大，花卉形态饱满、大气，浮雕纹饰造型精美，是唐代花卉镜中的精品。

蝶恋花枝镜　唐代

半圆纽，镜分内外区。内区四雀，四盛开花枝，四只振翅飞蝶欲落其上；外圈除六只鸟雀外，共有十余只蜂蝶飞旋穿绕在花枝之上。整个画面一派田野景象。蝶恋花镜为唐代铜镜中较少见之品种。

秦　镜

《西京杂记》中记载，相传秦始皇曾得一镜，该镜可以照出人的“肠胃五脏”，甚至是“疾病”和“邪心”，故秦镜可以用来辨别忠奸。后来此说得以引申，秦镜也就成了政治清明之道的象征。

告诉他：“这物出自太虚幻境空灵殿上，警幻仙子所制，专治邪思妄动之症，有济世保生之功。所以带他到世上，单与那些聪明杰俊、风雅王孙等看照。千万不可照正面，只照他的背面，要紧，要紧！”

这不是一般的镜子，照背面时不见自己，只见“一个骷髅立在里面”；照正面时也不见自己，看见的是“凤姐站在里面招手叫他”，最奇的是照镜者可以进去，一如梦境。曹雪芹用这个寓言告诉读者，骷髅是真，美人是幻，贾瑞分辨不了真伪，后人却不应该被迷惑。

传说中可以治病、驱邪的镜子在前文已论述，但这面“风月宝鉴”的目的并不是治病，而是寓言。此镜来源于佛教，如《杂譬喻经》卷下之二十九便讲了这样一个故事：一个男人让他的妻子去取蒲桃酒，妻子去打开酒瓮，见里面有个身影，便指责丈夫另有女人。丈夫走过去往里看，也见有个身影，便骂妻子私藏丈夫。两人因此殴打起来。另一个佛教故事讲一个主妇因被婆婆责骂，独自走进池塘边的树林，躲在一棵树上。她的婢女到池塘边担水，看到水中主妇的倒影，竟以为是自己，便叫道：“我多美啊！为什么要替别人担水？”（钱钟书：《管锥编》，752页，中华书局，1979年。）

佛教认为，不论是把别人的映像看成自己，还是把自己的映像视作他人，两者都源于内心的魔障。这本是一个非常有意思的命题，可惜古人并不关注这类故事中蕴涵的深意，要么作为笑话来讲述，如《笑林·不识镜》之类，要么当作或真或幻的预言，如前文所记《临安里钱婆留发迹》中载钱缪幼时照石镜，镜中的自己穿着帝王的衣冠，后来果然裂土为王的故事。对于可以变形的魔镜，古人更关心它如何照出他者的真相，而不大会引以自照。如《西京杂记》卷三记载了一种可以照出“肠胃五脏”甚至“疾病”和“邪心”的镜子，这样的镜子用来做什么呢？书中回答是：“秦始皇常以照宫人”。于是，同样的镜子，便被多用于照妖，而不是发现自己。

隋唐铜镜铭文举要及浅析

隋唐镜铭内容的新特点

隋唐铜镜铭文虽没有汉代那么丰富，但较魏晋南北朝时期却有所增加。与历代镜铭相比，隋唐镜铭从内容到形式都有其新的特征，镜铭举例如下：

“光正随人，长命宜新。”

“仙上并照，智水齐名。花朝艳采，月夜流明。龙盘五瑞，鸾舞双情。传闻仁寿，始验销兵。”

（此为陕西西安隋初唐墓出土的一铜镜铭文。此类镜铭又称为“仁寿”铭，此类铜镜又叫“仙山镜”或“仁寿镜”。）

“武德五年岁次壬午八月十五日甲子，扬州总管府造青铜镜一面，充癸未年元正朝贡，其铭曰上元启祚，灵鉴飞天，一登仁寿，于万斯年。”

“团团宝镜，皎皎升台。鸾窥自舞，照日花开。临池似月，睹貌娇来。”

（此为广东英德出土的一四瑞兽铭带镜铭文。）

“美哉圆鉴，览物称奇。雕镌合矩，镕铣应规。仙人累莹，玉女时窥。恒娥是土埒，服御攸宜。”

“绝照揽心，圆辉属面，藏宝匣而光掩，挂玉台而影见，鉴罗绮于后庭，写衣簪乎前殿。”

“灵山孕宝，神使观炉，形圆晓月，光清夜珠，玉台希世，红庄应图，千娇集影，百福来扶。”

（此类铭文的铜镜又称为“晓月镜”。）

“玉匣初开镜，轻灰拭故尘。光如

双鸾衔绶镜（二）　唐代

此镜呈菱花形，圆钮，钮两侧鸾鸟对称而立，双鸾曲颈振翅，尾羽呈曲线向上，双鸾各衔一绶带，上下各一叶花瓣。

一片水，影照两边人。”

（此为一出土的玉匣二瑞兽铜镜铭。）

“玉匣盼开盘，轻灰拭夜尘，光如一片水，影照两边人。”

“杨府可则，盘龙斯铸。徐稚经磨，孙承晋赋。散池菱影，开云桂树。玉面方窥，仙刀永故。”

“窥庄益态，韵舞鸳鸾。万龄永保，千代长存。能明能鉴，宜子宜孙。”

“美哉灵鉴，妙极神工。明疑积水，净若澄空。光涵晋殿，影照秦宫。防奸集祉，应物无穷。悬书玉篆，永镂青铜。”

八角形鸟兽葡萄纹镜　唐代

赏得秦王镜　唐代

“兰闺婉婉，宝镜团团，曾双比目，经舞孤鸾，光流粉黛，采散罗纨，可怜无尽，娇羞自看。”

“光流素月，质禀玄精，澄空鉴水，照回凝清，终古永固，莹此心灵。”

（此为旅顺博物馆一光流瑞兽镜铭文。）

“练形神冶，莹质良工，如珠出匣，似月停空，当眉写翠，对脸传红，绮窗绣幌，俱含影中。”

“盘龙丽匣，舞凤新台。鸾惊影见，日曜花开。团疑壁转，月似轮回。端形鉴远，胆照光来。”

“昭仁昞德，益寿延年。至理贞壹，鉴保长全。窥庄益态，辨貌增妍。开花散影，净月澄圆。”

“阿房照胆，仁寿悬宫。菱藏影内，月挂壶中。看形必写，望里如空。山魑敢出，冰质堑工。聊书玉篆，永镂青铜。”

“写月非夜，疑冰不寒。影合真鹿，文莹翔鸾。粉壁交映，珠帘对看。潜窥圣淑，瑞则常端。”

“冬朝日照梁，含怨下前床。帷寒以叶带，镜转菱花光。会是无人觉，何用早红妆。”

“赏得秦王镜，判不惜千金。非关欲照胆，特是自明心。”

“照日菱花出，临池满月生。官看巾帽整，妾映点妆成。”

“花发无冬夏，临台晓夜明，偏识秦楼意，能照美妆成。”

（此为1984年星子县泽家乡花园村出土的一瑞兽铭文镜铭文。）

“精金百炼，有鉴思极。子育长生，形神相识。”

（此为一八卦百炼镜铭文。）

“水银呈阴精，百炼得为镜，八卦寿象备，卫神永保命。

（此为一八卦十二生肖镜铭文。）

“有玉辞夏，惟金去秦。俱随掌故，共集鼎新。仪天写质，象日开轮。率舞鸾凤，奔走鬼神。长悬仁寿，天子若春。”

“既知愁里日，不宽别是要（腰）。唯有相思苦，不共体俱消。”

“淮南起照，仁寿传名。琢玉斯表，熔金勒成。时雍炎晋，节茂朱明。援模鉴澈，用拟流清。光无亏满，叶不枯荣。图形览质，千载为贞。”

星象纹镜　唐代

唐代铜镜外观厚实，表面多呈银白色、黑褐色(俗称“黑漆古”)和深绿色(俗称“绿漆古”)。造型多样。镜钮以半圆形钮为主，镜缘多呈斜面内倾。唐初铜镜背饰图案偏重于自由写实或故事，表现手法也由繁乱纷杂而转为清鲜优雅。唐后期铜镜的纹饰趋于简单而粗拙，失去了盛唐时期富丽堂皇的风格。此图所示的铜镜图案融合了天文星象和八卦，现存世极少。

“规璧鉴水，彩艳蓝缸。销兵汉殿，照胆秦宫。龙生匣里，凤起台中。桂舒全白，莲开半红。临妆并笑，对月分空。式固贞吉，君子攸同。”

“长庚之英，白虎之精。阴阳相资，山川效灵。宪天之则，法地之灵，分列八卦，顺孝五行。百灵无以逃其状，万物不能遁其形，得而宝之，福禄来成。”

“透光宝镜，仙传炼成。八卦阳生，欺邪主正。”

“明逾满月，玉润珠圆。鸾惊钿后，凤舞台前。生菱上壁，倒影澄莲。情灵应态，影逐妆妍。清神鉴物，代代流传。”

“天地含为，日月贞明。写规万物，洞鉴百灵。”

“鉴若止水，光如灵耀。化客来磨，灵妃往照。鸾翔凤舞，龙腾麟跳。写态惩神，影兹巧笑。”

“鉴若止水，皎如秋月。清辉内容，菱华外发。洞照心胆，屏除妖孽。永世作珍，服之无沐。”

“上圆下方，象于天地，中列八卦，备着阴阳，辰星镇定，日月贞明，周流为水，以名四滨，内置连山，以旌五岳。”

“桂台月满，玉匣光妍。影临殿壁，花含并莲。图菱照耀，镂远联绵。遥方合璧，瑞我皇年。”

“天宝二年冬十月三□□□王阳于□城之南郊。”

“照心宝镜，圆明难拟。影入四邻，形超七子。菱花不落，迥风讵起。何处金波，飞来匣里。”

“龟自卜，镜自照，吉可贞，光不耀。”

“凤凰双镜南金装，阴阳各为配，日月恒相会，白玉芙蓉匣，翠羽琼瑶带，同心人心相亲，照心照胆保千春。”

“月样团圆冰样清，好将香阁伴闲身。青鸾不用羞孤影，开匣当如见故人。”

“镕金琢玉，图方写圆。质明采丽，菱净花鲜。龙盘匣里，凤舞台前。对影分袂，看镜若妍。”

“形□□□，保□长生，水银阴精，辟邪□□。”

“秦家宝镜，恒照红颜。”

“光流素月”瑞兽镜　隋代

此镜为圆钮，钮外四瑞兽作环绕奔跑状。其中一鸟身人头，一鸟身兽头，另两只作鸟身马头。外区凸弦外有篆字铭文：“光流素月，质禀玄精，澄空鉴水，照迴凝精，终古永固，莹此心灵”，三线波折间碎点纹缘。

散点式宝相花镜　唐代

此镜镜面上的八瓣呈菱花形，半圆钮，以钮为中心形成一个八连弧形花瓣钮座，围绕钮座十一朵图案化的宝相花花蕊呈四瓣形，花瓣为八瓣形，呈盛开的状态，边缘为密布的小花叶纹。这种图案的纹镜盛行于中唐时期。

（此为故宫博物院藏一鸳鸯蜂蝶镜铭文。）

“百炼神金，九寸圆形，禽兽翼卫，七曜通灵，鉴□天地，威□□□，□山仙□，奔轮上清。”

以下四例属“回文体”镜铭：

“镜发菱花，净月澄华。”

“发花流采，波澄影正，月素齐明，鉴秦逾净。”

“别春驰忧，结恋离愁。”

“澄清花镜，菱精华净。”

菱花形宝相花镜 唐代

此镜镜面呈八瓣菱花形，圆纽，内切圆里四组图案化的宝相花纹，内切圆与菱花形间有图案化的花叶纹，素平缘。

就内容而言，唐代镜铭中很少有纪年铭、纪氏铭、纪地铭，目前仅见一两例，却有不少对铜镜质地大为夸耀的铭文，如“美哉灵鉴，妙极神工。明疑积水，净若澄空。光涵晋殿，影照秦宫”、“练形神冶，莹质良工。如珠出匣，似月停空”、“灵山孕宝，神使观炉。形圆晓月，光清夜珠”、“镕金琢玉，图方写圆。质明采丽，菱净花鲜”、“鉴若止水，光如灵耀”、“鉴若止水，皎如秋月”、“明逾满月，玉润珠圆”、“照日菱花出，临池满月生”、“光流素月，质禀玄精。澄空鉴水，照回凝清”等等。与汉代过于直接和露骨的镜铭相比，唐代镜铭对铜镜质地的夸耀明显要内敛含蓄一些，词语更加华丽整齐，给人以赏心悦目之感。

唐代铜镜中也有一些企求神仙、驱鬼避邪、充满道教色彩的铭文。如“仙上并照，智水齐名”、“防奸集祉，应物无穷”、“昭仁昞德，益寿延年。至理贞壹，鉴保长全”、“阿房照胆，仁寿悬宫。……山魑敢出，冰质堑工”、“精金百炼，有鉴思极”、“水银呈阴精，百炼得为镜。八卦寿象备，卫神永保命”、“率舞鸾凤，奔走鬼神。长悬仁寿，天子若春”、“长庚之英，白虎之精。阴阳相资，山川效灵。宪天之则，法地之灵。分列八卦，顺孝五行。百灵无以逃其状，万物不能遁其形。得而宝之，福禄来成”、“透光宝镜，仙传炼成。八卦阳生，欺邪主正”、“天地含为，日月贞明。写规万物，洞鉴百灵”、“洞照心胆，屏除妖孽。永世作珍，服之无沐”、“上圆下方，象于天地。中列八卦，备着阴阳。辰星镇定，日月贞明。周流为水，以名四滨。内置连山，以旌五岳”、“龟自卜，镜自照。吉可贞，光不耀”、“百炼神金，

葵口花枝镜　唐代

半圆纽，纽的四周是缠枝莲花，外面为排列紧密的连珠纹一周；外圈是八朵折枝莲花，其以两种不同形式的花蕊相间排列组合；镜缘作八瓣葵花式，镜面平坦。莲花是佛教中常用的花卉，其多寄托着圣洁的理念，是唐代装饰图案中常见的。该镜的图案构思精巧，与唐代常见的繁密的各类葡萄纹镜相比，具有清新脱俗的新鲜感觉。

九寸圆形。禽兽翼卫，七曜通灵。鉴□天地，威□□□。□山仙□，奔轮上清"、"形□□□，保□长生。水银阴精，辟邪□□"等。唐镜中这些求仙驱邪的铭文，一般大多见于八卦纹镜，且表达方式与汉镜亦不一样。汉代镜铭往往直接写道"上大山，见神人"之类的语句，甚至直接写上东王公西王母等仙人的名字；唐镜中此类铭文数量除较汉代要少之外，其铭文内容也不像汉代那么郑重其事，反映了隋唐时期人们的人仙观较汉代有所进步，他们更强调的是对现实美好生活的追求。

爱情是人类社会永恒的主题，唐代镜铭中自然也不乏爱情相思铭文。如"鸾窥自舞，照日花开。临池似月，睹貌娇来"、"兰闺婉婉，宝镜团团。曾双比目，经舞孤鸾。光流粉黛，采散罗纨。可怜无尽，娇羞自看"、"冬朝日照梁，含怨下前床。帷寒以叶带，镜转菱花光。会是无人觉，何用早红妆"、"既知愁里日，不宽别是要(腰)。惟有相思苦，不共体俱消"、"凤凰双镜南金装，阴阳各为配，日月恒相会，白玉芙蓉匣，翠羽琼瑶带，同心人心相亲，照心照胆保千春”、“月样团圆冰样清，好将香阁伴闲身。青鸾不用羞孤影，开匣当如见故人”等等。唐镜中此种爱情相思镜铭，恰如一首首充满情意的乐章，缠绵悱恻、酣畅淋漓。而汉代镜铭中的爱情相思铭文却完全不同，它与其说是表达男女之间的思念之情，倒不如说是一曲曲催人泪下的悲歌。汉唐镜铭表达男女之情的差异，自然与社会大环境紧密相关。汉代一直面临少数民族的侵扰，男子很多不得不远征，女子则常独守闺房，这种男女之间的相思之情自然就充满了悲凉的色彩。而唐代则不同，唐代社会安定团结、国家繁荣昌盛，对外关系也相对稳定，唐代镜铭也就充分体现了太平盛世下男女间真正幸福美满的爱情。

骈 文

为与散文相对称的文体，也叫骈体文。因其字句皆成对偶而得名，其以四字六字与四字六字相对为基本句法者，别称四六文。它讲究声律的调谐、用字的绮丽、辞汇的对偶和用典。骈文讲究形式，内容的表达自然很受限制。韩愈、柳宗元所倡导的古文运动，使古文得以复兴，并逐渐地取代了骈文。

古文运动的倡导者柳宗元

隋唐镜铭形式的新特点

就形式而言，隋唐镜铭明显比汉代要规范，极少错别字，也几乎无减笔字，填字减字、漏字漏句等现象也极为少见。此外隋唐镜铭形式还有如下两个明显的特征。

多采用骈体

骈体，即骈体文，简称“骈文”，即指以骈体写成的文章，起源于汉魏时期。其以偶句为主，讲究对仗和声律，易于讽诵。至魏晋南北朝时期，骈文则专尚骈俪，以藻绘相饰，文格遂趋卑靡。唐代以来，因其多用四言六言的句子对偶排比，故又称“四六文”，即所谓的“骈四俪六”，讲究声律的调谐、用字的绮丽、辞汇的对偶和用典。

《骈体文钞》书影　李兆洛　清代

《骈体文钞》是一部骈体文总集，共三十一卷，分为上中下三编。其中，上编十八卷，包括铭刻、颂、诏书、檄移等各体；中篇八卷，包括论、序、碑记、志状等各体，属于指事述意之作；下编五卷，包括连珠、笺、杂文等各体，多属于缘情托兴之作。这部书成于嘉庆末年，标举魏晋、六朝宗旨，选编了先秦两汉至隋之文，以便学者沿流而溯源。李兆洛认为文之起源不分骈散，而主张骈散合一。

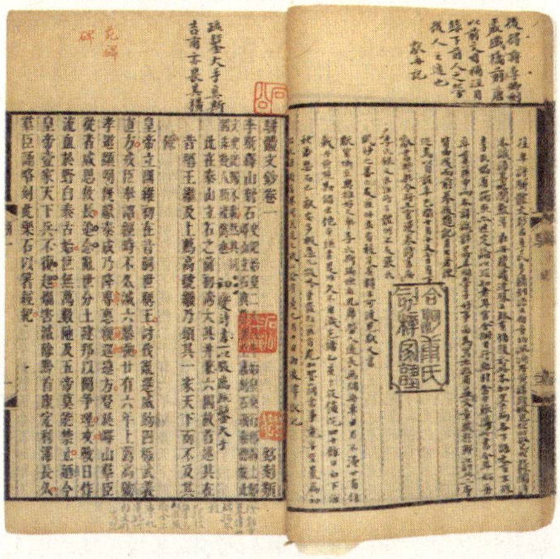

鎏金花鸟纹八角铜镜　唐代

菱花兽纽禽鸟镜　唐代

匍匐式兽纽，纽四周各饰一鸾凤，凤鸟展翅飞舞，颇具动感，鸾凤间各饰一折枝花卉，边缘凸起作八瓣菱花形，每瓣饰一折枝花卉，相间排列，镜面微凸。鸾凤是祥鸟，为凤凰之属，亦被称之为吉祥鸟，在民间传说中又有鸳鸯匹配之鸟的说法，象征爱情。

骈文虽然于南北朝时期已经盛行，但因当时时局混乱，王朝短暂，更替频繁，铜镜的发展受到很大的限制，所以骈文并没有过多地体现在南北朝铜镜铭文中。

唐代前期，骈文仍然普遍使用。大量的奏、章、书、表、启、记、论、说等，都多采用骈体写成。现今可以看到的，从唐太宗贞观初年至唐玄宗开元末年一百一十余年间的策文，几乎无一例外的全是骈文，足见骈文在当时文坛中的地位。

唐代社会稳定、文化繁荣。唐初文学中骈文的大量使用，自然也影响到同时期的文化、艺术等方面，这其中就包括铜镜艺术。隋至唐初铜镜铭文较多，以四言为主，且多采用骈体，骈体镜铭盛极一时。前文所列举的隋唐镜铭，大多就是采用四言骈体。如“镕金琢玉，图方写圆。质明采丽，菱净花鲜。龙盘匣里，凤舞台前。对影分袂，看镜若妍”、“照心宝镜，圆明难拟。影入四邻，形超七子。菱花不落，迴风讵起。何处金波，飞来匣里”等。

骈文讲究形式，内容的表达自然很受限制。郭沫若在《中国史稿》中就曾谈到：“南北朝时期，骈文盛行。这种文体讲求对偶和声律，使用很多典故，堆砌词藻，意少词多，在表达思想内容方面受到很多限制。”于是从初唐以后，就有人对骈体文风提出了批评。唐代天宝年间以后，萧颖士、李华、元结、独孤及、梁肃、柳冕等人更是提倡复古思潮，大力批判骈体文的浮靡华艳的文风，要求建设一种散体单行的新型散文文体。他们研习经典，以儒家思想为依归，成为韩、柳古文运动的先驱。后来韩愈、柳宗元所倡导的古文运动，更是使古文得以复兴，并逐渐地取代了骈文。这一文学现象，也影响到了唐代铜镜文化。盛唐以后铜镜铭文明显较少，四言骈体更是少见。

晚唐时期，古文衰落，骈文又得以复兴，于是此一时期铜镜铭文也有所增加。但是毕竟骈文的流行时代已经过去，复兴也仅是昙花一现。

出现回文

“回文”为修辞手法之一。指某些诗词字句，回环往复读之均能成诵，是一种颇为有趣的文学样式。如南朝齐王融《春游回文诗》：“池莲照晓月，幔锦拂朝风。”回复读之则为“风朝拂锦幔，月晓照莲池。”回文的起源说法不一，一说起源于《道原》，如南朝梁刘勰《文心雕龙·明诗》言：“回文所兴，则《道原》为始。联句共韵，则柏梁余制。”因《道原》已佚，此说便无从考证。另一说起源于前秦窦滔妻苏蕙的《璇玑图》诗，如清代学者朱象贤《回文类聚序》说“诗体不一，而回文尤异。自苏伯玉妻《盘中诗》为肇端，窦滔妻作《璇玑图》而大备。今之屈曲成文者，盘中之遗也。”窦滔妻，名苏惠，字若兰。其所作的《璇玑图》多达841字，为五彩丝线织成诗文，长宽8寸，即《璇玑图》。

回文诗句，虽有文字游戏的味道，但不得不说这种文学样式别具匠心。至唐代，铜镜铭文中也出现了回文诗，如“镜发菱花，净月澄华”、“发花流采，波澄影正，月素齐明，鉴秦逾净”、“别春驰忧，结恋离愁”、“澄清花镜，菱精华净”等。

回文镜铭的读法有多种，如“镜发菱花净月澄华”句，梁上椿便释道：“铭文八字，读法甚多，正读四言八首，回文读四言八首，又回文读五言八首，首尾交加读五言八首，共得三十二首。”

回　文

指某些诗词字句，回环往复读之均能成诵的文学样式。对于回文诗的起源历来说法不一，一说起源于《道原》，可惜《道原》已佚，无从考证。一说起源于前秦窦滔妻苏蕙的《璇玑图》诗。唐代镜铭中有的也采用回文体的形式，如“镜发菱花净月澄华”，此八字可回环往复朗读，读法可达三十二种之多。

四神回文诗镜　隋末唐初

镜铭是我国最早的回文。那是在圆形铜镜四周刻上字句，字字可起讫回环。隋唐时的镜铭有“镜发菱花净月澄华”、“象物征神朗月澄真”等，其文倒顺各成八句，且都合情理。

隋唐铜镜纹饰中的吉祥文化

"三武一宗"

指的是中国佛教史上的四次大规模的灭佛事件，即北魏太武宗灭佛、北周武帝灭佛、唐武宗灭佛、后周世宗灭佛。四次灭佛运动，不但没有阻止我国佛教发展的步伐，相反它正是佛教盛极一时的表现。

吉祥，《周书·武顺》云："礼义顺祥曰吉。"《周易·系辞下》曰："吉事有祥，象事知器，占事知来。"《庄子·人间世》中记载："虚室生白，吉祥止止。"成玄英疏曰："吉者，福善之事；祥者，嘉庆之征。"吉祥文化往往通过吉祥物和吉祥图案来表现。唐代铜镜纹饰中的吉祥图案，正是蕴涵着源远流长的吉祥文化。

喜鹊喻吉兆

喜鹊，即为鹊的俗称。早在《易·卦》中就有"鹊者，阳鸟。先物而动，先事而应物"的记载，认为鹊具有感应预兆的本领。《太平御览》卷九百二十一引《两京杂记》云："樊将军问陆贾曰：'自古人君皆云有瑞应，岂有是乎？'贾曰：'有之。干鹊噪而行人至。蜘蛛集而百事

鹊绕花枝镜　唐代

此镜为圆钮，四鸟环钮一周，二鸟脚下踏花丛，左右相对而立；钮之上下二鸟作飞舞状，其左右各饰一朵云纹。禽鸟、花卉争奇斗艳。外圈为菱花式蜜蜂花枝镜缘。

八弧双鹊衔绶镜　唐代

此镜呈八瓣葵花形，圆钮，钮左右二鸟衔绶，下有一蛟龙跃海而出，蛟龙两边各有祥云。钮上一圆为月宫，内饰桂树，捣药玉兔和蟾蜍分列树下两侧。此种铜镜镜面纹饰简洁而不失古朴，是唐代流行的镜种之一。

喜，况人君重位乎！'"

古人认为，鹊为阳鸟，喜欢干燥的环境，其性好晴，其声清亮，所以又称为"干鹊"。《诗·召南·鹊巢》言："维鹊有巢。"马瑞辰通释："鹊即干鹊，今之喜鹊也……鹊性喜晴，故名干鹊。"又宋彭乘《墨客挥犀》卷二："北人喜鸦声而恶鹊声，南人喜鹊声而恶鸦声。鸦声吉凶不常，鹊声吉多而凶少。故俗呼喜鹊，古所谓干鹊是也。"干鹊常为吉兆的象征，以示喜事来临，所以后世干脆就将"干鹊"改称为"喜鹊"。南朝萧纪的《咏鹊诗》云："欲避新枝滑，还向故朝飞。今朝听喜声，家信必应归。"五代后周王仁裕《开元天宝遗事·灵鹊报喜》中记载："时人之家，闻鹊声，皆喜兆，故为灵鸟报喜。"唐韩愈《晚秋郾城夜会联句》："室妇叹鸣鹳，家人祝喜鹊。"金代诗人元好问《得纬文兄书》云："鹊语喜复喜，山城谁与娱。”赵善括《摸鱼儿》词中云：“料喜鹊先知，飞来报了，日日倚门等。”纪昀《阅微草堂笔记》中亦记：“喜鹊檐前报好音，知君千里有归心。”说的都是鹊为喜事来临的先兆。

正因为喜鹊为报喜之吉物，故唐代铜镜中的双鹊鸳鸯镜、四花四鹊镜、双鹊月宫盘龙镜、双鸾仙山鹊衔绶带镜、双鸾花鹊镜、双鹊衔绶鹦鹉镜、双鸾双鹊绕花枝镜、双兽双鹊绕花枝镜等，均以喜鹊作为其纹饰。

荷花鸳鸯图　陈洪绶　绢本设色　明代

晋人崔豹在《古今注·鸟兽》中曰：鸳鸯,水鸟,凫类也。雌雄未尝相离,人得其一,则一思而死,故曰匹鸟。鸳鸯是永恒爱情的象征，人们通常以鸳鸯在清波明湖之中的亲昵之举联想美好愿望。此图中，一对鸳鸯悠然戏水，上面荷叶碧绿似伞，几朵红荷正绽吐芳菲，一只青蛙隐伏于石后的荷叶上，窥视甲虫，弓身欲出，动态如生，平添了些许生机与意趣。

鸳鸯喻幸福

鸳鸯为我国传统文化中的吉祥动物，旧传雌雄偶居不离，古称“匹鸟”。早在《诗经》中就有关于鸳鸯的记载，如《诗·小雅·鸳鸯》云：“鸳鸯于飞，毕之罗之。君子万年，福禄宜之。鸳鸯在梁，戢其左翼。君子万年，宜其遐福。”毛传：“鸳鸯，匹鸟也。”晋代张华《禽经》中云：“鸳鸯，匹鸟也。朝倚而暮偶，爱其类也。”又晋代崔豹《古今注·鸟兽》云：“鸳鸯，水鸟，凫类。雄雌未曾相离，人得其一，则一者相思死，故谓之匹鸟也。”古人认为雄者为鸳，雌者为鸯；雄居于左，雌居于右，白天并翅而飞，晚上交颈而睡，如清唐孙华《渔父词》之三：“湖上鸳鸯亦并头，鳏鳏鱼目夜长愁。”

鸳鸯还讲究夫妻情感的专一，即使失偶后，也终生不再求配。故人们常以鸳鸯比喻夫妻间的恩爱幸福、忠贞不渝。汉代司马相如曾为卓文君作《琴歌》云：“有艳淑女在闺房，室迩人遐毒我肠。何缘交颈为鸳鸯，胡颉颃兮共翱翔！”此处“鸳鸯”，明显是言男女之情、夫妻之事，卓文君也因此与之私奔。又见唐代卢照邻《长安古意》：“得成比目何辞死，愿作鸳鸯不羡仙。”及唐温庭筠《南歌子》词：“不如从嫁与，作鸳鸯。”

古人很早就用鸳鸯作为吉祥图纹，很多的饰物上都饰有鸳鸯图案。如南朝梁简文帝《和徐录事见内人作卧具》：“衣裁合欢襦，文作鸳鸯连。”后蜀顾夐《甘州子》词：“禁楼刁斗喜初长，罗荐绣鸳鸯。山枕上，私语口脂

香。”等。

大约于魏晋南北朝时，铜镜纹饰也开始出现了鸳鸯纹。魏晋南北朝时的禽鸟镜，其主纹就为飞鸟、鸿鹤或鸳鸯等。如湖南长沙出土的一“鸳鸯四叶镜”，径7厘米，钮座外就是四鸳鸯与四不规则的菱形叶相间环绕。唐代铜镜中以鸳鸯图案作纹饰的则更多，如鸳鸯绕花枝镜，其主题纹饰就是四只鸳鸯与四株折枝花相间环绕；再如双鹊鸳鸯绕花枝镜、瑞兽鸳鸯并蒂莲镜等，纹饰中都含有鸳鸯图案。唐代镜铭中更是直接言及鸳鸯，如“窥庄益态，韵舞鸳鸾。万龄永保，千代长存。能明能鉴，宜子宜孙”。

牡丹喻富贵

古无牡丹之名，统称芍药，后以木芍药称牡丹。一般谓牡丹之称在唐以后，但在唐前，已见于记载。至唐开元中盛于长安，至宋在中州以洛阳为冠，在蜀以天彭为冠。群花品中，牡丹第一，芍药第二，故世谓牡丹为花王，芍药为花相（《汉语大词典》）。

唐代皇帝多爱牡丹，上行下效，朝

（左）鸳鸯蜂蝶纹镜　唐代

此镜圆钮，内切圆中四鸳鸯，姿态各异。外圈两只蜂蝶成飞翔状。外圈为菱花式蜂蝶花枝镜缘。

（右）鸳鸯戏水镜　唐代

喜　鹊

古人认为，鹊具有感应预兆的本领。鹊为阳鸟，喜欢干燥的环境，其性好晴，其声清亮，所以又称为“乾（即“干”）鹊”。干鹊常为吉兆的象征，以示喜事来临，所以后世干脆就将“干鹊”改称为“喜鹊”，认为其为喜事来临的先兆。

鸳　鸯

鸳鸯为我国传统文化中的吉祥动物。古人认为雄者为鸳，雌者为鸯。雄居于左，雌居于右，雌雄偶居不离，古称“匹鸟”。它们白天并翅而飞，晚上交颈而睡。鸳鸯情感专一，即使失偶后，也终生不再求配。故人们常以鸳鸯比喻夫妻间的恩爱幸福、忠贞不渝。

牡 丹

古无牡丹之名，统称芍药，后以木芍药称牡丹。一般谓牡丹之称在唐以后，但在唐前，已见于记载。至唐开元中盛于长安，至宋在中州以洛阳为冠，在蜀以天彭为冠。群花品中，牡丹第一，芍药第二，故世谓牡丹为花王，芍药为花相。唐人偏爱牡丹，并称其为“富贵花”。

牡 丹　蒋廷锡　绢本设色　清代

牡丹是中国的传统名花，享有“百花之王”、“富贵花”之美誉。如唐诗赞它“佳名唤作百花王”。宋周敦颐《爱莲说》中称：“牡丹，花之富贵者也。”唐人在牡丹花开季节举行牡丹盛会，长安人倾城而出，如醉似狂。此牡丹图中，牡丹绽蕊怒放，以淡墨写花枝，墨色中加入汁绿写叶，淡墨写花，形象生动。

野种植、观赏牡丹之风，也就日趋盛行，如《全唐诗》卷四百七十四《牡丹》徐凝诗云：“何人不爱牡丹花，占断城中好物华。疑是洛川神女作，千娇万态破朝霞。”牡丹还被美誉为“国色天香”、“天下第一香”，并有“花王”之称。《群芳谱》中云：“唐开元中，天下太平，牡丹始盛于长安。”唐李肇《唐国史补》中就曾记载唐人爱牡丹的盛况云：“京城贵游尚牡丹三十余年矣。每春暮，车马若狂，以不耽玩为耻。”唐代诗歌中也有不少对唐人嗜爱牡丹的描绘，刘禹锡就有诗云：“唯有牡丹真国色，花开时节动京城。”崔道融《长安春》云：“长安牡丹开，绣毂辗晴雷。若使花长在，人应看不回。”白居易在其诗《牡丹芳》中更是大为感慨唐人对牡丹的痴狂：“花开花落二十日，一城之人皆若狂。”

宋代洛阳牡丹更是天下闻名。著名文人欧阳修在《洛阳牡丹记序》中云：“至牡丹则不名，直曰花，其意谓天下真花唯牡丹也。”将牡丹作为花之代名词，足见其影响之大、地位之高。宋代牡丹种植业繁荣，《洛阳花木记》中记载，洛阳牡丹种类多达 109 种之多，其中包括“姚黄”等名贵品种。梅尧臣就有诗云：“洛阳牡丹名品多，自谓天下无能过。”

古人偏爱牡丹，自然是爱其典雅大方，富丽堂皇，故牡丹又被称为“富贵花”。宋周敦颐在其《爱莲说》中就明确写道：“牡丹，花之富贵者也。”富贵，乃世人的共同愿望和追求，而素有“富贵花”之称的牡丹，自然也就倍受人们的喜爱。当时很多人都不惜重金购买牡丹，王睿（一作王毂）《牡丹》诗云："牡丹妖艳乱人心，一国如狂不惜金。"徐夤《牡丹花二首》之一云："开当青律二三月，破却长安千万家。"白居易的《秦中吟十首·买花（一作牡丹）》更是从侧面道出了唐人对牡丹的情有独钟："帝城春欲暮，喧喧车马度。共道牡丹时，相随买花去。贵贱无常价，酬直看花数。灼灼百朵红，戋戋五束素。上张幄幕庇，旁织巴篱护。水洒复泥封，移来色如故。家家习俗，人人迷不悟。有一田舍翁，偶来买花处。低头独长叹，此叹无人喻。一丛深色花，十户中人赋。"

牡丹为唐人如此痴爱，自然地，牡丹图案也被引入到人们日常物品纹饰之上。有的于鞋子上刻有牡丹纹，并称其为牡丹鞋，如范元凯《章仇公席上咏真珠姬（章仇公，大历中蜀州刺史）》："神女初离碧玉阶，彤云犹拥牡丹鞋。应知子建怜罗袜，顾步裴回拾翠钗。"卢肇《戏题（肇初计偕至襄阳，奇章公方有真珠之惑）》亦云："神女初离碧玉阶，彤云犹拥牡丹鞋。知道相公怜玉腕，强将纤手整金钗。"有的于印章上刻有牡丹，如岑参《左仆射相国冀公东斋幽居（同黎拾遗赋献）》中记："玉佩罥女萝，金印耀牡丹。"铜镜也开始以牡丹为纹饰。

作为唐代铜镜中颇具特色的一种镜类——宝相花镜，其宝相花图案，就是莲花与牡丹相结合组成的图形。如果说唐镜中牡丹纹饰还不够鲜明的话，那宋元铜镜中牡丹已成了一重要的纹饰。宋代以后的缠枝牡丹葵花镜，钮座外就饰有缠枝牡丹纹。辽代的双蝶牡丹，其主纹就是牡丹和蝴蝶组成的图案。同期的牡丹鸾鸟镜，则是以牡丹和鸾鸟为主题纹饰。元代的双凤牡丹纹镜，有的就是于双凤之间饰以大朵的牡丹花。总之，宋以后以牡丹为纹饰的铜镜，其牡丹图案已形象鲜明、艳丽夺目。

葵花仙骑镜　唐代

八瓣葵花形，圆纽，纽外四仙人分乘仙鹤、麒麟翱翔天空；外区为蜜蜂、荷叶相间。此镜纹饰清晰，品相佳，在同类纹饰镜中属版模佳者。

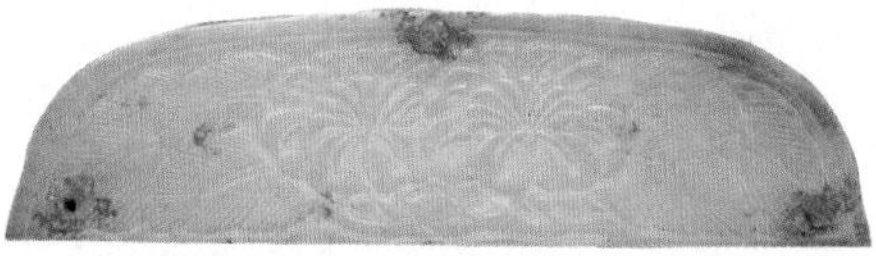

双面牡丹玉梳　唐代

牡丹作为观赏花卉始于唐代，盛唐时，牡丹作为商品进入了交换领域，其价格始终昂贵。白居易《秦中吟·买花》诗说："一丛牡丹开花一百。"其价值为"五束素"，即当时的25匹绢，顶得上"十户中人赋"。唐人对花香的描绘也是虚实相兼，刻意求工。牡丹也因此进入人们生活的各个领域。图为两面都雕刻牡丹的玉梳。

外来文化对隋唐铜镜的影响

佛教文化与"卐"字纹镜

西汉时期传入的佛教，经过魏晋南北朝的发展，至隋唐时已经进入了极盛时期。隋文帝曾组织众人撰集《众经目录》两部，抄写经书46藏，132 086部。唐代在翻译经书方面更是超过前人，总计译出佛典372部，2 159卷，致使民间出现了佛经多于"六经"数倍的现象。

佛教的盛行，自然离不开统治阶级的大力支持和提倡。唐代是一个开

（左）鹦鹉衔绶带镜　唐代

圆形，圆纽，团花纽座。主纹饰区逆向配置两只振翅欲飞之鹦鹉，喙前有两簇花草，喙衔盘花配锦绶带，上缀有方腾和其他实物，飘曳俊秀，美不胜收。镜为头版，在此类镜中实为难得，故鹦鹉的形象能刻画得活灵活现、细致入微。整个镜面纹饰疏密有序、错落有致，具有极强的装饰美感。该镜斑驳黑古漆，品相一流，镜体硕大、厚重，当为皇家用物也。惜裂。

（右）双马鹦鹉镜　唐代

八瓣葵花形，双雀鸟立于镜纽两侧，纽上一鹦鹉口衔一枝葡萄，纽下一雀鸟口衔一枝葡萄，左右为两匹飞马，外区为云气纹和雀鸟。该镜较大，双马、鹦鹉、雀作为主纹饰者少见。

明宽容的社会，对外来佛教也采取兼容并包的政策。唐代统治者从唐高祖开始，大都对佛道二教采取并重的态度，因此尽管历史上曾有过三武一宗的灭佛运动，但佛教仍在隋唐盛极一时。

据传隋文帝杨坚就诞生在尼姑庵里，在他十三岁之前一直都是由尼姑智仙抚养长大。从小就接受佛教熏陶，隋文帝自然对佛教有着一种特殊的感情，并在建立隋帝国之后大力弘扬佛教。受其影响，隋炀帝也极力推崇佛教，据《历代三宝记》卷一十二中记载，“隋炀帝于长安造二禅定，并二木塔，并立别寺十所，官供十年。修故经六百一十二藏，二万九千一百七十二部，治故像十万另一千区，造新像三千八百五十区，度僧六千二百人。”

唐王朝对佛教同样很是重视。唐朝皇帝多对佛教大为扶持或利用，有的甚至本人就是虔诚的佛教徒，如唐高宗、武则天、唐中宗、唐睿宗、唐肃宗、唐德宗、唐宪宗、唐懿宗等。尤其是武则天，面对传统文化中男尊女卑的世俗观念，她便将自己登上皇位的理论依据转向于外来的佛教，力图从佛教中寻求帮助和解释。她还亲自参与《华严经》的翻译，并为之作序。正是在唐时诸多统治者极力崇佛的影响下，佛教文化在这一时期被推上了一个新的高潮。

唐代崇佛的另一重大事件，当为迎佛骨。佛骨即“佛舍利”、“舍利子”，最初传为释迦牟尼佛遗体火化后结成的坚硬珠状物，为佛教中最为神圣的仪物，因此迎佛骨便为唐代帝王作佛事的盛大活动。唐代曾前后七次大规模地举行迎佛骨的活动。尤其是唐宪宗时，于元和十四年（公元819年）迎佛骨进京，先是将佛骨放于宫中供奉三日，然后送长安各寺院巡回展览。韩愈曾因此上书反对，却遭到宪宗怒斥，险些掉了性命，最后被远贬到潮州为刺史。唐懿宗迎佛骨，也曾遭到了大臣的反对，但他却说：“朕生得见之，死亦无恨”。

武则天

武则天（公元624—705年），名曌，唐高宗李治的皇后，唐中宗李显、唐睿宗李旦之母。高宗去世后，武则天相继废掉两个儿子中宗和睿宗，亲登帝位，改国号为“周”，史称“武周”，她是我国历史上唯一的女皇。作为政治家的武则天有意识地运用了佛教的社会影响力来达到某些政治目的，她把太宗的“道先佛后”改为“僧道并重”，然后又进一步使佛教成为当时的第一宗教。

正因为上层统治者的崇佛、信佛、佞佛，下层社会自然也就会深受佛教影响，佛教日益渗透到社会生活的各个方面，包括对铜镜文化的渗透和影响，出现了如“卐”字纹、莲花纹、孔雀纹、狮子纹等纹饰。

有的学者认为卐字图案在中国早就有之。如火石在其文《关于“卐”字

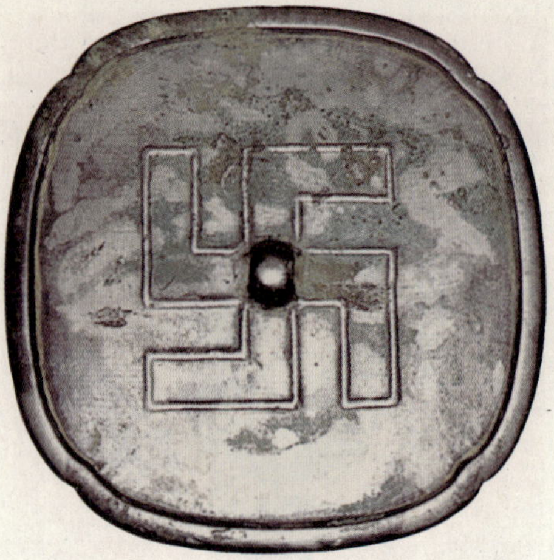

“亚”字形“卐”字纹镜　唐代

佛教自从东汉末传入中国以后，经过魏晋南北朝时期的发展，到唐代达到全面兴盛。佛教在唐代的兴盛也反映在铸镜方面，“卐”字镜就是其中的代表。“卐”字镜中间的“卐”字，这种纹形常见于佛像及其装饰中。亚字形“卐”字镜通常有方形和圆形两种，主要纹饰是以钮为中心作双线“卐”字，有的在“卐”字中间有铭文。

图案》中说：1974年在青海乐都柳湾出土的马厂文化陶纹上发现有“卐”符号，它为人类所奉太阳神或火神的象征。尽管火石以生动的实例来说明“卐”符号于中国早已有之，但笔者认为，即便如此，“卐”所蕴涵的象征意味，以及它在唐代的发展和流行，依旧与佛教的影响紧密相关。

西域文化与葡萄纹镜

瑞兽葡萄镜为唐代一重要镜类。葡萄纹饰的产生当与西域文化紧密相关。“西域”为汉以来对玉门关、阳关以西地区的总称，狭义专指葱岭以东而言，广义则凡通过狭义西域所能到达的地区，包括亚洲中、西部，印度半岛，欧洲东部和非洲北部都在内。汉代以后为今玉门关以西的新疆及中亚细亚等地区的总称。《汉书·西域传序》：“西域以孝武时始通，本三十六国，其后稍分至五十余，皆在匈奴之西，乌孙之南。南北有大山。中央有河，东西六千余里，南北千余里。东则接汉，阸以玉门、阳关，西则限以葱岭。”

西域盛产葡萄。“葡萄”亦作“蒲陶”、“蒲萄”或“蒲桃”。《史记·大宛列传》中记：“及天马多，外国使来众，则离宫别观旁尽种蒲萄、苜蓿极望。”《后汉书·西域传第七十八》云：“伊吾地宜五谷、桑麻、蒲萄。”《新唐书·西

唐代丝绸之路

丝绸之路，亦称丝路，因由这条路西运的货物中以丝绸制品的影响最大，故名。这条交通路线最早为汉代张骞出使西域时开辟。到唐代，中国对外交通的陆路路线以长安为中心，经河西走廊，出敦煌的玉门关西行，经今新疆境内有三条路可通中亚、西亚、巴基斯坦和印度。丝绸之路的开辟是人类文明史上的一个伟大创举，它极大地促进了东西方文化的交流和融汇，在一定程度上推动了佛教向东方的传播。

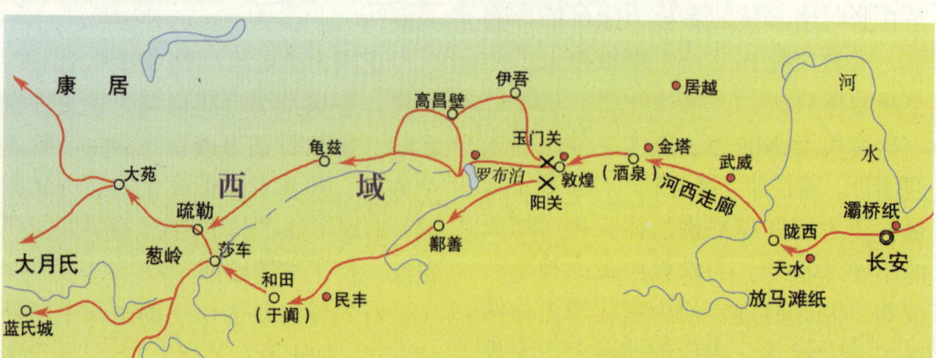

（左）胡人驯狮双雀镜　唐代

葵花形，圆纽，纽上仙山祥云；两侧雀鸟衔绶飞往仙山，下有一狮作奔跑状，脖子上有索套，侧一胡人双手拉绳索，作驯狮状；外区祥云，折枝花环绕，双鸾衔绶于镜之中。

（右）蛟龙纹镜　唐代

圆形，半圆纽，纽外围两周繁复的蛟龙纹，蛟龙有身无首，全部以细密的圆涡纹、三角雷纹和绳纹构成；主纹饰为六祖纠缠在一起的蛟龙，每组由二龙组成，头相对，圆眼大耳，躯干上均为圆涡雷纹，向后伸与另一组龙纹相接，六祖龙首间隔的一组向镜纽、一组向镜缘。整体构图繁复细密，有战国镜的风格，是唐镜纹饰中的稀有品种。

域传上》记载：“焉耆国直京师西七千里而赢，横六百里，纵四百里。东高昌，西龟兹，南尉犁，北乌孙。逗渠溉田，土宜黍、蒲陶，有鱼盐利”、“龟兹，一曰丘兹，一曰屈兹，东距京师七千里而赢，自焉耆西南步二百里，度小山，经大河二，又步七百里乃至。横千里，纵六百里。土宜麻、麦、粳稻、蒲陶，出黄金”、“南五十里有笯赤建国，广千里，地沃宜稼，多蒲陶”、“山谷相属，产金、铁、蒲陶、郁金”。又《新唐书·西域列传下》亦云：“南有商弥，地大二千里而赢，多蒲陶”、“俱位，或曰商弥。治阿赊风日师多城，在大雪山、勃律河北。地寒，有五谷、蒲陶、若榴，冬窟室”、“大食，本波斯地。……蒲陶大者如鸡卵。有千里马，传为龙种”。以上记载表明，汉唐时期西域为盛产葡萄之地。其实直到现在的新疆仍然是我国葡萄的重要产地。

早在汉代时期，葡萄就传入到我国中原地区。《汉书·西域传》中记：“汉使采蒲陶、目宿种归。天子以天马多，又外国使来众，益种蒲陶、目宿离

“卐”

为佛教的吉祥符号，在梵文中意为“吉祥万德之所集”，并常置于佛的胸前。佛祖释迦牟尼胸前就配有卐纹图案，称为“瑞相”，为三十二相之一。佛经对卐符号，有着不同的翻译。罗什、玄奘等翻译为“德”，而菩提流支则翻译为“万”。唐代武则天贵为“万岁”，便于长寿二年（公元 693 年）定卐为“万”字。宋代法云《翻译名义集》中记载：“卐字本非字，大周长寿二年（公元 693 年）主上权制此文，着于天枢，音之为‘万’，谓吉祥万德之所集也。”

宫馆旁，极望焉。”颜师古曰：“今北道诸州归安定北地之境，往往有目宿者，皆汉时所种也。”南朝梁何思澄《南苑逢美人》诗云：“风卷蒲萄带，日照石榴裙。”

至唐代，中原与西域关系更为密切，经济、文化交流相当频繁。葡萄不仅直接输入长安，而且唐人掌握了葡萄的种植技术，甚至已经学会了酿制葡萄酒。西域大宛左右都好以葡萄为酒，有的富人家里藏酒甚至多达万余石。《晋书》卷九十七亦云：“大宛国去洛阳万三千三百五十里，南至大月氏，北接康居，大小七十余城。土宜稻麦，有蒲陶酒，多善马，马汗血。”胡人还曾向汉人岁献葡萄酒，“汉家海内承平久，万国戎王皆稽首。天马常衔苜蓿花，胡人岁献葡萄酒”（鲍防《杂感》）。唐人也掌握了酿造葡萄酒的方法，李白《襄阳歌》云：“鸬鹚杓，鹦鹉杯，百年三万六千日，一日须倾三百杯。遥看汉水鸭头绿，恰似葡萄初酦醅。”其《对酒》诗亦云：“蒲萄酒，金叵罗，吴姬十五细马驮。”王翰《凉州曲》：“葡萄美酒夜光杯，欲饮琵琶马上催。”刘禹锡《葡萄歌》：“野田生葡萄，缠绕一枝高。……酿之成美酒，令人饮不足。”可见以葡萄酿酒在唐代已经极为普遍了。

以葡萄纹作为艺术品上的图案，大约于汉代就已经开始。《西京杂记》卷一就记载汉代的丝织品上就绣有葡萄花纹。其云：“汉霍光妻遗淳于衍蒲桃锦二十匹，散花绫二十五匹。”南朝梁诗人刘孝威《郡县遇见人织率尔寄妇诗》中亦记载：“妖姬含怨情，织素起秋声。度梭环玉动，踏蹑佩珠鸣。经稀疑杼涩，纬断恨丝轻。葡萄始欲罢，鸳鸯犹未成。”根据诗中前面对织布声的描写，诗中的“葡萄”、“鸳鸯”应该都指的是纹饰。唐代丝织品中葡萄纹样进一步丰富，李端《胡腾儿》：“胡腾身是凉州儿，肌肤如玉鼻如锥。桐布轻衫前后卷，葡萄长带一边垂。”施肩吾《杂曲歌辞》古曲五首之一：“夜裁鸳鸯绮，朝织蒲桃绫。欲试一寸心，待缝三尺冰。”其中的“葡萄”或“蒲桃”指

玄奘取经图　壁画

玄奘（公元602—664年），俗名陈炜，世称三藏法师，洛州缑氏（今河南偃师滑国故城）人。它是中国佛教史上贡献卓越的高僧，贞观三年（公元629年），玄奘从长安（今西安）出发，历经4年至印度那烂陀寺，拜名僧戒贤为师，研习《瑜伽师地论》等佛经。贞观十九年（公元645年）携大、小乘佛教经典回到长安，后与弟子窥基等人创立佛教唯识宗。明代吴承恩之《西游记》中的唐僧原型就取自玄奘。

瑞兽孔雀葡萄镜 唐代

唐代多用“瑞兽葡萄”作为装饰图案，以孔雀作为铜镜的主要题材为数较少。孔雀的佛家语为摩由维，《涅槃经三十四》曰：“自有众生，非因父母而得生长。”佛教中的孔雀明王一头四臂，能驾孔雀。此镜子为圆形，蟠龙钮，钮外瑞兽、孔雀相间列置，外区禽鸟、蜻蜓、蜜蜂和蝴蝶相间环绕，葡萄及叶蔓铺地，花卉纹缘。此类纹案复杂的铜镜传世较少。

的都是一种纹饰样式。

唐代除了将葡萄纹作为丝织品上的纹饰外，铜镜上也开始以其作为镜背纹饰。如前面所谈到的瑞兽葡萄镜，其主题纹饰就是由瑞兽和葡萄组成。瑞兽纹早在汉代就已经出现了，而将瑞兽与葡萄纹相结合，却始自唐代铜镜。这正是唐代对外交流产物的见证，或者说是唐代吸收西域文化的代表性例证。

文化融合与乐师舞狮镜

乐师弄狮镜 此镜钮的两侧各有一骑在狮子上的乐师。一人击鼓、一人吹笛。两人均为卷发、赤身。钮的上下两端各有一朵大莲花。

狮子，亦作“师子“、“狻猊”或“狻麑”。狮子有“兽王”之称。《尔雅·释兽》：“狻麑如虦猫，食虎豹。”郭璞注：“即师子也，出西域。”《穆天子传》卷一：“狻猊□野马走五百里。”郭璞注：“狻猊，师子，亦食虎豹。”唐杜甫

狮子纹镜

狮子，亦作“师子”、“狻猊”或“狻麑”。西域盛产狮子，狮子纹饰于铜镜中的出现，除了受西域文化的影响外，还与佛教的传入和发展紧密相关。印度佛教中对狮子非常尊崇，甚至称佛为人中狮子。印度佛教中对狮子的崇拜，也逐渐影响并渗透到中国文化中，狮子更是具有佛性的灵性，可用来驱邪镇宅。狮子纹饰也开始以主纹饰的地位出现在铜镜的背后，即出现了狮子纹镜。

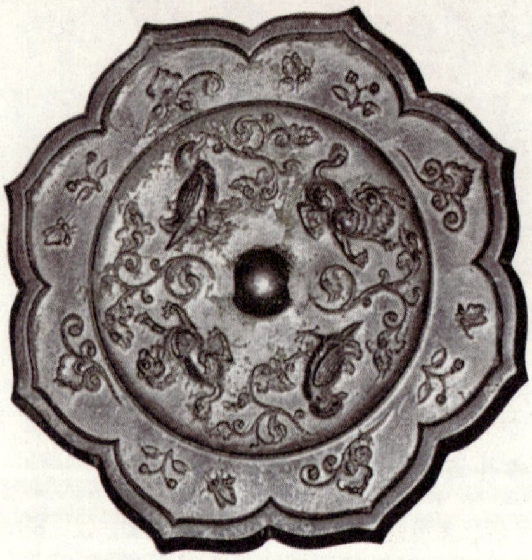

鹦鹉狻猊纹镜　唐代

狻猊即狮子，孔雀和狮子都是佛教中的神禽、瑞兽。佛教由西域传入中土，并在唐代得道空前的发展。当时的西域也盛产狮子，唐代狮纹铜镜是伴随佛教在中原的兴起而出现的。此鹦鹉狻猊纹镜形制为圆形，分两层。内圈鹦鹉和狮纹相间其中，隙间饰葡萄纹；外圈有铭文。此镜纹饰交错，极其精奇富丽。

《天狗赋》：“夫何天狗嶙峋兮，气独神秀，色似狻猊，小如猿狖。”《后汉书·孝顺孝冲孝质帝纪》云：“疏勒国献师子、封牛。”《东观记》曰：“‘疏勒王盘遣使文时诣阙。’师子似虎，正黄，有髯耏，尾端茸毛大如斗”。唐元稹《西凉伎》诗：“狮子摇光毛彩竖，胡腾醉舞筋骨柔。”

西域盛产狮子，《汉书·西域传》：“乌戈地暑热莽平，……而有桃拔、师子、犀子。”汉荀悦《汉纪·武帝纪三》：“乌弋国去长安万五千三百里，出狮子、犀牛。”《后汉书·西域传》：“条支国城在山上，……土地暑湿，出师子、犀牛、封牛、孔雀、大雀。”

汉武帝以来，对外交流日益频繁，像狮子、犀牛等奇禽异兽，也被当成贡品送入长安、洛阳等地。《后汉书·班梁列传》：“初，月氏尝助汉击车师有功，是岁贡奉珍宝、符拔、师子。”“月氏国遣使献扶拔、师子。”（《后汉书·肃宗孝章帝纪》）唐代对外交流更是频繁，各地进献狮子的记载更多。像康国、大食、大石国、波斯国等都曾向唐代宫廷进献过狮子。《旧唐书》中就记载：“四月，康国献狮子，诏世南为之赋”、“波斯国遣使献狮子”、“夏四月壬寅，康国献狮子”、“时有大石国使请献狮子”。《新唐书》中亦记：“大食使者献师子”、“俄又遣使献师子兽，帝珍其远，命秘书监虞世南作赋。”

正因为世界各地狮子的输入，狮子逐渐为汉族人所知晓。狮子图案也开始出现于丝织品等方面。如《旧唐书》记载：“其绫锦花文所织盘龙、对凤、麒麟、狮子、天马、辟邪、孔雀、仙鹤、芝草、万字、双胜、透背，及大裥绵、竭凿、六破已上，并窒禁断。”

而狮子纹饰于铜镜中的出现，除了受西域文化的影响外，还与佛教的传入和发展紧密相关。印度佛教中就对狮子非常尊崇。《大正藏·中阿含经》

（右）双犀镜 唐代

此镜呈八出葵花形，圆钮，钮左右两侧各有一犀相对立。双犀体态丰腴肥硕，四肢粗壮有力，身上满布涡状纹，鞭尾后垂。镜上方有带栏围之竹林，下方有山林水渎，花草祥云点缀，似表示此双犀应为唐朝皇室圈养之祥瑞之物。

（下）双凤双狮纹镜 唐代

如师子四足兽中独步，无畏能伏一切，佛亦如是，于九十六种外，道中一切降伏，故名人师子。”《华严经》亦云：“金刚慧师子，游行无所畏。”甚至很多佛经著作还直接以狮子来命名，如《大方广狮子吼经》、《如来狮子吼经》等。佛为人中狮子，故佛之所坐，总名就为狮子座。另外像文殊菩萨等所坐也都是狮子。

正因为与西域等地的对外交流，狮子才得以让汉唐人们所知晓。再随着佛教于汉民族的日益深入，印度佛教中对狮子的崇拜，也逐渐影响并渗透到中国文化中，狮子更是具有佛性的灵性，可用来驱邪镇宅。在长期的熏陶和影响下，至唐代，狮子纹饰也就开始以主纹饰的地位出现在铜镜的背面。

犀牛纹镜

旧说犀牛为灵异之兽。著名诗人李商隐就曾有《无题》诗云：“身无彩凤双飞翼，心有灵犀一点通。”西域等地就盛产犀牛，随着文化的交流，犀牛也逐渐成为铜镜背面的纹饰。

隋唐铜镜中的道教色彩

老子骑牛图　陈洪绶　绢本设色　明代

秦汉之际，黄老道家推崇黄帝老子为先王圣哲，与儒家之尧舜周孔相仿。到唐代，李唐皇室因与老子同姓而崇奉太上老君，并累加尊号。道教虽在理论上汲取了大量的道家思想，甚至奉老子为教主，但作为哲学思想流派的道家与宗教派别的道教并非同一。出于传播的需要，后世道教将老子逐渐神话。在神话传说中，老子骑着青牛从函谷关飞升成仙而去。

唐代为道教的鼎盛时期。从最初的唐王朝建立开始，道教就与其结下了不解之缘。在李渊起兵前，就得到了道教教徒的多方帮助。唐朝正式建立后，道教便得到了大力的发展，到处大立道观，并以道教教主李耳为祖。唐高宗即位后，就追尊老子为“太上玄元皇帝”，在科举考试中也加试《老子》。唐玄宗更是崇信道教，他于天宝二年（公元743年）正月将老子的封号加以“大圣祖”，六年后又将加号为“圣祖大道玄元皇帝”，时隔五年，再次将其加号为“大圣祖高上大道金阙玄元天皇大帝”，还亲自注释老子的《道德经》，并下令修《道藏》。以后的皇帝也多对道教大为推崇，甚至迷恋丹药，唐代很多皇帝的死亡就直接或间接地与服用道教仙丹有关。

尽管早在《古诗十九首》中就写道：“服食求神仙，多为药所误。”但唐代社会仍然普遍流行服食之风，服食之风却愈演愈烈。上自皇帝大臣，下至庶民百姓，都沉迷于炼制和服用所谓的仙丹。唐代很多皇帝就因此而亡，但还是依旧一个个“前仆后继”:唐宪宗因“服饵过当，暴成狂躁之疾，以至弃

八卦十二生肖镜　唐代

八卦十二地支镜　唐代

代”；唐穆宗也因饵金石之药而早逝；敬宗年纪轻轻也渴求长命之药，曾大遣方术之士前往天台山等地采药；唐文宗甚至还将“善合金丹”的郑注升为相；唐武宗也因“饵方士金丹，性加躁急，喜怒无常”以致英年早逝；唐宣宗也因服食金丹，以致疽发于背，最后中毒而亡。如此一个个以生命作为代价，足见这些封建帝王对道教仙丹的迷信之深。

上行下效，上层统治者对道教的狂热追求，自然会逐渐影响到社会的各个领域。作为多处于下层的铜镜铸造者，也受到了道教文化的很大影响。于是他们便将具有道教色彩的图案或神仙故事刻画于铜镜背面。八卦纹镜的流行，以及诸如“嫦娥奔月”、“真子飞霜”、“王乔吹笙”等神仙人物故事镜的出现，正是唐朝道教文化高度发展的产物。

八卦纹镜

八卦纹镜类

有圆形、方形、葵花形等多种。其主纹为八卦，并配置有其他一些图案。有的配以十二生肖，有的配以干支，有的配以星象，有的配以双鸾，还有的甚至配有铭文等。

“八卦”相传是伏羲所作。《易传》作者认为八卦主要象征天、地、雷、风、水、火、山、泽八种自然现象，并认为“乾”、“坤”两卦在八卦中占特别重要的地位，是自然界和人类社会一切现象的最初根源。八卦本是反映古代人们对现实世界的认识，具有朴素的辩证法因素，被用为卜筮的象征性符号，并逐渐被道教所用，带上神秘的色彩，具有占卜和象征的意味。八卦镜种类很多，最常见的有以下几种：

八卦镜　方形，小圆钮。钮外呈方形环绕配置有八卦纹。有的外区还有铭文。如“形□□□，保□长生，水银阴精，辟邪□□”等。

八卦十二生肖镜　此镜钮座外环以八卦纹，其外再环以十二生肖纹。纹饰布局一般分为四区，自内至外分别为八卦八字铭、八卦符号、十二生肖、铭文带。其铭文多为“水银呈阴精，

五岳八卦纹镜　唐代

唐后期铜镜纹饰大多带有明显的宗教色彩，有道教意味的纹样以八卦为主纹，多配山川、日月、干支、十二生肖图文。此图所示铜镜图案将天文和八卦图案融于一起，内方外圆。

百炼得为镜，八卦寿象备，卫神永保命”之类。

八卦干支镜　此镜布局多内区为八卦图像，外区为干支铭文。也有的还分为四区，由内至外依次为符篆、干支铭、八卦图像。

八卦百炼镜　八卦图像亦呈方形环绕配置于钮外。其外再配有铭文，如“精金百炼，有鉴思极。子育长生，形神相识”之类。

八卦双鸾镜　内区为夹钮而立的双鸾。外区为铭文，如旅顺博物馆藏一对鸾八卦镜，其铭文为“上圆下方，象于天地，中列八卦，备着阴阳，辰星镇定，日月贞明，周流为水，以名四渎，内置连山，以旌五岳。”

八卦星象纹镜　圆形，分三区，以铭文为主。如故宫博物院藏的一星象纹八卦镜，其内区铭文为：“（乾）四阴，（坎）阳元，（艮）二阳，（震）三阳，

（巽）四阳，（离）花阴，（坤）二阴，（兑）二阳。”

中区饰有八同形符，符间有铭文为：“元长父舍，玄凌交度府，太玄禁府，太清馆，太华台，紫薇宫，黄帝大居堂，太素右堂。”外区亦饰有八不同形符，其间饰有星象纹。

八卦镜的流行，尤其是像符箓等抽象符号的出现，明显与道教影响紧密相关。“在经过南北朝时期的改造充实，到隋唐五代时期已经发展为较为成熟的宗教，进入了鼎盛期。这一时期道教发展的声势浩大，各地道观林立，道徒众多，求仙学道之风遍及帝王公卿、工商百姓，道家活动的盛行，对当时的文化发展产生了深刻的影响”（王永平主编：《中国文化通史·隋唐五代卷》，中国中央党校出版社）。其中就包括铜镜文化，八卦镜纹饰中符箓等抽象符号的出现，以及八卦镜在唐代的流行，这些正是道教影响的生动体现。

干　支

即天干和地支的合称。以“甲、丙、戊、庚、壬”和“子、寅、辰、午、申、戌”相配，“乙、丁、己、辛、癸”和“丑、卯、巳、未、酉、亥”相配，共成六十组，用以纪年、月、日，周而复始，循环使用。最初用来纪日，后多用来纪年，现农历仍用之。

符　箓

亦作“符录”。指道教所传秘密文书符和箓的统称。《北史·魏纪二·显祖献文帝》：“辛亥，帝幸道坛，亲受符箓。”亦指道士巫师所画的一种图形或线条，相传可以役鬼神，辟病邪。《旧唐书·方伎传·叶法善》：“法善少传符箓，尤能厌劾鬼神。”

神仙人物故事镜

神仙人物故事镜题材相当广泛，

（左）八卦星象纹镜　唐代

（右）八卦鼎形镜　唐代

月宫镜　唐代

古代对嫦娥奔月的传说有多种形式。一说嫦娥偷吃不死药后奔上月宫，化为蟾蜍；一说化为美貌仙子。此镜为八瓣菱花形，龟钮。嫦娥振袖曼舞，手擎一方牌，上有“大吉”二字。钮右侧是枝繁叶茂的桂树，钮下池水左右分别为玉兔捣药和蟾蜍，空隙饰以流云。镜缘饰四组蜂蝶采花及流云，细微之处各不相同。

包括神仙传说、民间故事、历史轶闻及社会生活等多种内容。它主要流行于唐玄宗和唐德宗年间。其中很多与道教文化紧密相关，如飞仙镜、月宫镜、真子飞霜镜、王子乔吹笙引凤镜等。

飞仙镜

飞仙镜有菱花形、葵花形、方形、圆形四种，且以菱花形和葵花形居多。主纹一般为仙骑或飞天。其又可细分为二飞仙镜、四飞仙镜和十二生肖飞仙镜等。飞仙镜画面一般都幽雅和谐，仙人腾空飞翔，背后飘带舒卷飘逸，给人赏心悦目之感。

月宫镜

月宫镜有圆形、菱花形、葵花形多种。其主纹的构图大体一致，中间为一株大的桂树，两侧一边为腾空飞舞的嫦娥，一边为筑杵捣药的白兔，树的下方是一只跳越状的蟾蜍。也有构图比较特殊的例子，如上海博物馆藏的一径为16.1厘米的月宫葵花镜，其内区纹饰仍为月宫故事，但构图与一般不同，左边为桂树，右边为玉兔，钮下为蟾蜍。更为特别的是，其外围有铭文带三圈，铭文多达一百五十六字。由外往里可读为：“杨府吕氏者，其先出于吕公望，封于齐八百年，与周衰兴，后为权臣田儿所篡，子孙流迸家子淮扬焉，君气高志精，代罕知者，心如明镜，曰：得其精焉。常云：秦王之镜，照胆照心，此盖有神，非良工所得。吾每见古镜极佳者，吾今所制，但恨不得，停之多年，若停之一二百年，亦可毛发无隐矣。蕲州刺史杜元志，好奇鉴赏之士，吾今为之造此镜，亦吾子之一生极思。开元十年五月五日铸成，东平郡吕神贤之词。”圆形月宫镜则有的还分内外区，内区纹饰与上同，只是外区配有四神，故此种圆形月宫镜又称为月宫四神镜。

飞仙凤鸟纹镜　唐代

玉兔捣药镜　唐代

月宫镜的题材，来源于民间神话嫦娥奔月的故事。嫦娥奔月的故事可谓家喻户晓。“嫦娥”，曾作“姮娥”，传说中神射手后羿的妻子，后从人间飞升到月亮。《淮南子·览冥训》中云：“譬若羿请不死之药于西王母，姮娥窃以奔月，怅然有丧，无以续之。何则？不知不死之药所由生也。”又《张衡·灵宪》中亦记：“羿请不死之药于西王母，姮娥窃以奔月，将往赦筮之于有黄，有黄占之曰：吉。翩翩归妹，独将西行，逢天晦芒，毋惊毋恐，后且大昌。姮娥遂托身于月，是为蟾蜍。”汉代因汉文帝名恒，为避讳，故将“姮娥”改称为“嫦娥”，并沿用至今。《汉书·天文志》中记：“嫦娥窃羿不死之药，奔月，及之为蟾蜍。”《搜神记》：“羿请不死之药于西王母，嫦娥窃之以奔月。”《初学记》中载嫦娥，“托身于月，是为蟾蜍，而为月精。”这些记载表明，原来传说中的嫦娥，在奔月后变成了蟾蜍。而到了唐代，嫦娥故事有了新的变化，嫦娥成了一个美貌的仙女，而不再是难看的蟾蜍。这在上面所述的月宫镜得到了充分的体现，纹饰中嫦娥与其化身蟾蜍往往并列出现。嫦娥置于镜背纹饰的左方，而蟾蜍则独自置于镜背的

嫦娥奔月

嫦娥，又作“姮娥”。汉代因汉文帝名恒，为避讳，故将“姮娥”改称为“嫦娥”，并沿用至今。她为传说中后羿的妻子，后从人间飞升到月亮。羿请不死之药于西王母，嫦娥窃之以奔月。在奔月后变成了蟾蜍。而到了唐代，嫦娥故事有了新的变化，嫦娥成了一个美貌的仙女，而不再是难看的蟾蜍。

菱花真子飞霜镜（一）　唐代

真子飞霜镜是唐镜中多见的题材之一，曾见于不少著录。此镜呈菱花形，镜钮左侧竹林旁端坐一人，另一侧树下凤鸟起舞。钮下荷池中的荷叶上有一龟，龟与莲叶形成钮与钮座。上方云山半月，云下田格中铭“真子飞霜”四字。

右下方。

为什么要将嫦娥与月亮相连，这大约与月亮特有的属性相关。月亮的阴晴圆缺，恰似“死则又育”的再生不死之物，月圆为生，月缺为死，圆缺相间，周而复始。屈原《天问》中就感慨：“月亮何德？死则又育。”因此有关月亮的故事也就赋予了“不死”的特性，如嫦娥、蟾蜍、玉兔等。嫦娥偷吃了王母娘娘的不死之药，自然便具备了不死的特性。蟾蜍具有冬眠而春醒的习性，恰如月亮的圆缺变化。同时蟾蜍生育再育能力也极强，这与月亮一样带上了不死的色彩。玉兔与月亮的相似之处在于，兔子的生育周期在29天左右，恰与月亮的圆缺周期一致。因此嫦娥、蟾蜍、玉兔也就成了月宫镜的重要题材。晋傅咸《拟〈天问〉》中就云：“月中何有？玉兔捣药。”又唐段成式《酉阳杂俎》云：“旧言月中有桂，有蟾蜍。”《论衡·顺鼓》亦云：“月中之兽，兔、蟾蜍也。”月宫镜中所蕴涵的这种“不死”涵义，当与道教炼丹成仙的思想紧密相关。

真子飞霜镜

真子飞霜镜有菱花形和葵花形两种。此类铜镜的纹饰构图一般是，画面的最下方为一莲花池，池中升起一莲叶，莲叶上托有一乌龟，正好成为镜背中心的钮和钮座。在镜钮的左侧为端坐抚琴的男子，男子身后有树林、竹笋等，身前有一长方形几案。案上置有笔、书等物。镜钮的右侧为一立于石上展翅起舞的凤凰，其身后有两至多株花树。画面的最上方为山云衔半月图，又称云山日出，有的铜镜于云层下方有一田字格，格中配有“真子飞霜”四个字。还有的铜镜于外区还环绕一圈铭文，如浙江衢州市文管会藏一真子飞霜铭带镜，其铭文是：“凤凰双镜南金装，阴阳各为配，日月恒相会，白玉芙蓉匣，翠羽琼瑶带，同心人心相亲，照心照胆保千春。”

对于真子飞霜镜的故事内容，尤其是“真子飞霜”四字的理解，可以说历来众说纷纭。钱坫《浣花拜石轩镜铭集录》中记："真子当是人名，飞霜当是操名，然遍检书传及琴谱诸书，皆不可得，古人制器原欲以流传后世，其人不作此镜，则湮没无闻矣。"这就是说端坐抚琴之人名为真子，而其所谈弹之曲当为飞霜。

而冯云鹏、冯云鹓《金石索》中则认为："真子未详，或取修真炼道之意，如南真夫人及元真子之类。飞霜疑即元霜，裴航遇云翘夫人，与诗云元霜捣尽见云英。"

滕延振对真子飞霜镜纹作了这样的解释："我们认为这类镜作为女子陪嫁妆奁的一种，纹饰中的弹琴者和凤凰左右并列，有'琴瑟调和'、'鸾凤和鸣'之意；梅竹相对，寓意为'红梅结子'、'绿竹生孙（笋）'；月亮、荷叶及龟（有的镜上有仙鹤），正合'月圆花好人寿'"（滕延振：《浙江宁海发现一件真子飞霜铜镜》，《文物》，1993年第二期）。此说即认为真子飞霜镜体现的是一种祥瑞思想。

朱江在《也来谈谈扬州出土的唐代铜镜》一文则认为："真子即真孝子的简称，飞霜当是古琴曲调十二操之一履霜操的别称，整个镜纹的内容则是尹伯奇放逐于野的喻意"（朱江：《也来谈谈扬州出土的唐代铜镜》，《文博通讯》，1981年第四期）。尹伯奇，古代孝子，相传为周宣王时重臣尹吉甫长子。母死，后母欲立其子伯封为太子，乃谮伯奇，吉甫怒，放伯奇于野。伯奇"编水荷而衣之，采苹花而食之"，清朝履霜，自伤无罪而见放逐，乃作琴曲《履霜操》以述怀。伯奇为孝子的代表，《汉书·诸葛丰传》就云："臣闻伯奇孝而弃于亲，子胥忠而诛于君。"照朱江的观点，真子飞霜镜反映的当是古代的忠孝观念。

也有的学者认为真子飞霜镜，体现的是伯牙弹琴的故事，甚至干脆将其称为伯牙弹琴镜。还有的学者甚至认为，真子飞霜镜体现的是佛教文化，因佛教以信顺佛法，继承佛业者为真子。《涅槃经·寿命品一》："成就如是无量功德，一切皆是佛之真子。"南朝陈徐陵《东阳双林寺傅大士碑》："法王真子，是号弥勒。"唐刘禹锡《袁州广禅师碑》："真子号呼，围绕薪火，得舍利如珠玑者数百十焉。"但此说对"飞霜"却未能作出相应的解释。

笔者认为，从祥云、神龟等纹饰来看，真子飞霜镜当与道教思想相关。唐

菱花真子飞霜镜（二） 唐代

此铜镜铸造于晚唐时期，其做工相对前期铜镜稍有不足，但仍不失朴素大方。安史之乱后，由于国力的衰弱，人们对铜镜制作工艺的考究逐渐转移到实用上来。

伯牙弹琴镜　唐代

此类铜镜也有说就是真子飞霜铜镜中的一种。镜钮上方饰祥云托月纹，下方饰池水山石。钮左侧一人峨冠博带，坐而抚琴，前设香案，后依竹林；右侧一凤栖于石上，凤上方饰6瓣花两枝。外区有“凤凰双镜南金装，阴阳各为配，日月恒相会，白玉芙蓉匣，翠羽琼瑶带，同心人，心相亲，照心照胆保千春”字样铭文。

代统治者将道教作为国家宗教，甚至将老子奉为“玄元皇帝”，神仙思想仍占有一定的地位。故“真子飞霜”中的“真子”，当指“玄真子”。玄真子即古代传说中的神仙。唐陈子昂《感遇》诗之五：“曷见玄真子，观世玉壶中。窅然遗天地，乘化入无穷。”李隆基《送赵法师还蜀因名山奠简》：“道家奠灵简，自昔仰神仙。真子今将命，苍生福可传。”唐张志和贬官后不复仕，归隐江湖，著有《玄真子》，亦以自号，故“玄真子”后泛指归隐江湖之人。方回《立秋》云：“朝廷欲觅玄真子，蟹舍渔蓑烟雨深。”

至于“飞霜”，古人笔下多用其描写音乐的效果，如唐代诗人王昌龄《箜篌引》：“紫宸诏发远怀柔，摇笔飞霜如夺钩，鬼神不得知其由。”李洸《方响歌》：“梦入仙楼戛残曲，飞霜棱棱上秋玉。”杜甫《夜闻觱篥》：“积雪飞霜此夜寒，孤灯急管复风湍。”又《古今事文类聚》续集卷二十二载真景元《送琴士萧长夫序》：“古音之寥寥听者欲睡兮，新声之洋洋喜而不知止兮，自战国已然况今之世兮。嗟嗟萧君娱众所弃兮，我琴可破志不可徙兮，彼斲为圆真子所耻兮，霜风翛翛裂子之袂兮。子毋好游从子归兮，予将俟子于仙游、从子于武夷兮。”所以真子飞霜说的其实就是仙人弹琴，反映的是道教超然尘世的特点。“真子飞霜镜”的出现，正是唐人求仙思想的生动体现。

王子乔吹笙引凤镜

此类镜多为圆形或八出菱花形。镜的构图各自有所不同。《中国铜镜图典》中收录的一径为14厘米的王子乔吹笙引凤镜，整个镜背布满着礁石和海浪。镜钮的右边有一吹笙之人，此人当为仙人王子乔。镜钮的左边为一展翅起舞的凤鸟。另河南洛阳出土的一径为12.9厘米的铜镜，其镜钮上方为一丛修竹，下方为山花或山峦。镜钮的左边为一吹笙之人，右边为展翅翘尾的凤鸟。此镜的左右构图刚好与上例相反。

王子乔吹笙引凤镜，反映的也是道教思想。王子乔即王乔，周灵王太子，传说中的仙人。汉刘向《列仙传·王子乔》：“王子乔者，周灵王太子晋也。好吹笙作凤凰鸣。游伊洛间，道士浮丘公接上嵩高山。三十余年后，求之于山上，见柏良曰：‘告我家：七月七日待我于缑氏山巅。’至时，果乘鹤驻山头，望之不可到。举手谢时人，数日而去。”宋之问《相和歌辞·王子乔》云：“王子乔，爱神仙，七月七日上宾天。白虎摇瑟凤吹笙，乘骑云气吸日精。吸日精，长不归，遗庙今在而人非。空望山头草，草露湿君衣。”道教非常强调音乐的作用，《要修科仪戒律钞》卷八引“太真科”云：“斋堂之前，经台之上，皆悬金钟玉磬……非唯警戒人众，亦乃感动群灵。”王子乔吹笙引凤镜正是道教思想的鲜明体现。王子乔的神话在汉代就已经流行，唐代同样盛传，作为唐代最高统治者的武则天，就曾“幸嵩山，过缑氏，谒升仙太子庙”，并亲自撰书“升仙太子碑”。“升仙太子者，字子乔，周灵王之太子也。”（《全唐文》）

这些神仙人物故事镜，或反映了唐人对炼丹成仙之术的狂热追求，或反映了唐人对超然尘世生活的真诚向往，而这些正是道教文化的产物和体现。

王子乔吹笙引凤镜　唐代

唐代铜镜与社会生活

唐代开明的政治、繁荣的经济、稳定的环境，为唐代社会创造了一个良好的生活氛围，唐代人们的社会生活也因此而丰富多彩。打马球和狩猎，就是唐人非常喜爱的两项活动，他们甚至成了唐代铜镜背后的纹饰题材，唐代也因此而出现了打马球镜和狩猎镜。

打马球图　墓壁画　唐代

马球又名“波罗球”，源于波斯，在唐代贵族社会中曾盛极一时。本图出自唐章怀太子李贤墓。图中二十余骑在山峦间奔跑追逐，画家着重描绘了五名球手紧张争夺的瞬间。最前一人乘枣红马，持曲棍球杖，作反身击球状，后随四人各持杖纵马迎击。其中的人物体态矫健，马匹奋蹄疾驰。

打马球镜

菱形，圆钮。打马球亦称击鞠、打球、击球。镜的主纹为四骑士骑马打球的场面。如江苏邗江出土的一打马球镜，其主纹就是四神态各异的骑士骑马打球。四骑士有的手持鞠杖作抢球状，有的俯身向前作击球状等。整个画面紧张激烈，生动传神。

打马球镜的出现，与唐代社会生活紧密相关。打马球就是唐代非常盛行的一种体育活动，上至宫廷、下至民间都爱好此运动，上层社会甚至几乎是人人喜爱。唐代皇帝中唐中宗、玄宗、宪宗、穆宗、宣宗、僖宗等都喜欢打马球，其中玄宗、宣宗、僖宗等还是打球的高手，尤其是唐玄宗。据记载，中宗景龙四年的时候，曾有一次由皇家队和吐蕃队进行的一场马球比赛，刚开始时，吐蕃队连连

进球，遥遥领先。皇家队便换上了当时的临淄王即后来的唐玄宗等人，结果形势立刻大为改观，最后甚至反败为胜。后来在李隆基登上皇位后，西域于阗国听说玄宗嗜好打马球，于是还特地派遣使者送了两匹上等的好马。宣宗亦善于马球，球技精湛，“两军老手，咸服其能”。昏君僖宗也爱好马球，他甚至就以打球的好坏作为评选西川节度使的标准，还自诩“若应击球进士举，须为状元”。

《封氏闻见记》卷六《打球》中亦记载：“太宗常御安福门，谓侍臣曰：‘闻

打马球纹镜　唐代

唐代打马球纹镜为菱花形，圆钮。主纹为骑马打球，四名骑士在马上，有的高举鞠杖，作抢球状；有的俯身向前，鞠杖向下，作击球状。四马驰骋，四人抢球，气氛热烈紧张。

西蕃人好为打球，比亦令习，会一度观之。昨升仙楼有群胡街里打球，欲令朕见。此胡疑朕爱此”。大概是太宗担心“玩球丧志”，便“焚此球以自诫”。《旧唐书·吐蕃上》中记：“景龙三年十一月，又遣其大臣尚赞吐等来迎女，中宗宴之于苑内球场，命驸马都尉杨慎交与吐蕃使打球，中宗率侍臣观之。”观

打马球

打马球亦称击鞠、打球、击球。它为唐代非常盛行的一种体育活动，上自宫廷、下至民间都爱好此运动，上层社会甚至几乎是人人喜爱。唐代皇帝中唐中宗、玄宗、宪宗、穆宗、宣宗、僖宗等都喜欢打马球，其中玄宗、宣宗、僖宗等还是打球的高手。举行打马球活动，还是迎接贵宾的重要礼节之一。

看打马球，成了迎接贵宾的重要礼节之一。这也从侧面看到了唐代此运动的流行。

除了这些统治者偏爱打马球，就是进京赶考荣登金榜的进士文人，也都要到著名的打马球场月灯阁去玩上一把。据记载，唐乾符年间，月灯阁举行打马球比赛，新进士刘覃也去参加，欲与对手比试高低，结果众人都被他高超的球技所征服，只见他“跨马执杖，驰骤击拂，风驰雷逝，所击球向空而去”。观者欢呼雀跃，高呼不止。

正因为打马球如此受人喜爱，唐代文人诗词中以其作为题材的就不少。沈佺期《幸梨园亭观打球应制》：“今春芳苑游，接武上琼楼。宛转萦香骑，飘飖拂画球。俯身迎未落，回辔逐傍流。只为看花鸟，时时误失筹。”张建封《酬韩校书愈打球歌》：“仆本修文持笔者，今来帅领红旗下。不能无事习蛇矛，闲就平场学使马。军中伎痒骁智材，竞驰骏逸随我来。护军对引相向去，风呼月旋朋先开。俯身仰击复傍击，难于古人左右射。齐观百步透短门，谁羡养由遥破的。儒生疑我新发狂，武夫爱我生雄光。杖移鬃底拂尾后，星从月下流中场。人不约，心自一。马不鞭，蹄自疾。凡情莫辨捷中能，拙目翻惊巧时失。韩生讶我为斯艺，劝我徐驱作安计。不知戎事竟何成，且愧吾人一言惠。”杨巨源《观打球有作》：“亲扫球场如砥平，龙骧骤马晓光晴。入门百拜瞻雄势，动地三军唱好声。玉勒回时沾赤汗，花鬃分处拂红缨。欲令四海氛烟静，杖底纤尘不敢生。” 张祜《观宋州田大夫打球》：“白马顿红缨，梢球紫袖轻。晓冰蹄下裂，寒瓦杖头鸣。叉手胶粘去，分鬃线道絣。自言无战伐，髀肉已曾生。”

从这些文人对打马球的记载和描述，足见此项运动在唐代的流行，于是将此运动场面反映到备受人们喜爱的铜镜纹饰中，也就成了再自然不过的事情。铜镜中对打马球场面的生动刻画，正是唐代此体育活动盛行的最好剪影。

花鸟小手镜　唐代

菱花形，圆纽外饰宝相花纹饰，四只飞鸟与花草纹相间排列。此种铜镜工艺细致，镜面小巧，是唐代民间最为常见的铜镜品种之一。

狩猎纹镜 唐代

唐代狩猎纹镜有四猎手和两猎手之分，本图为两骑狩猎纹镜，菱花形兽钮。猎者持枪跃马，绕绳套索，挽弓欲射，野兽惊恐万状，四散逃窜，气势紧张，造型生动。空间点缀花枝、小树、蜂蝶，外缘为翔雀、流云。

狩猎镜

狩猎镜形制多样，有圆形、菱花形、葵花形等多种。其主纹为骑士骑马狩猎。狩猎镜纹饰中以骑士的数量不等，可分为二骑狩猎镜、三骑狩猎镜、四骑狩猎镜等。

狩猎也如打马球一样，同为唐人尤其是统治阶级爱好的一项活动。唐太宗就曾对其侍臣说，“上封事者皆言朕游猎太频；今天下无事，武备不可忘，朕时与左右猎于后苑，无一事烦民，夫亦何伤！”（《资治通鉴·唐纪十一》）《新唐书》和《旧唐书》中也都有很多有关皇帝游猎的记载。《唐会要》中甚至还谈到唐太宗将狩猎作为其三乐之一。文为：“贞观五年正月十三日，大狩于昆明池，藩夷君长咸从。上谓高昌王曲又泰曰：‘大丈夫在世，乐事有三。天下太平，家给人足，一乐也。草

狩猎纹高足银杯　唐代

狩猎是唐代封建统治阶级喜爱的活动之一。这些活动场面除了表现在铜镜文化上外，在日常生活的其他方面也多有体现。如本图所示的狩猎图饰高脚杯，这些图饰从侧面反映了唐代社会生活的一个方面。

浅兽肥，以礼畋狩，弓不虚发，箭不妄中，二乐也。六合大同，万方咸庆，张乐高宴，上下欢洽，三乐也。'”太宗将狩猎之乐，与天下太平、六合大同相并举，足见其对此运动的喜爱。他甚至还亲自写了一首《冬狩》诗：“烈烈寒风起，惨惨飞云浮。霜浓凝广隰，冰厚结清流。金鞍移上苑，玉勒骋平畴。旌旗四望合，罝罗一面求。楚踣争兕殪，秦亡角鹿愁。兽忙投密树，鸿惊起砾洲。骑敛原尘静，戈回岭日收。心非洛汭逸，意在渭滨游。禽荒非所乐，抚辔更招忧。”

唐穆宗也好畋游，群臣于是献《续虞人箴》以劝讽，文章列举历代皇帝好狩猎的不良影响，群臣都是如何劝止的，文章娓娓道来，可谓以理服人、以情感人。兹录如下：

唐受天命，十有二圣。兢兢业业，咸勤厥政。鸟生深林，兽在丰草。春嗑冬狩，取之以道。鸟兽虫鱼，各遂其生。民野君朝，亦克用宁。在昔玄祖，厥训孔彰：“驰骋畋猎，俾心发狂。”何以效之，曰羿与康。曾不是诫，终然覆亡。高祖方猎，苏长进言：“不满十旬，未足为欢。”上心既悟，为之辍畋。降及宋璟，亦谏玄宗。温颜听纳，献替从容。璟趋以出，鹞死握中。噫！逐兽于野，走马于路。岂不快哉，衔橛可惧。审其安危，唯圣之虑。

从以上文字，我们可以间接地看到唐代统治者对狩猎活动的喜爱。群臣如此地劝止，正反映了帝王们对它的迷恋之深。唐代章怀太子墓壁画中也有一幅场面相当浩大的狩猎图画，画中骑手多达四十余人。作为铜镜，其背后空间却非常有限，狩猎镜纹饰所选取的场面也就更具典型和代表性。如《中国铜镜图典》中所载的一“四骑狩猎镜”，其场面就非常生动逼真。四骑士动作各异，有的手持长矛，直奔怪兽；有的左手持弓，右手取箭；有的瞄准野兔，拉弓待发；还有的手持缰绳，直追野兽。铜镜中这些精彩场面的出现，自然与当时社会盛行的狩猎之风有关。

唐代铸镜中心扬州

唐代社会稳定、经济繁荣，当时的扬州更是盛极一时。“扬一益二”描述的就是扬州的繁荣景象。扬州经济发达，铸镜业空前繁盛，故为当时最为著名的铸镜中心。

天马瑞兽镜　唐代

透腿双凤镜　唐代

据《新唐书·地理志》中记载，唐代的贡镜地区主要有两个：一为并州的铜镜和铁镜，一为扬州的铜镜。既为贡镜之地，故无疑也是重要的产铜区和铸镜区。但文献典籍中对并州铜镜记载得极少，查新旧唐书仅见《新唐书·地理志三》云：“太原府太原郡，本并州，开元十一年为府。土贡：铜镜、铁镜、马鞍……”。而对扬州铜镜的记载却很多，《旧唐书·德宗上》：“己未，扬州每年贡端午日江心所铸镜，幽州贡麝香，皆罢之。”《旧唐书·韦坚传》记载：“天宝元年三月，擢为陕郡太守、水陆转运使。……楼下穿广运潭以通舟楫，二年而成。坚预于东京、汴、宋取小斛底船三二百只置于潭侧，其船皆署牌表之。若广陵郡船，即于栿背上堆积广陵所出锦、镜、铜器、海味……”、“潭里船车闹，扬州铜器多。”《河洛记》云：“隋炀帝喜奢侈，幸江都，王世充献铜镜屏”。此处所说的“江

并 州

古州名。相传禹治洪水，划分域内为九州。据《周礼》、《汉书·地理志上》记载，并州为九州之一。其地约当今河北保定和山西太原、大同一带地区。《周礼·夏官·职方氏》："乃辨九州之国……正北曰并州。"

"扬一益二"

说的是唐时的社会经济状况，扬州第一而益州次之。益州，在蜀地。宋洪迈《容斋随笔·唐扬州之盛》："唐世盐铁转运使在扬州，尽斡利权，判官多至数十人，商贾如织，故谚称'扬一益二'，谓天下之盛，扬为一而蜀次之也。"

都"，指的就是扬州。《旧唐书·礼仪二》云："冀州鼎名武兴，……扬州名江都。"《新唐书·地理志》："扬州广陵郡，大都督府。本南兖州江都郡，武德七年曰邗州，以邗沟为名，九年更置扬州，天宝元年更郡名。土贡：金、银、铜器、青铜镜。"

除了史书外，唐诗中对扬州铜镜的记载也比比皆是。张籍《白头吟》："扬州青铜作明镜，暗中持照不见影。"韦应物《感镜》诗亦云："铸镜广陵市，菱花匣中发。"另《朝野佥载》卷三记载的一超大铜镜，亦出自扬州。"中宗令扬州造方丈镜，铸铜为桂树，金花银叶，帝每骑马自照，人马并在镜中。"

作为铸镜重地的扬州，其铜镜不仅数量多，种类也非常丰富。有瑞兽葡萄镜、雀绕花枝镜、真子飞霜镜、八卦镜、万字镜、宝相花镜、打马球镜等，可以说唐代流行的铜镜种类，扬州地区几乎都有出土。这也从某个角度上说明扬州铜镜在当时流传之广、影响之大。

五岳禽鸟方镜　唐代

曲缘方形，云纹纽，山形纽座。四座山岳向四角耸立，山岳层峦叠嶂，青翠高耸，山峰间簇举树木，点缀花草，云气缭绕，山石树木间禽鸟或栖或翔。整体纹饰由中心至镜缘，布局合理，生动活泼，是唐镜中的佳品。

第六章

铜镜的缓慢发展

唐朝灭亡之后，中国社会又陷入了五代十国的分裂局面。后周显德七年（公元960年）赵匡胤灭掉后周建立宋朝，史称北宋（公元960—1127年）。公元916年，契丹族领袖耶律阿保机创建辽（公元916—1125年），当时国号契丹，两年后建都皇都（今内蒙巴林左旗南波罗城）。公元947年改国号为辽（公元983—1066年间曾重称契丹），改皇都为上京。疆域东北至今日本海黑龙江口，西北至蒙古中部，南以今天津海河、河北霸县、山西雁门关一线与宋接界。公元1038年，党项族在今中国宁夏、陕西北部、甘肃西北部、青海东北部和内蒙古西部建立西夏（公元1038—1227年）。于是北宋与辽、西夏长久并立。

公元1127年，赵构（宋高宗）在南京（今河南商丘）称帝后建都临安（今浙江杭州），史称南宋（公元1127—1279年）。公元1115年，由女真族完颜部领袖阿骨打创建金（公元1115—1234年），共历九帝，统治中国北部120年。南宋便与金长期对峙。

正因为整个五代宋时，政权并立，社会长期对峙，致使战乱频繁，大量的铜生产源被用于兵器铸造，生产生活所需铜料严重匮乏，铸镜工艺深受影响，中国铜镜步入了缓慢发展期。

五代宋铜镜

五代宋铜镜的类型

都省铜坊镜

此镜为圆形，小钮。钮的上方铸有一“官”字（也有的无）。钮的两侧分别铸有“都省铜坊”、“匠人□”。整个连读起来便如：“都省铜坊官匠人谢昭”、“都省铜坊官匠人倪成”、“都省铜坊匠人李成”、“都省铜坊官匠人房宗”等。

素 镜

素镜形制多样，有圆形、菱花形、葵花形、带柄形等多种。镜背素净无纹饰，或仅有几道弦纹。素镜出土地广泛，湖南、湖北、江苏、安徽、浙江、福建等地均有出土。素镜的流行，大概也与宋镜重实用轻纹饰的特点有关。

都省铜坊官镜 五代/宋

此镜直径 17.2 厘米，镜钮周围铸有铭文“都省铜坊官匠人倪成”。

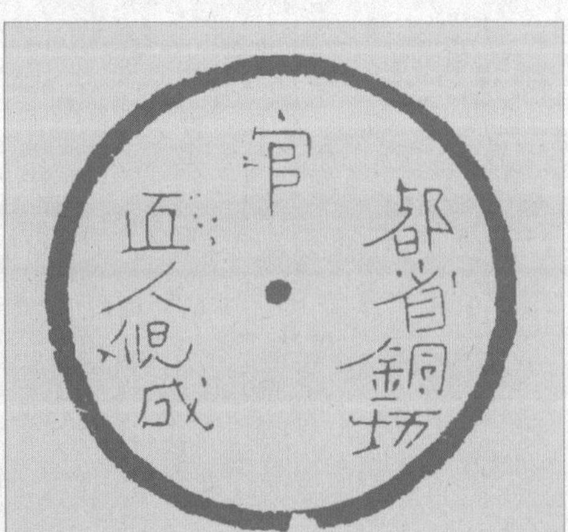

花卉镜

花卉镜多采用浅细浮雕的技法，纹饰纤秀，煞是美观。根据纹饰的细小差异，花卉镜类又可细分为缠枝花镜、花叶镜、连钱锦纹镜等多种。

缠枝花纹镜　此镜形制有圆形、“亚”字形、方形等多种，且以“亚”字形居多。镜的主题纹饰由互相缠绕的花枝组成，且多以缠枝四花为主。有的铜镜外区还有一圈铭文，如“咸平三年庚子东京铸钱监铸造”，“咸平”为北宋真宗年号，咸平三年即公元 1000 年。

花叶镜　此类镜纹饰多变化，有二花、三花、四花等多种。此外还有娑罗树纹，即整个镜背纹饰由一颗高大挺拔的娑罗树构成。娑罗树即佛教圣树菩提树，传说佛祖释迦牟尼就是在娑罗树下诞生和入寂的。

连钱锦纹镜　连钱锦纹镜，又称重球纹、织锦纹、四角朵花纹镜。镜为

①锦地斜方花纹镜 宋代

圆形，圆钮，花瓣形钮座。钮外饰有二周弦纹和一周花瓣纹，其外饰大小双线方格，小双线方格四角各饰一花朵，大双线方格四角各饰一宝相花朵，周围饰织锦纹。

②素背镜 宋代

③“亚”字形缠枝花草镜 宋代

圆形、多小圆钮。钮外布满连钱纹，有的还于缘内饰有一周连珠纹，还有的于缘上刻有一“官”字及花押。

花鸟镜

花鸟镜有圆形、方形、“亚”字形、葵花形和菱花形等多种。此镜多以双凤、双孔雀、凫鸟、蝴蝶、鸳鸯、莲荷等作为纹饰题材。其中最为典型的为双凤镜、双孔雀镜。两凤或两孔雀，或是同向环绕、或是隔钮对置，整个画面生动活泼、栩栩如生。

花 押

又叫押字、画押、批押、签押等。旧时文书契约末尾的草书签名或代替签名的特种符号。宋辽金时期，人们常按照各自的喜好，在文书或器物上使用某种特殊的符号，以代表本人，便于验证。花押，与签名、签字不同，它一般与本人名字无关，故常常很难辨认。

双龙镜

除传统的形制外，双龙镜出现了新的形制炉形，又称鼎形。其主题纹饰为两条夹钮相对的巨龙。巨龙张牙舞爪，富有动感。钮的下方多有一三足炉及水波纹，龙的周围多点缀云纹。有的双龙镜上还刻有铭文，如嘉熙二年双龙镜之铭文就为“嘉熙戊戌吴氏淑静。”这种铭文属于纪年加纪氏的作法，表明此镜的铸造时间为南宋理宗嘉熙二年（即公元1238年），铸造者为吴氏。

八卦纹镜

八卦纹镜为五代宋墓出土较多的一种镜类。此镜多以八卦图像作为主题纹饰。可分为八卦四神镜、八卦十二地支镜、八卦日月星辰镜、八卦铭文镜、八卦七星镜等多种。

八卦四神镜　此类镜多为八出菱花形或葵花形。花瓣钮座。镜的内区配以四神，外区为八卦纹。八卦方位与四神方位排列一致，即东青龙、西白虎、南朱雀、北玄武。震、兑、离、坎四卦分别在东南西北，、乾卦在西北、坤卦在西南、艮卦在东北、巽卦在东南。

八卦十二地支镜　此类镜八卦纹环列于钮外，其外有一周配有十二地支即子、丑、寅、卯、辰、巳、午、未、申、酉、戌、亥的正方形格。方格与镜缘形成的四区内各饰有水池、树木、火焰和香炉。

八卦日月星辰镜　此类镜外为

（左）平阴县八卦镜　五代

（右）四方委角鹊衔瑞草镜　唐／五代

①

①玄武纹镜　宋代

圆形，小钮。钮周围饰道教篆体符号，其外饰天体星象纹。钮下方饰有玄武纹，龟蛇两首相对。

②双龙镜（拓片）　宋代

③八卦四神镜（拓片）　宋代

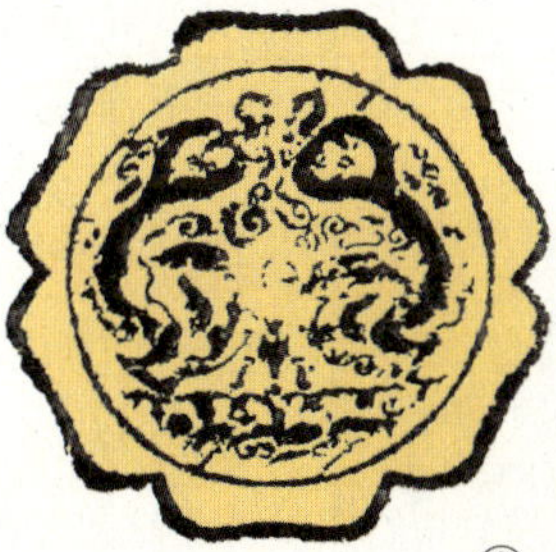

②

③

圆形，内为方形。三个细弦纹方框将镜背分成三区。内区为铭文，如“日月贞明，天地含为，写规万物，洞鉴百灵”等；中区为一周八卦纹；外区为日、月、星辰纹及云纹。

八卦铭文镜　宋代八卦铭文镜中，最为典型的要数1975年山海关征集的一宋元□癸酉八卦镜。此镜圆形、圆钮。镜缘圆边内饰有一周八卦图像。内圈为三十二字的铭文：“宋元□癸酉

八卦十二生肖道符镜　宋代

长春铭镜　宋代

长春铭镜（拓片）　宋代

孟秋既望鲍公浩依禅月画像以七宝庄严敬造大阿罗汉一十八身。”“宋元□”即北宋哲宗赵煦年号，“癸酉”即公元□□年。“宋元□癸酉”即为北宋哲宗元□八年。“孟秋”为秋季的第一个月，即农历七月。“既望”，周历以每月十五、十六日至廿二、廿三日为既望。后称农历十五日为望，十六日为既望。鲍公浩（有的释为鲍公淳），其人不详。“禅月”为五代时期赫赫有名的贯休。贯休为婺州兰溪人，俗姓姜，号禅月大师，又称“得得和尚”。他善于诗画，尤善画罗汉。所以整个铭文记的就是，宋代元□八年，一个名叫鲍公浩的人，依照禅月和尚的画本，塑造十八身罗汉像的事。

八卦七星镜　此镜为八角形，近缘处为八卦图像。钮亦为七星中的一星宿，上下饰有北斗七星座图。七星座的两侧各有一竖排的七言铭，连读为“七星朗耀通三界，一道灵光伏万魔”。

蹴鞠纹镜

此镜圆形，圆钮。钮的左侧前方为一正作踢球状的女子，钮的右侧前方即这个女子的对面，有一躬腰作防守状的男子。两人的背后各有一侍人。男的背后为一男侍，其手持铃状物；女子背后为一女侍，其肩上搭一袋状物。整个铜镜的背景为一草坪，旁有太湖石及流云。

宋代蹴鞠多由皮革缝制，重量较轻，且具有一定的弹性。蹴鞠运动有两种形式，一种设有球场和球门，一种则没有。故后者自然更自由，不受地域和人数的限制。一人踢球者称为“滚弄”，踢者可以用头、足、腿、膝、肩等接触

蹴鞠

亦作"蹴毬"、"蹴踘"、"蹵踘"或"蹵鞠"。它为我国古代的一种足球运动。用以练武、娱乐、健身。传说始于黄帝，初以练武士。战国时已流行。但宋代以前它主要还是流行于上层社会或军中。宋代时便开始普及民间。宋代的高俅本来仅为苏轼的一小吏，但因善于蹴鞠而被宋徽宗看中，于是便平步青云，竟成了徽宗的宠臣。宋代还出现了专门的球类表演团体，其中以齐云社即圆社最为著名，甚至有"若论风流，无过圆社"的赞辞。当时有个名叫王齐叟的，就"以蹴鞠驰天下名"，颇有今日球星风采。

宋太祖蹴鞠图　黄慎　绢本设色　清代

此图绘宋太祖与太宗及赵普等玩蹴鞠的场面。图中太祖着龙袍，与众臣争抢。玩者之动态与观者之静态相映成趣，笔意奇趣不俗。

球体，此类型以踢球的花样和技法分胜负。两人踢球者，即二人场，又叫"打二"，对踢的两人，一人进攻一人防守。我们此处所收录的蹴鞠纹镜，画面所描绘的就是二人对踢的"打二"式。

商标字号铭镜

商标字号铭镜为宋镜中最为流行的镜类。此镜类的形制多样。在传统形制基础上，又新出现了盾形、长方形。镜的主要特征就是，在镜背素地上标有铸镜作坊字号。字号多采用长方形印章格式，方框内竖写数行铭文，其中以两行最为常见。铭文多置于钮的右侧，也有的置于左侧或左右均有。有柄镜的铭文位置则接近镜的正中。商标字号铭镜又可分为湖州镜、饶州镜、建康镜、成都镜等多种。

湖州镜　湖州镜为南宋时湖州（今浙江湖州市）制造的铜镜。镜背铸有"湖州真石家念二叔照子"、"湖州薛晋侯造"等一类铭记。一般为葵花形或菱花形，少数为圆形和方形等。湖州镜在当时流行很广，后来在湖南

蹴鞠人物铜镜　南宋

①

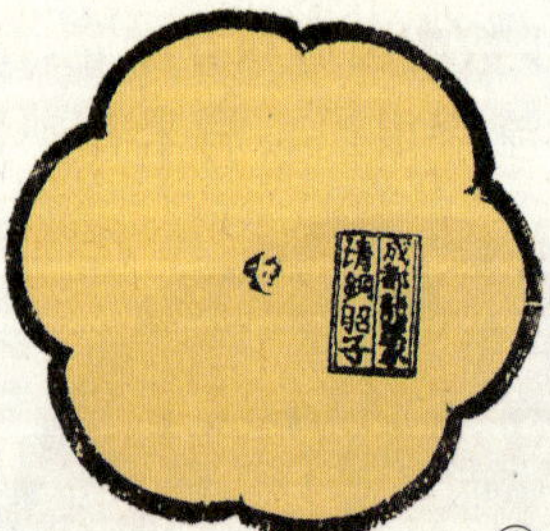

②

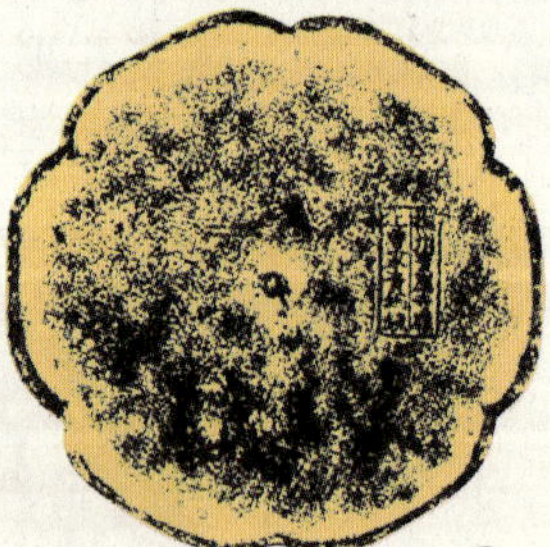

③

④

①湖州铭镜　宋代

左侧铭文“湖州符十真炼铜照子记”，右侧铭文“每两一百文”。

② 成都龚家镜（拓片）　宋代

③ 抚州曾家镜（拓片）　宋代

④ 杭州高家镜（拓片）　宋代

省、湖北省、广东省、四川省、内蒙古自治区等地都有发现，甚至朝鲜、日本也有流传。湖州镜为宋代字号铭镜中最为常见的一种，我们将于下节作详细的分析。

除湖州镜外，江西的饶州镜、江苏

的建康镜和四川的成都镜也都很流行。

饶州镜　形制有葵花形、方形、圆形等多种。饶州镜同样常列出铸家名号，其中以叶家最为常见。如“饶州叶家久炼铜照子记”、“饶州叶家青铜照子”、“饶州棚下叶三家炼青铜照子”。另外亦有许家名号的铜镜，如“饶州新桥许家清铜照子”等。此外还有一些虽为饶州镜，但铸家字迹不清者，如“饶州□家夫妇□铜照子”、“饶州□家巷周小三炼铜照子”等。

建康镜　形制有圆形、葵花形、带柄形等多种。建康镜以茆家居多。字号如“建康府茆家工夫镜”、“建康府茆家炼铜照子记”、“建康府茆八叔”等。建康镜亦多于南宋墓地出土，可见其流行时间大体与湖州镜同。

成都镜　成都出土的宋代商标字号铭镜倒不少，但其中主要的却是湖州镜，这大概与湖州镜产量高、质量好、流传广有关。所以作为本地的成都镜，虽有一定规模，但因受外来湖州镜的冲击，其发展受到了严重影响，流传下来的更不是很多。就目前出土的情况看，成都镜大概以龚家最著名。如四川金堂南宋高宗绍兴十六年（即公元1146年）墓出土的一径为16.6厘米的成都龚家镜，其铭文就为“成都龚家清铜照子”。

除湖州、饶州、建康、成都等地外，抚州、袁州、杭州、东遂、越州、婺州、明州、常州、苏州、秀州等地都生产有商标字号铭镜。现依次举例如下：“抚州宝应寺岭上曾家青铜镜”、“袁州江北祖代杨家青铜照子”、“杭州钟家清铜照子今在越州清道桥下岸向西开张”、“杭州真正高家青铜照子”、“杭州真石大叔青铜照子”、“杭州大陆家青铜照子”、“东遂何家清铜照子”、“越州徐家铜照子”、“越州戴家青铜照子”、“婺州承父李□二郎炼铜照子”、“明州夏家青铜照子”、“常州菓子行西供使蒋氏工夫青铜照子□记”、“苏州乌鹊桥南缪家真青铜镜”、“秀州鱼行桥真

饶州铭镜　宋代

桃形，圆钮。钮右侧饰长方形印记，内有二纵行铭文。铭文为“饶州叶家久炼青铜照子”。此镜高10.2厘米，重152克。

忠孝双重铭文镜（拓片）　宋代

此镜葵花形，直径12厘米，缘厚0.2厘米。

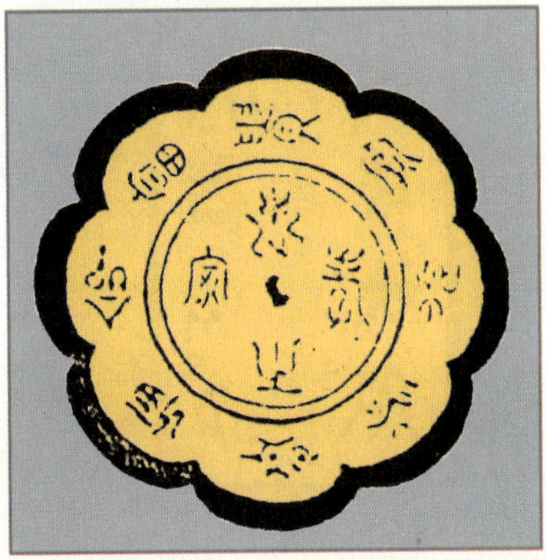

满江红

满江红为词牌名（也可作曲牌名）。双调，常用为九十三字。有仄韵和平韵两体。仄韵一般用入声。南宋姜夔始创平韵体，但用者不多。

正黄二叔照子”等。

吉祥铭文镜

宋代铭文镜的内容，明显不如汉唐那么丰富，也不像汉唐镜那么好归类，我们姑且作如下分类：

与“家”相关的吉祥铭文镜

“福寿家安”铭文镜，此镜多为八出菱花形。内区铭文为“福寿家安”四字，外区铭文为“清素传家，永用宝鉴”八字。

“德动天鉴”铭文镜，方形，圆钮。镜背分内外区。内区配以“德动天鉴”四字铭。其中“德”字的上方有一“王”字。外区对称配置八字铭：“福寿家安，永用大吉”。

“忠孝之家”铭文镜，八出葵花形，弓形小钮。两周弦纹将镜背分为内外两区。内区为四字铭“忠孝之家”，外区为八字铭：“长命富贵，家和永昌。”缘边有“东平府录事司官”刻记及花押。

“浮阳清辉”铭文镜，八菱花形，圆钮。钮外一周弦纹，其外有铭文一周，为“浮阳清辉，湛素传家”八字。

“菱芳耀日”铭文镜，长方形，小圆钮。钮的左右各有一竖行铭文。右边为“菱芳耀日”，左为“冰光照室”。

诗词铭文镜

“河澄皎月”铭文镜，此镜为长方形，小钮。两侧铭文合为“河澄皎月，清波晓云”。此为典型的回文诗，即诗歌可以打乱词序，回环往复的朗读。如以“云”字开头，可读为：“云晓波清，月皎澄河”、“云波清月，皎澄河晓”、“云月皎澄，河晓波清”、“云澄河晓，波清月皎”、“云皎澄河，晓波清月”、“云

（左）河澄皎月铭文镜（拓片） 宋代

（右）满江红词菱花镜（拓片） 宋代

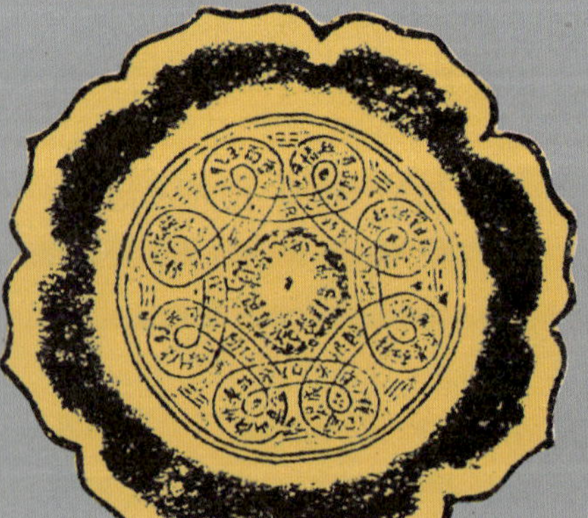

"匪鉴斯"钟形镜　宋代

钟形，上方有一方环钮，底口为一凸起圆枚，两侧各有一行铭文。铭文为"匪鉴斯镜，以妆尔容"。此镜高13.5厘米，重334克。

安明双剑纹镜（拓片）　宋代

河晓波，清月皎澄"、"云清月皎，澄河晓波"等。

"满江红"词菱花镜，镜为八出菱花形，小圆钮。镜缘周边有均匀分布的三十二个梅花形的嵌槽。镜的中部有突起的双弦纹圈。圈内有两条平行凸纹组成的环带，形成八个回转钮环。钮环之间布列有八卦纹。环带及镜钮周围饰有《满江红》词一首，即"雪共梅花，念动是经年离拆，重会面，玉肌真态，一般标格。谁道无情应也妒，暗香埋没教难识。却随风偷入傍妆台，萦帘额。惊醉眼，朱成碧。随冷暖，分青白。叹朱弦冻折，高山音息。怅望关河无驿使，剡溪尽成陈迹。见似枝而喜对杨花，

千秋万岁铭文镜（拓片） 五代/宋

炼铁为鉴铭文镜（拓片） 宋代

二飞仙镜（拓片） 宋代

须相忆”共九十三字。

道教色彩铭文镜

安明双剑纹镜，此镜形制多样，有八菱花形、盾形、钟形等多种。镜的中部为两并列而置、剑鞘朝上的宝剑。两剑之间有的还配以火焰纹或三足炼丹炉，炉烟中隐隐托起一粒仙丹。两剑的外侧各有一行铭文“安明贵宝（或安明贵富）”和“弗剑而镜”。从镜背纹饰看，此镜明显与道教文化相关。“安明”当指南齐时的安明寺，《南齐书·祥瑞志》中记：“九年，秣陵县斗场瑞安明寺有古树，众僧改架屋宇，伐以为薪，剖树，木里自然有‘法大德’三字”。炼丹与道教的关系自不必说。此镜以剑为主题纹饰，镜与剑之间应该有着某种特殊的关系，日本的福永光司就注意到了这点，他曾写有《道教的镜与剑——其思想的源流》一文，可惜笔者只知文名，未能拜读文章。

“匪鉴斯”铭文镜，镜为钟形。中央有一印章式的铭文格，内有“李道人造”。镜的两侧各有一四字铭，右为“匪鉴斯镜”，左为“以妆尔容”。

“回光反照”铭文镜，钟形，中间纹饰与安明双剑纹镜同，即中部下方为一炼丹炉，炉烟中托起一粒仙丹。镜的两侧各为一竖排的四字铭，右边为“回光反照”，左边为“孰为妍丑”。

其他铭文镜

“千秋万岁”铭文镜，圆形或亚字形。钮的上下左右各饰有一字，组成“千秋万岁”铭。此镜多为江苏五代墓地出土。

“炼铁为鉴”铭文镜，此镜为钟形。其上有两行各为四字的铭文。合为“炼铁为鉴，衣冠可正”。

神仙人物故事镜

宋代神仙人物故事镜，这类镜内容丰富。有仙人镜、鹤寿同春镜、龟鹤齐寿镜、王质观弈故事镜、人物镜和耕牛镜等多种。

仙人镜，此镜又包括飞仙镜、仙人乘凤镜、仙人降龙镜、达摩渡海镜、二仙过海镜等多种。

飞仙镜，飞仙镜以八出葵花形、六出菱花形居多。有二飞仙、六飞仙等镜式。镜中飞仙多同向环绕，体态轻盈，富有动感。有的镜于飞仙间配以花枝相间。

仙人乘凤镜，圆形带柄，镜上部中央为一长方形印章，内有铭文“临安王家”四字。其下有一戴高冠、着长衫的仙人，仙人乘于一飞凤之上。

仙人降龙镜，八出葵花形，圆钮。钮的左侧为一被剑所刺的飞龙，右侧为一头挽发髻、身着长衫的仙人。仙人右手作抛剑刺龙状，左手挽一长绳。

六飞仙镜（拓片）　宋代

仙人乘凤镜（拓片）　宋代

达　摩

亦作“达么”、“达磨”，为菩提达摩的省称，他为中华禅宗初祖，即中国佛教禅宗的创始者。达摩为天竺王子，本名为菩提多罗。相传他于南朝梁大通元年（公元527年）泛海至广州，梁武帝曾派使者迎至建康。后渡江往北魏，住嵩山少林寺，在那里面壁九年而化，并传法于慧可。达摩死后，被埋葬在熊耳山空林寺。唐代宗时，被追封为“圆觉大师”。杨慎《艺林伐山·五色赋记》：“孙膑衔枚之际，半夜失踪；达磨面壁以来，九年闭目。”说的就是达摩面壁九年而化之事。文中所录的达摩渡海镜，就是取材于达摩渡海至广州的情节。

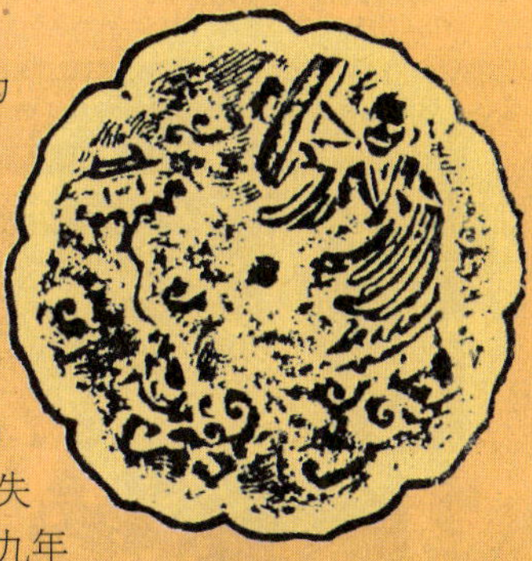

达摩渡海镜（拓片）

达摩渡海镜，达摩渡海镜又称为仙人过海镜、罗汉渡海镜、和尚闹海镜等。此镜多为圆形或菱花形。镜钮右边为一身披袈裟、手持伞形法器（有的认为是被海水吹落的头笠）的仙人。仙人脚下为水波纹。钮的左边为一座海浪中云雾升腾起来的殿宇。

二仙过海镜，此镜有菱花形、方形等。菱花形镜镜钮两侧各有一仙人。方形镜镜钮左上方和右下方各有一仙人。仙人均踏于一剑状物之上，当为船的象征。镜背其余位置则基本为海浪纹。

仙人鹤鹿同春镜，此类镜子构图虽不完全一致，但画面的基本题材为：文质彬彬的仙长、恭候主人的侍者、蓬勃生机的树林、紧贴主人的仙鹿、飞奔主人的仙鹤。有的仙鹿口中还含有灵芝草，有的画中树木明显为松竹。鹤为长寿的象征，鹿为“禄”的象征，为福禄、富禄之意，鹤与鹿相连，还有“贺禄”的涵义。灵芝草为传说中的瑞草、仙草。《文选·张衡〈西京赋〉》：“浸石菌于重涯，濯灵芝以朱柯。”薛综注：“石菌、灵芝，皆海中神山所有神草名，仙之所食者。”《云笈七签》卷三十四：“口衔灵芝，降于形中，是谓真仙之术。”可见灵芝草为古代祥瑞，用作长寿的象征；松竹常青亦象征生命的长久和永恒。整个画面纹饰充满了吉祥的意味。

仙人龟鹤齐寿镜，此镜形制多样，有圆形、菱花形、带柄形、方形等多种。镜的构图大同小异，题材主要包括：正襟端坐的仙长、手捧托盘的侍童、枝叶茂盛的松竹、展翅飞翔的仙

仙人龟鹤齐寿镜　宋代

（下左）仙人过海镜（拓片）　宋代

（下右）仙人鹤鹿同春镜（拓片）　宋代

① 神人龟鹤齐寿镜 宋代

② 人物楼阁镜 宋代

③ 麻姑献寿镜 宋代

④ 王质观弈故事镜（拓片） 宋代

鹤、伸颈爬行的灵龟。只是镜子间纹饰布局不尽相同。但整个纹饰的含义统一而明显。仙人仙鹤、千年灵龟、延年松竹，都寄寓了长寿的渴望。

王质观弈故事镜，镜为菱花形，圆钮。钮的左上方为席地而坐、正在下棋的两人。中间另有一人观棋。钮的右侧为一参天大树。钮的下方两侧各有两边走边谈的人。根据镜背纹饰内容，此镜描述的大概是王质观弈的故事。

王质观弈的故事，取材于烂柯山观棋的传说。根据南朝梁任昉《述异志》中载："信安郡（今浙江衢州）宝石山，晋时樵者王质逢二童子弈棋，与质一物，如枣核，食之不饥，置斧坐面观。童子曰：'汝斧柯烂矣'。质归乡间，无复时人。"此镜流露出世人对神仙生活的向往。

楼阁人物镜，此镜多为八瓣菱花形，圆钮。画面构图大体相同，即钮的左侧为一颗枝叶繁茂的参天大树，钮的右侧为半露的楼阁。钮的下端为一长桥，桥的右端有三人，其中一人正坐，其余两人当为侍者。桥中站立一僧人，

烂柯山

又名石室山，在今浙江省衢县南。又河南省新安县、山西省沁县、广东省高要县并有烂柯山，皆相传为樵夫遇仙处。樵夫王质遇两仙童下棋之事，见南朝梁任昉《述异志》，其载："信安郡（今浙江衢州）宝石山，晋时樵者王质逢二童子弈棋，与质一物，如枣核，食之不饥，置斧坐面观。童子曰：'汝斧柯烂矣'。质归乡间，无复时人。"

手持幡物，举手前引。桥的左端为一躬腰作揖的僧人。

轩辕耕牛纹镜，此镜为盾形（或称桃形）。镜背内为一双线大长方框，框的中上方有三行楷书，"人有十口前"、"牛无角后"、"牛有口走"，其下有一牛吃草，再下有"辟祸□□"四字铭文。框的两侧有篆书铭文各一行，右为"轩辕维法造丹药，百炼成得者身昌"。方框之下为花枝纹，也有的镜耕牛位置不同，或没有铭文。方框之下也有的不是花草纹，而是波浪纹或三足炉纹、游鱼纹等。对镜中三行铭文楷书，研究者有两种不同的解释，一是"人有十口"即"古人"二字，"前牛无角"为"才"即"手"字，"后牛有口"为"告"字，加上"走"字，则成了"造"字。合为"古人手造"；另外一种解释是，"人有十口"即"甲"字，"前牛无角"即"午"字，加上后面的"造"字，合起来为"甲午造"。

五代宋铜镜的特点

五代宋时期作为铜镜的缓慢发展期，其特点主要如下：

质地粗糙

正如前文说言，因战乱连年，铜镜大多被用于兵器的制造，致使宋代铜镜镜体多轻薄、钮小，铜镜合金成分也发

（左）花纹镜　宋代

（右）钟形仙人镜　宋代

钟形，上置一大环，主纹饰为一仙人头顶光环，左手持杖，右手扶鹿，上有云纹。此镜高 17.7 厘米，重 977 克。

生了变化。据专家考析，这一时期铜镜中铜的含量约占67%～70%、锡占13%左右、铅占21%左右。因为锡的含量明显减少，而铅的含量增多，加上锌的比例也加大，所以宋镜质地明显不如战国、汉唐镜（大部分战国镜、汉唐镜，其含锡量都保持在18%～26%）。

（上）"金成记"龙虎内丹盾形镜　宋/金

（下）"亚"字形花卉镜　宋代

形制多样

五代至宋初，铜镜主要沿袭唐镜形制，有圆形、方形、菱花形、葵花形、带柄形、亚字形。后来逐渐带柄镜和亚字形镜明显增多。菱花形和葵花形，也由唐代较为普遍的八出改为六出。另外五代宋还出现了长方形、鸡心形、盾形（又称桃形）、鼎形（又称炉形）及钟形等新型形制。

商标字号铭镜出现和流行

商标字号铭镜为宋代铜镜中最具特色的镜类。这些商标铭的格式一般为先标州名，然后加以姓或姓名，再续以"照子"、"照子记"字样。也有的还列出铸镜者的排行、铸镜字号所在地，甚至有的还有明码标价。商标字号铭镜的出现和流行，既是宋代商品生产发展的直接反映，也是宋镜重实用轻纹饰的审美体现。

花卉镜等多采用浅细浮雕

花卉镜为宋代颇为流行的一种镜类，它主要包括缠枝花镜、花叶镜、花云纹镜、连钱锦纹镜等。因为宋镜一般胎质较薄，故花卉镜的雕刻需要相对高超的工艺，浅细浮雕就是其中的一种。采用此法雕刻的铜镜，纹饰往往纤细清新、形象逼真，给人以美的感受。

铸镜地点繁多

宋代铜镜铸造地点繁多，单就商标字号铭镜而言，除了最为著名的湖州镜外，苏州、杭州、明州、婺州、常州、秀州等地也多有生产。另外还有江西的饶州镜、江苏的建康镜、四川的成都镜，足见这一时期铸镜地点之多。尤其是江西的饶州，许多专家和学者认为其为宋时仅逊于湖州的一个铸镜中心。

宋代最具特色的镜类——湖州镜

湖州，隋仁寿二年置，治所在今浙江省吴兴县，属浙江省的湖州市。公元1127年金兵大举南下，宋徽宗、宋钦宗父子被俘，北宋灭亡。接下来的南宋统治者，对金也采取不抵抗政策，致使北方大片土地沦于金朝统治者手中，于是宋人也就只有纷纷南下。“四方之民，云集两浙，百倍常时”。处于两浙之地的湖州，也集中了大量南下的民众，这其中就包括手工业者，甚至是铜镜铸造者。湖州铜镜在宋代闻名全国。

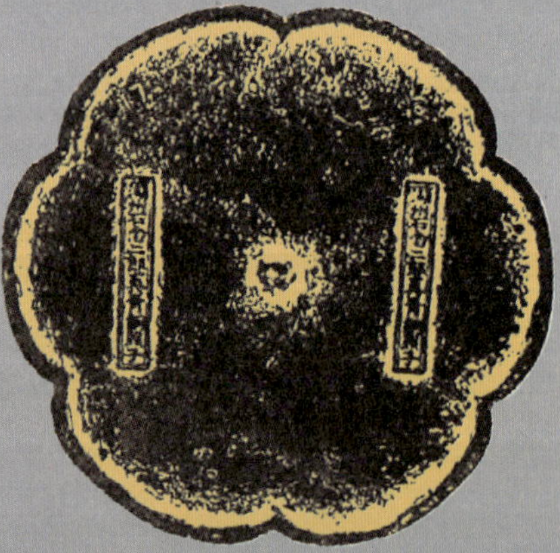

（上）湖州镜　宋代

（中）湖州石念二郎镜（拓片）　宋代

湖州镜为商标字号铭镜中最为常见的一种，而石字镜又是湖州镜的主体。其字号如“湖州石字炼铜照子”、“湖州石字清铜照子”等。有的字号中还标有铸镜者的排行，如“湖州真正石念二叔照子”、“湖州真正石家念二叔照子”、“湖州石念二叔炼铜照子”、“湖州石念二郎真青铜照子”、“湖州石念四郎真炼白铜照子”。有的还注明铸镜字号所在地，如“湖州仪凤桥石家真正一色青铜镜”、“湖州仪凤桥南酒楼相对石家真青铜照子”。甚至有的字号铭镜中还列有明码标价，如“湖州石家炼铜照子，炼铜每两一百”、“湖州真正三十郎家照子，无比炼铜每两一百文”等。

石家镜闻名遐迩，假冒者自然不少，前面所引铭文中所加的“真”、“真正”等字眼，正是基于此原因。另外，字号、品牌一旦打响，铸镜生意也就如日中天，于是子继父业，也就成了很自然的事情，这同样在湖州镜中有所反映。如四川省温江出土的一铜镜，其上就有铭文为：“湖州祖业真石家炼铜镜”。再如浙江武义出土的一铜镜，其铭文为“湖州承父石家十二郎照子”。“祖业”、“承父”这些字眼，明确看出是继承前代的老字号石家镜。

湖州镜除最有名的石家镜外，还有薛家镜。如“湖州薛晋侯造”、“湖州薛敬泉”、“既虚其中，亦方其外，一尘

湖州薛惠公造镜 宋代

湖州石家“亚”字形鹤镜 宋代

不染，万物皆备，湖城薛晋侯造”、“湖州薛晋侯自造”等。

湖州镜除了常见的私人铸造品外，还有官府铸造的。如有的镜上有铭文“湖州铸鉴局乾道四年炼铜照子官（花押）”、“湖州铸鉴局□乾道八年铸□□□□炼铜照□□”等。

正因为湖州镜质量好，所以在当时就流传很广。考古出土的湖州镜分布极为广泛。浙江、四川最多，其次江苏、湖南、湖北、广东、广西、江西、福建等地也都有出土。甚至于陕西、内蒙古等北方也有零星发现。如果说北方湖州镜的发现可能与金兵掠夺有关，那么其他地方则无疑只是一种自然的流通。四川的成都尽管有本地较为闻名的成都镜，但还是比不过外地的湖州镜。成都出土的宋代商标字号铭镜中很多都是湖州镜，这自然与湖州镜产量高、质量好、流传广有关。

辽代铜镜概述

辽代铜镜出土甚少。就目前出土情况看，辽镜多为河北省出土，《历代铜镜纹饰》一书中就收录有十六枚。辽镜形制基本为圆形，偶见八角形；纹饰以花草、禽兽、盘龙等为多见，主要包括花枝镜、花鸟镜、文字镜、盘龙镜等几种类型。

花枝镜

多以折枝花、牡丹花或四花果纹等作为主题纹饰。如1989年丰宁县满族自治县张百万村辽墓出土的一花枝镜，其主题纹饰就是两朵盛开的牡丹花纹。

（左）涂漆花卉镜　辽代

（中）双蝶牡丹镜（拓片）　辽代

（右）契丹文字镜（拓片）　辽代

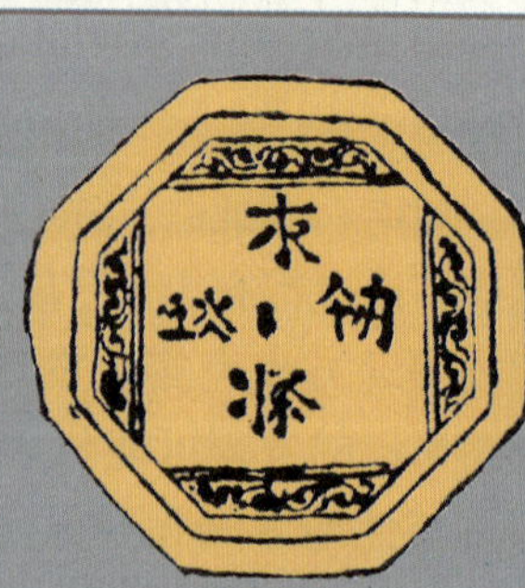

花鸟镜

主要有牡丹鸾鸟镜、飞鸟葡萄镜等。如1984年吉林农安辽墓出土的一牡丹鸾鸟镜，该镜圆形，圆钮，花瓣钮座。缘内有二十五个内向连弧。钮座外饰有一周连珠纹。其外为一圈缠枝牡丹纹，牡丹纹间饰有等距离的三只展翅飞翔的鸾鸟。再外有一周凸弦纹，弦纹周围缀有二十五朵小花。再如1982年吉林辽墓出土的一飞鸟葡萄镜，该镜于钮外饰有对称飞鸟图案，其外再饰有一周缠枝葡萄纹。可见辽代铜镜在吸收隋唐以来铜镜纹饰的同时，也有了一定的创新。

文字镜

以等边八角形为常见。镜中字体

汉文纪年文字镜　辽代

圆形，圆钮，圆钮座，钮外有一周铭文："天庆三年十二月日记石"，天庆三年为公元1113年。此镜直径12.6厘米，重302克。

包括契丹文和汉文两种。如1973年内蒙古昭乌达盟出土的一契丹小字镜，该镜于钮的上下左右各饰有一契丹铭，合为"寿长福德"四字。四字铭外饰有一双边方框，方框外四边配以花草纹。镜背的左下侧面有阴刻汉文"宝坻官"三字，"官"字下面有一花押。再如1971年吉林大安出土的另一契丹文字镜，该镜钮外双边框内饰有五行契丹文。钮的右上侧边刻有汉文"济州录事完颜通"七字。这种契丹文与汉文并存的现象，足见汉族文化影响之大，或者说它正是汉辽文化交融的产物和见证。

盘龙镜

就目前出土情况看，辽代铜镜中也有盘龙镜，且均为单龙镜。巨龙身躯弯曲、张牙舞爪作戏珠状。整个纹饰动态逼真，生动形象。

除了以上镜类外，辽代还有纪年

穿鼻钮仙人龟鹤镜
辽代

圆形，边缘出一穿鼻钮，上有穿孔，穿鼻钮是辽镜的一大特点。此镜纹饰精致，别具特色。直径6.7厘米，重74克。

铭文镜，如1981年吉林辽源古城出土的天庆纪年镜，其上有纪年铭为“天庆十年五月记”。此外还出土有辽代仙人龟鹤镜等，但均不多见，故不一一阐述。

契丹文字镜（拓片） 辽代

此镜直径26厘米，呈等边八角形。钮饰一双边方框，框内有五个竖行契丹文字。方框外饰四组花草卷叶纹图案，钮右上一侧边刻有“济州录事完颜通”契丹铭文。

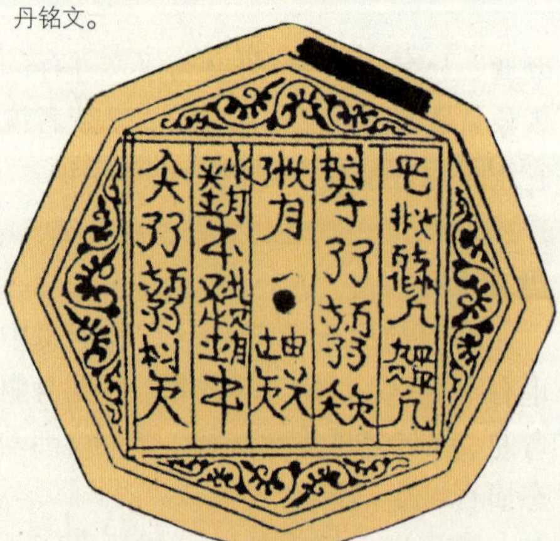

辽代铜镜的不大发达，与辽地铜矿资源贫乏有很大关系。《辽史》中仅载：“坑冶，则自太祖始并室韦，其地产铜、铁、金、银，其人善作铜、铁器。”正因为铜资源的匮乏，所以为了使铜资源得到更好的利用，统治者便禁止人民买卖铜，并且不许将铜钱毁坏做成其他器物。如《辽史》中所说，“辛未，禁民鬻铜”、“六月壬辰，禁毁铜钱为器”。为了严格限制铜资源的使用，辽代统治者甚至还制定出残酷的刑罚，《辽史·刑法志下》中记：“至是，铜逾三斤，持钱及所盗物二十贯以上处死。”足见禁铜之严。加上契丹族铜镜铸造业本来就不算发达，所以铜镜发展便受到了很大限制，辽代铜镜也就很难创新，以致常常被后来的铜镜研究者所忽略。

异军突起的金代铜镜

金代为我国东北黑龙江、松花江流域和长白山一带的游牧民族女真族所建。金朝建立以后，逐渐灭掉了辽和北宋，政治、经济、文化也就随之大为发展，包括铜镜文化，并在北方异军突起。

金代铜镜的类型及特点

金代铜镜类型多样，纹饰丰富，特征鲜明。或是体现了金代独特的文化习俗，或是打上了中原文化交流的烙印。根据铜镜纹饰的差异，我们大致可以将其分为如下几种类型。

龙纹镜

金代龙纹镜主要为单龙镜和双龙镜两种，偶见四龙镜。龙纹镜形制多样，有圆形、菱花形、方形、八角形等多种。其主纹纹饰为一条或多条盘龙，盘龙对着镜钮作吞珠或戏珠状。镜缘多刻有刻记和花押，刻记如："云内州录事司验记官"、"肇州司侯司"、"济州录事完颜通"、"录事司刘什秤"、"拿里虎千户"、"咸平府釉黑千户"、"长泰县"、"亚阳平"等。

（左）双龙纹镜（拓片） 金代

（右）单龙纹镜（拓片） 金代

① “承安三年”官铸四兽镜　金代

② 双鱼纹镜图案　金代

③ “卐”字菊花镜（拓片）　金代

④二凤二鸟镜（拓片）　金代

瑞兽镜

此镜形制为圆形或花瓣形。瑞兽镜一般镜背为高线圈分为内外两区，内区多饰以同向奔驰的四瑞兽，瑞兽似鼠。外区多为花蝶纹或铭文带。如“承安三年四兽镜”，该镜内区就为同向奔跑的形态似鼠的四瑞兽。瑞兽间饰有串状葡萄纹。故此镜又被称为“四鼠葡萄镜”。镜的外区为铭文带，上有铭文为“承安三年上元日，陕西东运司官造，监造录事任（花押），提控运使高（花押）。”四瑞兽镜铭中也有为承安四年纪年铭的，或刻上元日为中秋日的。

瑞花镜

金代瑞花镜为圆形，圆钮。主纹多为菊花纹。镜背构图可分为分区和不分区两种。不分区的菊花镜，多以钮为中心往外伸出相互叠压的数朵花瓣，并布满镜背。镜钮恰好为花之蕊。镜被分区者，则内区为菊花瓣纹，外区则饰以点线纹或万字纹，有的还于万字间配以刻记，如“上京宜春县”等。

双鱼纹镜

双鱼纹镜为金代铜镜中颇具特色的一种镜类。此镜有圆形、葵花形、带柄形等多种，其中以圆形居多。镜的主题纹饰为活泼可爱的双鱼。双鱼纹镜于金代的流行，当与金代女真族独特的文化习俗相关，对此我们将于下节作详细的分析。

花鸟镜

金代花鸟镜类形制有圆形、菱花形、八角形、亚字形、葵花形等。镜的题材广泛，有凤鸟、孔雀、仙鹤、蝴蝶等，其中以凤鸟镜最为常见。凤鸟镜以双凤镜居多。双凤镜镜钮两侧各有一展翅飞翔的凤鸟。有的于凤鸟间饰有花瓣纹。镜缘有的配有刻记和花押，刻记如“济州县令贾”等。此外，还有二凤二鸟镜，即钮座外有两鸾凤和两大雁，缘上亦配有如“泰州录判”等刻记和花押。

素　镜

金代素镜多为圆形，偶见葵花形。镜背素面无纹饰。素宽缘。缘上多刻有刻记和花押，刻记如“都右院官”、“花平□□□□”、“图海（车）乌主千户”、“济州县令贾”等。

童子花枝镜

此类镜形制有圆形、菱花形、葵花形、八角形等多种。圆钮或弓钮。主题纹饰由不同姿态的男女童子和花枝叶蔓组成。有的为二童子，有的为三童子，有的为四童子，还有为五童子的。

二童采莲镜，镜钮两侧各有男女童子一个。二童或头上有盛开的莲花，或双手举起手持菊花。脚踏于莲花之上。

三童攀花镜， 此镜较为少见。山

二童采莲镜（拓片） 金代

四童攀花镜（拓片） 金代

东茌平县出土了一“王家三童攀花镜”，该镜圆形，钮外有楷书一圈，为“(盘)沟左字王家造”，圈外有三童子和三菊花相间环绕。

桃形人物故事镜　金代

桃形，圆钮，形制特殊。全镜以水波纹做底，前有一小桥，桥下鱼跃水面，后有柳树，桥上左侧两人做观鱼状，右侧一小童持扇侧立。

童子执菊镜　宋/金

圆平台纽，沿纽一圈细弦纹，内有铭“盘沟左字王家造”，字体遒劲有力；主纹饰区高浮雕三童子，手执菊花，顺时针排列。该镜菊花秀美，童子生动，是宋金镜之精品。

四童攀花镜，钮外有四童子于花枝间嬉戏，童子手持花枝，神态各异，或卧或伏，或仰或俯。也有的四童镜分内外二区，内区仍为童子和花枝纹，外区则有蝴蝶纹环绕一周。边缘刻有“广宁钟秀”等字铭，或“上京警巡院”、“韩州主簿验记高官□”等刻记。

五童持花镜，镜背为手持芙蓉花同向环绕的五童子。因“芙蓉”之“蓉”和“荣华”之“荣”谐音，故此镜又有“五子荣华”之义，也被称为“五子荣华镜”。有的还于镜钮外，环列有“大定通宝”圆钱纹，更是明显象征荣华富贵、幸福生财之义。

人物故事镜

人物故事镜为金代最为流行的镜类之一。此镜题材广泛，常见有吴牛喘月故事镜、许由巢父故事镜、柳毅传书故事镜等多种。金代人物故事镜的流行，与民族文化的交融紧密相连，对此我们将于下节详细分析。

根据以上对金代铜镜类型的分析，我们不难发现金代铜镜有着其明显的特征。首先，金代铜镜主题纹饰多样化。其纹饰既包括仿造汉唐宋镜的图案，还创造了一些结合自己民族习俗的新样式。前者太多，无需举例，后者如双鱼镜和童子攀枝镜等，尤其是双鱼镜，它的流行与女真独特的文化习俗紧密相关。其次，金代人物故事镜颇为流行，而且这些故事基本都来源于中原民间传说，这为女真人学习中原文化的结果。再次，金代铜镜为素缘，缘边錾有官府验记的字眼和花押。如“上京宜春县”、“上京警巡院”、“承安三年上元日，陕西东运司官局造，监造

（左）鱼跃龙门　浮雕

（右）人面鱼纹彩陶盆　新石器时期

录事任（花押）、提控所转运使高（花押）”、“济州县令贾”等。

双鱼镜与女真独特的文化习俗

在上古音中，“鱼”和“余”声韵近同。鱼属疑鱼母鱼部，余属余母鱼部。鱼有“物阜”、“丰饶”之意，《诗经》中云：“鱼丽于罶，鲿鲨。君子有酒，旨且多。鱼丽于罶，鲂鳢。君子有酒，多且旨。鱼丽于罶，鰋鲤。君子有酒，旨且有。物其多矣，维其嘉矣。物其旨矣，维其偕矣。物其有矣，维其时矣。”《尔雅·释地》中云：“鱼丽，言太平，年丰、物多也。”鱼又与富裕的“裕”谐音，富裕有剩余自然是人们所向往的生活。人们还将鱼和莲花组合，赋予“连年有余”的寓意。

又因为鱼儿外形像女性阴部，鱼儿腹内多子，鱼水交欢，繁衍生殖能力极强。故鱼常被用于婚姻，作为夫妇和合、子孙繁衍的象征。闻一多先生甚至在《说鱼》中说：“鱼是匹偶的隐语，打鱼、钓鱼等行为是求偶的隐语。”《诗经》中就云：“衡门之下，可以栖迟。泌之洋洋，可以乐饥。岂其食鱼，必河之鲂。岂其取妻，必齐之姜。岂其食鱼，必河之鲤。岂其取妻，必宋之子。”诗歌将食鱼和取妻（即娶妻）并举，其象征意味自然很明显。

鱼的种类很多，但最受人欢迎的要数鲤鱼。因“鲤”与“利”谐音，故“鲤鱼”便也成了“利余”。《本草纲目》中记载：“鲤为诸鱼之长，形状可爱，能神变，常飞跃江湖。”后有“鱼化龙”、“鲤鱼跳龙门”等故事。《辛氏三秦记》中记载有南北朝时的一传说云：“河津一名龙门，水险不通，鱼鳖之属莫能上。海江大鱼薄集龙门下数千，上则为龙，不上者点额暴腮……每暮春之际，有黄鲤鱼逆流而上，得过者便化为龙”鲤鱼若是跳过了龙门，也就变成了龙。封建社会也将科举考试考场的正门称为“龙门”。若能金榜题名，便也称为“鲤鱼跳龙门”。唐代为李氏的天下，因“鲤”与“李”同音，故鲤鱼也就身价骤增，同时更具有了神灵的色彩。《酉阳杂俎》中记载：“国朝律，取得鲤鱼即宜放，仍不得吃，号赤鯇公。卖者杖六十，言鲤为李也。”杜宝《大业拾遗录》中亦记载：“四年，梁郡有清冷渊……忽有大鱼似鲤，而头一角，长丈余，鳞正赤，从清冷水出，头长三尺许，入横渎逆流西北十余里不没，入通济渠。于是夹两岸随看者数百人，皆谓赤龙大鲤从渊而出，此亦唐祚兴之兆。”

正因为鱼有着如此多的美好寓意，于是早在新石器时代的彩陶盆上就出现了鱼形图案。但鱼纹图案出现在铜镜背后却要晚很多，汉代铜镜铭文的最后一句末尾虽有饰以鱼纹的，但并未成为主题纹饰。金代之前虽也有鱼纹镜的记载，但非常罕见。直到金代，鱼纹镜特别是双鱼镜才开始真正地流行。金代鱼纹镜的流行，除了受中原文化的影响外，自然还与金代女真族独特的文化习俗相关。

金代女真族地处“白山黑水”之间，“黑水”指的就是今天的松花江流域，江中盛产各种鱼类，尤其是最具繁殖能力的鲤鱼。除农业外，捕鱼业也成了女真人重要的生活来源之一。据《金史·兵志》中记：“金之初年，诸部之民无它徭役，壮者皆兵，平居则听以佃渔射猎习为劳事”，故鱼与女真人生活紧密相关。

女真人同样将鲤鱼作为祥瑞。据《金史》记载，帝王在举行荐新礼时，就要用鲤鱼来献祭。另外，金代上层社会也有佩带鱼形饰物的习俗，并以此作为官阶身份的标志。皇太子亲王佩的是玉鱼，一品到五品官员佩的是金鱼，六品七品官佩银鱼。

鱼纹镜的流行，或许还与女真独特的婚俗有关。虽然在金朝建立前，女真社会就是妻从夫居，确立了一夫一妻制，但女真仍有着收继婚等传统习俗。如《金史·后妃传下》中就记载：“旧俗，妇女寡居，宗族可续之。”《金志·婚姻》中更是云：“父死则妻其母，兄死则妻其

以渔猎为生的女真人

女真人是发源于东北地区的少数民族，以渔猎为生。正因为这个原因，从金代开始鱼纹镜开始真正流行起来。

银鱼佩　晚清

因为鱼具有“富贵、丰饶”的含义，因此颇受人喜爱。古代官员就常喜欢将配饰做成鱼形挂于身上，以借鱼之象征意义保佑自己财源广进，万事如意。

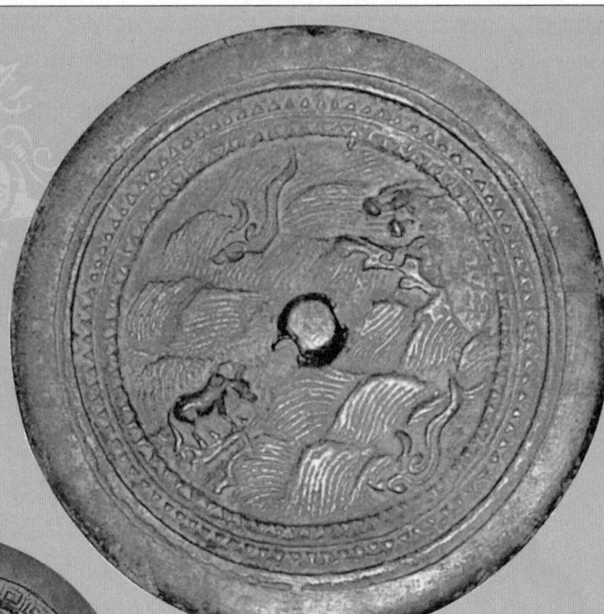

吴牛喘月故事镜　金代

双鱼镜　金代

此镜主纹饰为双鱼纹，特点在于边上有一周回纹。此种类型的双鱼镜较为罕见。此镜直径15.1厘米，重700克。

嫂，叔伯死则侄亦如之。故无论贵贱，人有数妻。”另外，女真人还有一传统节日为放偷日，即每年的正月十六日，允许偷窃。这种偷的对象，不但可以是财物，还可以是闺女。可以想见，这些落后的传统婚姻习俗，自然多为爱与性的分离，故必然不利于种族的繁衍，甚至是社会的健康发展。所以金朝建立后，女真统治者便开始着手对传统婚俗进行改进。金代鱼纹镜尤其是双鱼镜的流行，或许正体现了女真人对甜美爱情的美好寄托和真心期待。

民族文化交融与金代人物故事镜

人物故事镜为金代铜镜中最为流行的镜类之一。最为常见有吴牛喘月故事镜、柳毅传书故事镜、许由巢父故事镜等。

吴牛喘月故事镜　吴牛喘月故事镜又称为“犀牛望月镜“。此镜为圆形，圆钮。画面的基本内容为山水、卧牛、明月和流云等。纹饰一般分为上下两个部分。上部为流云明月、下部为起伏的流水，水中小洲上有一或卧或立的水牛，作张嘴喘气状。有的铜镜还分内外两区，即在主题纹饰之外，还饰有铭文带。内铸如“明昌七年陕西东路转运司官局监造官录事马（花押）提控所转运使高”、“承安三年上元日，陕西东运司官局造，监造录事任（花押）、提控所转运使高（花押）”等。

吴牛喘月故事镜，取材于民间流传的吴牛喘月的典故，它讲的就是，生于江南的小牛，非常怕热，见到月亮也以为是炎热的太阳，故延口喘气。故事后常用来比喻因疑似而惧怕。南朝宋刘义庆《世说新语·言语》中将此故事描写得更为有趣：“满奋畏风，在晋武帝坐；北窗作琉璃屏，实密似疎，奋有难色。帝笑之，奋答曰：‘臣犹吴牛见月而喘。’”故事说的就是满奋此人很怕风，有次他坐在晋武帝旁边时，看见北窗的玻璃屏，以为窗子疏松可以进风，他不知道玻璃屏是密不透风的，于是脸上露出了很为难的表情。晋武帝见后，便讥笑满奋，满奋说：“我如吴牛，见月而喘。”

吴牛喘月故事镜（拓片） 金代

柳毅传书故事镜（拓片） 金代

柳毅传说故事镜　圆形、圆钮。此镜的构图并不完全一致。但基本内容为：钮的左侧上方为一颗大树，树下有一男一女，两人似作对话状。下方河岸有几只小羊。钮的右侧有一人牵马而过。有的于镜钮右上方饰有一方框，内有铭文如“河中府马家白同镜”、“清铜”等。

此镜主题纹饰取材于唐代李朝威的传奇《柳毅传》（原名为《洞庭灵姻传》）。故事讲的是，唐代高宗仪凤年间，赶考落榜的柳毅在去泾阳访友的途中，遇到了遭夫家泾阳君虐待、被遣牧羊的洞庭龙君小女。龙女告知自己身世，并请柳毅为其送信至洞庭君。柳毅慨然同意，别后前往洞庭龙宫，将信送达，龙女因此获救。几经波折，最后柳毅娶了这位知恩图报的龙女为妻，最终还得道成仙。

上面所录铜镜，镜中表现的只是此故事的开端部分，即小龙女牧羊于河畔，遇到柳毅并诉说其悲惨遭遇的情节。镜背纹饰中那颗高大的树，当为故事中所记载的那颗大橘树。柳毅正是靠这颗树，才得以到达龙宫。

许由巢父故事镜　许由巢父镜

许由巢父故事镜（拓片） 金代

有的学者认为其始于宋代（《中国铜镜图典》一书中就录有四面宋代许由巢父故事镜），有的则认为始于金代。学者说法各异，但有一点是可以肯定的，那就是许由巢父镜是于金代才得以广泛流行。故我们也将其于金代铜镜中讲述。

许由巢父镜多为圆形或菱花形。镜背钮的左侧为一株大树，树下有一人端坐在地，右手弯曲抬置耳部。对面有一人牵牛而立，右手指向端坐之人，似作对话状。钮的后下方似有堤岸和水波纹。从整个纹饰内容看，此镜当为许由巢父故事镜。

晋皇甫谧《高士传·许由》中记："尧让天下于许由，许由不受而逃，于是遁耕于中岳，颍水之阳，箕山之下。尧又召为九州岛长，由不欲闻之，洗耳于颍水滨。时其友巢父牵犊欲饮之，见由洗耳，问其故。对曰：'尧欲召我为九州岛长，恶闻其声，是故洗耳'。巢父曰：'子若处高岸深谷，谁能见子？子故浮游，欲闻求其名声，污我犊口'。牵犊上流饮之。"此处记载的就是，尧帝打算将天下让给贤明的许由，清高的许由不愿意接受，于是便逃到箕山下颍水北去居住。尧见他不接受帝位，更是对他大为欣赏，便派人请他出来当九州岛长。许由听后极为厌烦甚至反感，于是独自到颍水边去洗耳朵，表示不愿意听此种为官的话题。刚好他的朋友巢父正牵着牛准备饮水，看见许由洗耳，便问其故。许由便将事情原委告知。巢父听后，很不屑地说："算了吧，你如

许 由

许由亦作"许繇"。传说中的隐士。相传尧让以天下，不受，遁居于颍水之阳、箕山之下。尧又召为九州岛长，由不愿闻，洗耳于颍水之滨。

巢 父

巢父为传说中尧时的隐士。据说巢父长年隐居山林，年老以树为巢，并睡于其上，故时人称其为巢父。晋皇甫谧《高士传·巢父》中云："巢父者，尧时隐人也，山居不营世利，年老以树为巢而寝其上，故时人号曰巢父。"

三鱼镜　金代

金代铜镜的纹饰大多仿制于中原，且其纹饰相对比较简略，并带有本民族的特点。此三鱼镜镜面成圆形，半圆钮，钮外三鱼环绕，鱼尾上翘，作游戏状。

果真正是清高之士，你就应该到高山深谷中隐居起来，那样谁能看到你啊？谁能找你去当官啊？你现在是故意东游西晃，沽名钓誉。你洗过耳朵的水，可别把我的小牛嘴巴给玷污了。”说完，便牵牛到上游饮水去了。

此处的许由巢父镜，正是取材于上述故事的后半部分。镜背上的大树，象征着巢父隐居的深山老林。

以上三种铜镜为金代人物故事镜的典型。而这些故事的题材，全是取材于中原民间文化，这自然与民族间文化交流紧密相关。女真本为一个较为落后的民族，但它也是一个善于学习的民族。金在对北宋作战的过程中，掠取了中原很多宝贵的文化典籍和大量知识分子，并为其所用，甚至全面推行效法汉俗的政策。尤其是在金灭北宋后，占领了华北的广大地区，汉人便成了当地人口的主体，如此耳濡目染的熏陶，更是加速了汉族文化渗入女真的步伐。中原地区的民间传说、历史故事等流入金朝，也就成了再自然不过的事情。

第七章

铜镜的衰落

元明清时期为我国铜镜发展的衰落期。元代统治者管理严格，当时的手工业者也受到了严格控制，铜镜铸造业自然也不例外，加之元代禁铜甚严，当时甚至还设有专门的铜局和管铜局，自然很不利于铜镜铸造业的发展；明代社会比较安定，社会分工非常之细，故这一时期手工业较宋元时期有了较大起色，铜镜铸造业便得到一定发展，呈现出暂时的兴旺景象，但毕竟无法回到汉唐的繁荣状态，而只不过是清代铜镜衰落前的一种回光返照；清代铜镜不管从数量还是质量方面都明显不如明代，这一时期所制铜镜大多质料低劣，纹饰简单，制作粗糙，种类较少，只是乾隆内务府造办处铸造的铜镜做工较为精细。加之受到西洋玻璃镜的冲击，清代铜镜逐渐走向衰落，最终退出了历史的舞台。

元代铜镜概述

开禧二年（公元1206年），成吉思汗建蒙古汗国。至元八年（公元1271年），忽必烈定国号为元。至元十六年（公元1279年），元灭南宋，统一全国，建都大都（今北京）。元朝疆域广阔，据《元史·地理志》载："北逾阴山，西极流沙，东尽辽左，南越海表"、"东南所至不下汉、唐，而西北则过之，有难以里数限者矣"。如此广阔的疆域范围，自然需要强有力的统治措施，甚至是残酷的军事统治，以加强对全国的管理和控制。当时的手工业也受到严格控制，直到十三世纪末叶十四世纪初，才得以逐渐恢复。作为手工业之一的铜镜铸造业，自然也受到很大影响，以至于整个元代铜镜都很少，铸镜工艺也很粗糙。

另外元代禁铜甚严，如《元史》中曾有记载："鼓铸铁器，官为局卖，禁私造铜器"（《元史·世祖本纪第八》）、"诏括江淮铜及铜钱铜器"（《元史·世祖本纪第十一》）、"诏天下拘收铜钱"（《元史·世祖本纪第十三》）、"禁赍金银铜钱越海互市"（《元史·世祖本纪第十四》）、"罢建康金银铜冶转运司"（《成宗本纪第十九》）、"金银私相买卖及海舶兴贩金、银、铜钱、绵丝、布帛下海者，并禁之"（《武宗本纪第二十三》）、"乙丑，禁销

（左）素漆镜奁　元代

镜奁又写作"镜匳"，是古代妇女梳妆时用来放置镜子的镜匣。图为涂漆的元代镜奁。

（右）银镜架　元代

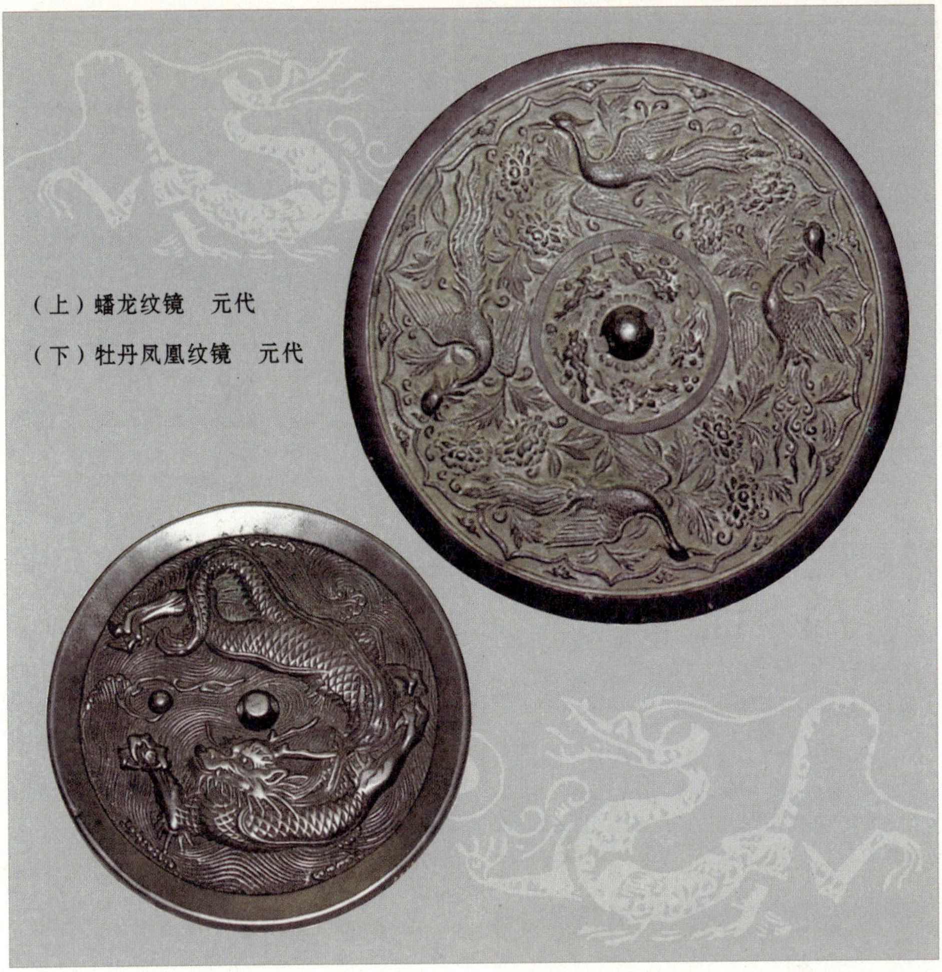

（上）蟠龙纹镜　元代

（下）牡丹凤凰纹镜　元代

毁、贩卖铜钱”（《顺帝本纪第四十四》）、“如有怠慢，初犯事轻者笞四十，赎铜，再犯罚俸一月，三犯者决。总管府提点官比总管减一等，仍科三十，初犯赎铜，再犯罚俸半月，三犯者决。铺兵铺司，痛行断罪”（《兵志》）、“诸出铜之地，民间敢私炼者禁之”（《刑法志》）、“应公私铁鼓铸，官为局卖，仍禁诸人毋私造铜器”（《奸臣列传》）等。元代甚至还设有专门的铜局和管铜局。对铜资源如此严格的控制，自然很不利于铜镜铸造业的发展，元代铜镜也就不甚发达。

元镜形制基本沿袭前代，仅花叶形带柄镜略有新意。纹饰亦主要为缠枝牡丹纹、花草禽鸟纹、双龙纹、八卦纹、人物故事图案等。铭文镜也比较少见，一般仅为“寿山福海”之类的吉祥语。铭文中也有纪年的，但内容多单调贫乏、多作单行排列。元代铜镜种类主要有龙纹镜、汉梵纹镜、神仙人物故事

洛　神

为中国传统神话人物，即洛水的女神洛嫔。相传她是宓（伏）羲的女儿，故称宓妃。因溺死于洛水，成为洛水之神。

梵文方柄镜　元代

圆形，方柄。正中有一汉“佛”字，周围饰铭文一周，有一框将“佛”字匡起，框外饰梵文一周。柄上亦有字，但模糊不清。

人物纹长柄镜　元代

扇形，长柄。镜中心饰仙人，上有云纹和日纹，下有海水纹，旁边侍者手持旌旗站立于云海中。因其图案形式与洛神的故事有相似，所以此图案也被认为是洛神图。

八仙过海

“八仙”为民间传说中道教的八个仙人。即汉钟离、张果老、吕洞宾、李铁拐、韩湘子、曹国舅、蓝采和、何仙姑。相传八仙过海时不用舟船，各有一套法术。民间故有“八仙过海，各显神通”的谚语。

观　音

佛教菩萨名，即观世音，别称观自在或观音大士。唐时因避太宗李世民讳，故省称观音。观音为慈悲的化身，救苦救难之神。

镜、八卦纹镜等。

龙纹镜

多为圆形，圆钮，素缘。镜的主纹为双龙戏珠纹。有的钮外有方格，格中铸有“至元四年”铭。有的甚至还在镜钮顶面刻有一“朱”字，钮周围刻有四组小字，每组两行四字。上为“河中府马”、下为“蒲玉家自”、左为“造白铜镜”、右为“家门人鉴”。在元镜铭文较少的情况下，此镜铭文如此之多，当为罕见。

汉梵文镜

形制多为圆形和带柄形两种。镜背内区饰梵文十六字，外区亦饰梵文一周二十字。还有的铜镜镜背为汉梵两体文，镜背正中饰一“佛”字，外有一方框，框内饰有汉文一周，框外则饰有梵文一周。

神仙人物故事镜

比较新颖的为洛神镜、八仙过海镜、观音镜、仙山人物多宝镜等。

洛神镜，形制为花叶形，下有长柄。整个镜背饰有明月、流云、海浪、童男童女和仙女。仙女流露出对人间的思念之情。

八仙过海镜，圆形，圆钮。镜背上方为仙鹤和流云，下为波涛汹涌的大海，海中为四行交错排列、手执法器的八位神仙。此镜布局有的略有不同，或无仙鹤，或仙人排列顺序不一。

观音镜，镜背正中为一高浮雕的观音像，下为水波纹。观音左侧有“大德元年”四字铭。此外，元代神仙人物故事镜还出现了仙山人物多宝镜等。此不一一叙述。

八卦纹镜

多为圆形，方钮或龟形钮。如1986年河南孟津县出土的一八卦星象符篆镜。镜背分为内中外三区。内区为一周八卦纹。每八卦纹外有两字铭，分别为“元阳”、“二阳”、“三阳”、“四阳”、“元阴”、“二阴”、“二阳”（当为三阴之误）、“四阴”。中区饰有八寿字，两“寿”字间有“紫微宫”、“黄帝左居堂”、“太素右堂”、“元长父舍”、“玄凌交度府”、“太玄禁府”、“太清宫”、“太华台”等铭文。外区为一周相间排列的八符篆和八星座纹。

此外元代还有素镜、禽鸟瑞兽镜等。素镜多为圆形，直径多在十五厘米以上。总的来说，元代铜镜不够发达，较前代相比无太多创新。

（上）八仙过海镜（拓片） 元/明

（中）大德元年观音镜（拓片） 元代

（下）十二属相二十八宿图镜（拓片） 元代

回光返照的明代铜镜

明代社会比较安定，很多行业社会分工也非常之细，手工业较宋元时期也有了很大的起色。铜镜铸造业也呈现出暂时的兴旺现象，可谓是铜镜退出历史舞台前的一种回光返照。

明代铜镜数量不少，甚至不亚于宋代。形制有圆形、方形、葵花形、菱花形、带柄形等多种。明代铜镜于隆庆以前较注重纹饰，有龙纹、虎纹、凤纹、八宝纹、杂宝纹、花草和人物等；隆庆之后则以铭文为主，尤为“长命富贵”、“五子登科”等吉祥铭为常见。明代铜镜类型主要有双鱼镜、龙纹镜、神仙人物故事镜、吉祥铭文镜、官私作坊铭文镜、五岳真形镜和仿镜等多种。

双鱼镜

多为圆形、圆钮或银锭钮。镜的主题纹饰为隔钮而置、首尾相对的两条鲤鱼。有的还于钮的上下刻有铭文，如山东聊城出土的一双鱼镜，其镜钮上下各有四字铭，合为“长命富贵、金玉满堂”。有的则在钮的上方有一方框铭，框中铭文为“晁家”二字。还有的于钮的上下饰有水草纹等。

（左）“洪武二十二年”龙纹镜　明代

（右）水草双鱼镜（拓片）　明代

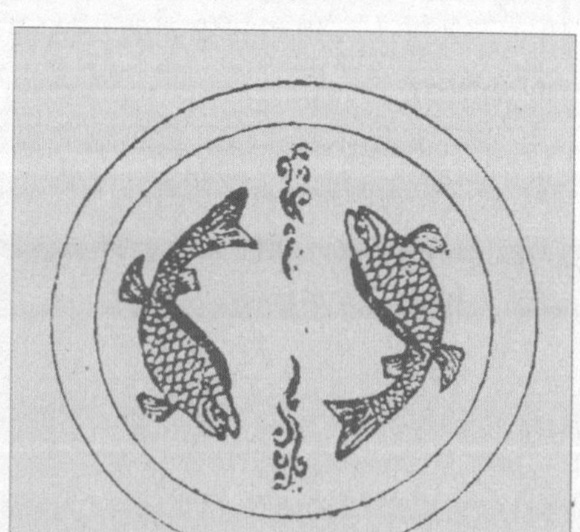

隆庆王云川铭镜　明代

圆形，圆钮，钮周围饰八乳钉及弦纹一周，外饰博局纹、兽纹及弦纹。钮左右两侧有铭文："隆庆戊辰三月江西省铸荆溪王云川记"，隆庆戊辰为公元1568年。此镜直径13.2厘米，重537克。

出行人物故事镜（拓片）　明代

龙纹镜

有圆形和带柄形等形制。镜背主题纹饰为一条或两条龙纹。龙的神态活泼，作吞云吐雾状。有的镜背还饰有铭文，如"洪武二十二年正月日造"等。

神仙人物故事镜

此类镜明代也比较流行，有人物多宝镜、仙人镜、人物镜等多种。人物多宝镜的构图不完全一致，但纹饰基本内容为杂宝和仙人等。杂宝如宝珠、犀角、磬、瑞兽、画卷、盘肠、宝钱、灵芝、梅花、小鹿、金鱼等，均为吉祥如意的象征。仙人镜如八仙寿老镜，镜背

五子登科

指宋代窦禹钧的五个儿子仪、俨、侃、偁、僖相继及第，事见《宋史·窦仪传》。后用为结婚的祝福词或吉祥语。五子登科镜的出现和流行，与明代空前繁荣的科举制度紧密相关。明代为我国古代科举发展的鼎盛阶段，尤其是明代中叶后，科举功名更是成了士子前程的决定性因素，很多学子尽管屡战屡败，但依旧屡败屡战。

饰有八位仙人，钮的上方还有一柱拐杖的老寿星。再如万历天上人间镜，该镜为圆形，圆钮。钮上为一殿堂，其冒出的浮云托着三座牌坊。牌坊两侧有铭文，为“元始祖神先天地精”、“妙合丹成与道全真”。钮右侧亦有仙亭，上有铭文为“大明万历癸未冬”。钮左侧殿堂之上亦有铭文，为“济南王子庞甫识”。钮的下方为亦有海浪托起的殿堂。人物镜有山水人物镜和出行人物故事镜等。

吉祥铭文镜

这类镜明代比较丰富。最为常见的为“长命富贵”镜和“五子登科”镜，尤以“五子登科”镜最多。镜背上下左右各铸有一字，连为“五子登科”，有的还于各字间饰有太极八卦图形或大雁等，有的甚至还于外层饰有四幅麒麟送子图，图间还饰有大圆葫芦纹等，被称为“五子登科麒麟送子镜”。五子登科故事，出自于《宋史·窦仪传》。它讲的是宋代窦禹钧有五个儿子仪、俨、侃、偁、僖，并相继及第。五子登科镜的出现和流行，与明代空前繁荣的科举制度紧密相关。明代为我国古代科举发展的鼎盛阶段，尤其是明代中叶后，科举功名更是成了士子前程的决定性因素，很多学子尽管屡战屡败，但依旧屡败屡战。此外明代铜镜中还有很多其他吉祥铭文，如“状元及第”、“连仲三元”、“百岁团圆”、“厚德荣贵（或归）”、“正其衣冠”、“鸾

“五子登科”铭文镜　明代

五子登科麒麟送子镜（拓片）　明代

五岳真形镜　清代

圆形，方钮。钮上有一篆符，周围有四篆符，与钮组成五岳。

凤呈祥"、"为善最乐"、"彦和"、"云龙山下世宜春，放鹤亭前总乐辉。一色杏花红十里，状元归去马如飞"等吉祥语。

官私作坊铭文镜

明代私人作坊镜如万历镜，上有铭文为"万历己丑年任小轩造"、"万历元年蒋制"；天启镜，铭文为"曾氏天启六年"；祁怀泉镜，铭文为"祁怀泉造"等。官方作坊镜如太监镜，钮上方及左右均饰有铭文。正上方为"大明丙午"四字，右为"钦差提督殿门工程"、左为"内官监太监李制"。

"长命富贵"铭文镜（拓片）　明代

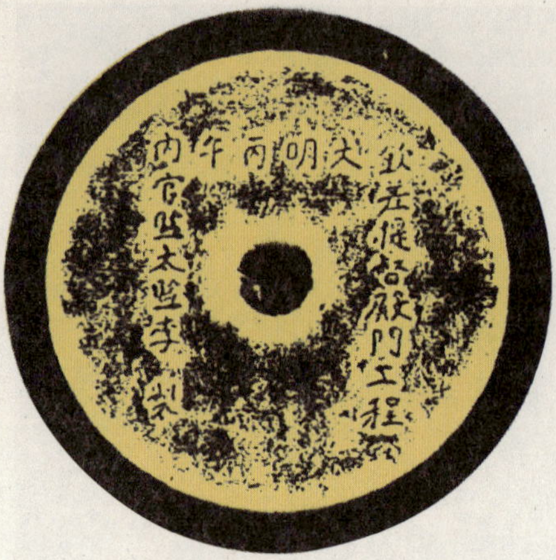

太监镜（拓片） 明代

圆形，圆钮。钮上方以及左右都铸有铭文，正上方铭文为"大明丙午",右侧铭为"内官监太监李制"。此镜直径16.8厘米。

仿汉人物车马镜 明代

此镜为都府后薛家造镜。上有铭文:"田氏作竟四夷服，多贺国家人……风雨时节五…熟…富贵……"。直径19厘米。

五 岳

关于五岳，古书上有多种不同的说法，一为东岳泰山、西岳华山、南岳衡山、北岳恒山和中岳嵩山；一为东岳泰山、南岳霍山、西岳华山、北岳恒山、中岳嵩山；一为泰山、衡山、华山、岳山、恒山；一为道教五座仙山，即东岳广乘山、南岳长离山 、西岳丽农山、北岳广野山、中岳昆仑山。

五岳真形镜

镜为圆形，无钮。镜背有五岳图纹，其中钮心为中岳形，四周分别为其他四岳。五岳真形图为道教符箓秘籍中的宝图。"道书之重者，莫过于三皇文，五岳真形图也"（《抱朴子·遐览》）。

仿 镜

即仿古镜。明代仿镜大多制作精细，铜质优良，且多为仿汉镜和仿唐镜。前者如"仿汉人物车马镜"、"仿汉薛恩溪造博局镜"，后者如"仿唐海马葡萄镜"、"仿唐八菱鸾兽纹镜"等。

总之，明代铜镜铸造业虽然在元代基础上大为提高，但毕竟无法回到汉唐的繁荣状态，而只不过是在清代铜镜衰落前的一种回光返照而已。铜镜最终被玻璃镜所取代，并从此退出了历史的舞台。

文学中铜镜意象的丰富

镜文化与佛教文化的互动

西汉时期传入的佛教，经过魏晋南北朝的发展，至隋唐时已经进入了极盛时期，至明清更是为人们完全接受，真正达到了“本土化”。佛经中记载的大量故事，随着佛经的翻译传入中国，并且流传到民间，加强了中国文学的故事性。记载“大慈大悲”、“因果报应”、“三世说”之类的故事和小说也大量出现。以镜子为题材的故事，也多受佛教的影响。

镜子驱邪治病的意象与佛教的大慈大悲

佛教认为，与乐为慈，拔苦为悲。《智度论》二十七曰：“大慈与一切众生乐，大悲拔一切众生苦……菩萨大慈于佛为小，于二乘为大，此是假名为大，佛大慈大悲，真实最大。”又《法华经》曰：“大慈大悲，常无懈倦。”正

梵文铜镜（两面）　元代

佛教自汉代传入我国，并很快取代了传统宗教（道教）的主导地位。就铜镜而言，历代以宗教题材为铜镜图案的情况并不多见。元代统治者信奉佛教，铸造了较多的“卍”字型铜镜和梵文铜镜。下图中，左侧铜镜带柄，镜背中心铸“佛”字，其外饰一方框，在方框内外铸汉、梵咒铭文一周；右侧铜镜，纽顶面饰一梵文，于纽外饰一周十六字梵文，再外饰一周二十字梵文。

至顺辛未铭镜　元代

圆形，钮上方饰一树，钮左下方及右侧共饰三人、一鹿，一人坐，二人立。鹿在桥上行走，桥下有流水。钮左侧一门打开，一鹤欲出。树下、鹿前和门旁均有铭文。

因为受这种慈悲观的影响，镜被赋予了治病的功能。晋代葛洪《西京杂记》："有方镜，广四尺，高五尺九寸，表里洞明，人直来照之，影则倒见，以手扪心而来，则见肠胃五脏，历然无碍。人有疾病在内，则掩心而照之，则知病之所在。"又《太平广记》卷二百三十二引《松窗录》云："一渔民从秦淮河中得到了一面能照见腑脏的古镜，因此很多术士和医家就用此宝镜代替望闻问切的功能，为人治病。"另《太平广

神仙杂宝镜　明代

银锭纽，四神仙头上仙鹤对舞，下线文花瓶，明代比较流行此镜种。

记》卷二百三十一引《原化记》云："唐德宗贞元年间，一渔民在太湖捞得一面照脏古镜，照镜者即刻昏厥呕吐，事后顽疾不治而愈。"

作为唐传奇开山之作的《古镜记》，更是将镜子的辟邪救人功能说得神乎其神，它虽然带有明显的道教色彩，但不可否认它也受到了佛教大慈大悲宗旨的影响。对此，鲁迅曾在其《中国小说史略》中就写道："中国本信巫，秦汉以来，神仙之说盛行，汉末又大畅巫风，而鬼道愈炽；会小乘佛教亦入中土，渐见流传。凡此，皆张皇鬼神，称道灵异，故自晋讫隋，特多鬼神志怪之书。"可见，我们排除了传统文化的因素之后，很显然，古镜治病救人得神异功能，正是外来文化也就是佛教文化所赋予了新的内涵。

镜子劝惩警戒的意象与佛教的因果报应

在佛教的影响下，镜子劝惩警戒的意象更加鲜明。佛教认为，一切事物和现象的产生和变化都有一定的条件。这个条件便是因缘，因是主观原因，是根本条件；缘是外因，是辅助因素。由

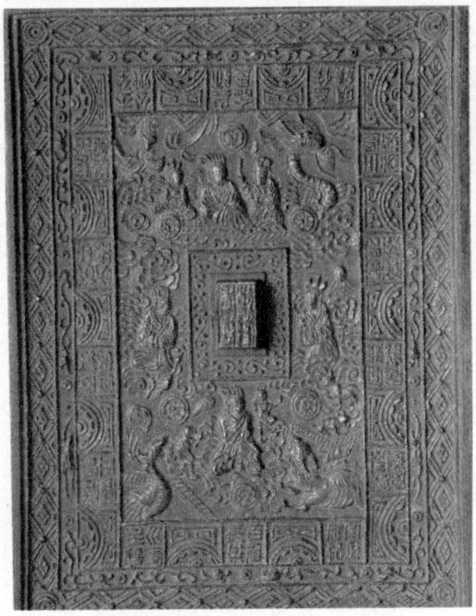

乾隆款铭长方镜　清代

长方形。长方钮，长方纽座，钮上饰"乾隆年制"4字。纽座周围饰六仙人、六涡纹及云纹，其外饰方格带，内有铭文，间饰几何纹。近缘处饰云纹及菱形纹各一周。凸缘。

（下左）习武多宝镜　明代

圆形。银锭纽，纽上一楼宇置于云雾之中，左有仙鹤，右有寿星；纽的右侧一人作吹箫状，前有一龟，后有犀牛角，左侧为一人持物，外侧有钱纹；纽下有一对童子，持棒对打习武，两侧有仙桃等宝物。明代铜镜中习武纹饰不多见。

（下右）"孙氏燕记"铭文镜　明代

圆平台纽，上有铭"陈仰山造"。以纽为中心放射状左旋镌铸十二排铭"人妍人媸能不和，照心照□两相宜，吾将刻尔蔽，吾将偕而知呕眉"。落款方印"孙氏燕记"。陈仰山为明代南京著名铸镜工匠。七言律诗为孙燕写给自己配偶的一首缠绵缱绻、感人肺腑的情诗。

准提菩萨铭镜　明代

圆形，短柄，无钮。一面为纹饰，一面为铭文。纹饰为千手观音像，坐于莲花座上，下饰海水和山石。另一面正中刻有“准提菩萨”四字。柄上有一圆穿孔。此镜通长 19.4 厘米，重 668 克。

于具备一定因缘，便有相关事物生起或消灭，此为缘起。佛经中常见的说法是:“此有则彼有，此无则彼无；此生则彼生，此灭则彼灭。”如过去的积累是因，现在的实际是果；种子是因，芽是果；树木是因，森林是果等等。因果相连，循环往复，无穷无尽，一切事物都处于因果联系之中，所以佛教特别强调“因果报应”，即“善因者善果，恶因者恶果，有原因，则必有结果之应报也”，“因者能生，果者所生。有因则必有果，有果则必有因，是谓因果之理。佛教通之三世说善恶报应之义。”

佛教的这种因果报应思想，对以镜为题材的故事和小说产生了很大影响。如凌蒙初的《二刻拍案惊奇》卷三十六的“王渔翁舍镜崇三宝，白水僧盗物丧双生”，就是将民间有关宝镜的传说与佛教的因果报应思想相结合的产物。故事讲的是，一叫王甲的渔翁，与妻外出捕鱼，得“聚宝镜”，家中于是骤富。但不久两人认为镜为天地之宝，不该久留在身。于是献给了峨眉山白水禅院，可庙中僧人却将镜据为己有，并托徒弟严加保管。而徒弟得知此为宝镜，则带镜潜逃，僧人气死，而徒弟也罪有应得，在逃离的路上被老虎咬死。

从以上故事我们看到，镜子成了一个重要的关目，它具有强烈的奖善惩恶的色彩。对于善良的人，镜子成了他们的吉祥符；而对于那些狡猾奸诈之徒，镜子则成了他们的催命符。

镜子在作者笔下成了检验人类欲望和人性善恶的试金石。很显然，这与佛教中善有善报、恶有恶报的因果报应思想紧密相连。

镜意象与佛教的关系，我们还可以从清代李渔的小说《无声戏》看出，其第九回“变女为儿菩萨巧”，实际上也是一个受佛教影响的劝惩故事。故事写泰州盐场灶户施达卿家资殷实，年近60尚无儿子。他从40岁便开始供奉准提菩萨，铸了一面准提镜，每到斋期，就对镜祷告，望能生儿，但总不灵验。至60还未得子，很是伤心。一晚做梦梦到准提镜中菩萨现身，要他散发家财，以赎40年的贪污之罪，家产要散发十分之七八，才可得子。毕竟想子心切，施老头就依梦散发了两分，不久老婆果怀孕。此时老施就又开始吝啬，不再散发钱财，不料孩子生下来为一不男不女的石女。老施便对准提镜哭诉，准提菩萨梦中责备他失信。老施又重散家产，结果家私散发至一半时，石女也就有一半变成男身，等散发至准提菩萨所要求的七八分时，也就变

准提菩萨

准提为佛教菩萨名，又名“尊提”。梵语的音译，意为“清净”。密宗列为莲华部六观音之一，其形相作三目十八臂。准提菩萨信仰在我国亦影响较大。

（左）“万历年”龙凤鎏金镜　明代

圆形，云纹纽，全镜刻希姆的球路纹。纽的左侧为一凤纹，右侧为一龙纹，龙凤之间长方格内为“万历年造”四字铭文。此镜工艺精细，全镜鎏金。

（右）准提咒文铭镜　明代

此镜周围饰梵文咒语一周。背面正中饰千手观音，盘坐于莲花宝座上。周围饰凸弦纹一周，其外有铭文一周，铭文为“南无□哆喃三藐驮俱□喃怛你（也）他唵折隶主隶准也提娑（婆）诃部（休）唵□唵么抳钵□铭吽”。

成了一完整男孩。

供奉准提菩萨和准提镜都是民间的佛教信仰。故事通过梦中菩萨现身于镜中的情节，把镜写成了劝诫的工具。可见，佛教的传入，镜意象有了更加丰富的内涵。在佛教的影响下，镜意象在传统闺怨意象基础上有了更新的突破和发展，它已与佛教因果报应思想紧密相连。

镜子检验预测的意象与佛教的三世说

佛教传入以前，中国传统的观念中，只有今生此世，既无前世也无来世，如《论语·先进》曰："未知生，焉知死？"，《庄子·大宗师》："死生，命也；其有夜旦之常，天也"。而佛教带来了三世(前世、今世、来世)的观念。《宝积经》九十四曰："三世，所谓过去未来现在。云何过去世，若法生已灭，是名过去。云何未来世，若法未生未起，是名未来世。云何现在世，若法生已未灭，是名现在世。"受三世说的影响，人的思维时空都扩大了，人活着不但要考虑今世，还要考虑前世尤其是来世。随之而来，镜意象也有了新的内涵，它具备了检测和预言的功能，能照出人的过去和未来。

《二刻拍案惊奇》卷十六"迟取券毛烈赖还钱，失还魂牙僧索剩命"，写的就是判官利用镜子能照出过去的功能来断案的故事。毛烈欺心赖陈祈账，后两人对质于阴曹地府，毛烈仍不认账。于是"判官叫取业镜过来，旁边一个吏就拿着铜盆大的一面镜子来，照着毛烈，毛烈、陈祈、与高公三人，一齐看那镜子里面，只见里面照出陈祈交银，毛烈接受过去，递于妻子张氏，张氏收藏，是那日光景，宛然见在"，因此毛烈入狱。另外《夜雨秋灯录》卷一《红玉册》写的也是阴间审判，以照胆镜照之，可知前生之所为。

填漆迦陵频伽纹镜　辽代

圆形，半圆钮，花瓣钮座。两个人头鸟身的迦陵频伽纹首尾相连。迦陵频伽头戴花冠，手持法器，双翅舒展、尾羽托弋。此镜直径 22.9 厘米，重 575 克。

除了上面镜照前世之作外，镜照后世之作也很多。《尚书故实》言裴岳有面古镜，镜中出现朱衣官吏的形象，预示裴氏日后做官。《坚瓠九集》卷四《镜中形》云：宋璟年轻时在镜中看到"相"字，后来果然做到了宰相。《明珠缘》更是写到镜照三世之事，其第二十五回写玉支和尚有一面宝镜，"能照人三世：初照前生之善恶，次照今世之果报，三照来世之善果"。"揭开锦袱，跛李手持法水，口中念了咒，将柳枝蘸水洒于镜上。少

达摩渡江纹镜　唐代

铜佛镜　元代

顷，那镜子就放出光来，约有三尺高。叫男女们分班来照，果然各照出前生善恶，人畜一一皆见。到初六日，又照今生贫富寿夭。初九日又来照后世，或神人鬼畜一一不同”。

可见，受佛教“大慈大悲”、“因果报应”、“三世说”等的影响，镜意象有了很大的突破，它已有了驱邪治病、劝惩警戒、检测预言等新的意象。其实除了镜意象外，受佛教影响，镜子图案也有了新的变化，如飞天迦陵频迦、莲花纹、孔雀纹、万字纹、达摩渡海、观音菩萨等图案的流行，足见佛教文化影响之深远。

佛教对镜文化产生了重大的影响，同时镜文化也对佛教文化有着互动作用，镜子同样为佛教所用。首先从物质层面看，镜子的映物功能，在佛教中得到了广泛的运用，如在坛场、塔刹、地宫中往往用到镜。《楞严经》卷七有：“方圆六丈为八角坛……取八圆镜各安其方……又取八镜覆悬虚空，与坛场中所安之镜方面相对……十方如来一时出现，镜交光处，承佛摩顶”。可见，镜与佛教紧密相关。其次从精神层面看，用镜说明佛心佛法的特别多，以致一部《大正藏》中的镜喻可以说是多于牛马，不胜枚举。在这里我主要从下面四个方面谈一下佛教文化对镜意象的吸纳。

一是喻佛法为镜。《佛说无量寿经》中写道：“设我得佛，国土清净，皆悉照见十方一切无量无数不可思议诸佛世界。犹如明镜睹其面像。”可见，在佛教中，那个光照一切，洞察一切的佛法及阐发此法的佛经，都被比喻成明镜一般。《大智度论》以及《密严经》中也有同样的比喻，此不详列。最有意思的是挂满寺庙和佛像四周的八圆镜，这些镜子彼此照摄，永无休止，用以象征性地表现佛法的无处不在。

二是喻智慧为镜。在佛教中智慧指光明，能照物如镜。所以像智镜、慧镜都成为了佛教的常用词语。《大乘庄严经论》卷三写道：“一切诸佛有四种智：一者镜智，二者平等智，三者观智，四者作事智。彼镜智以不动为相，恒为余三智之所依止。”另外《心地观经》中也有："如是如来镜智之中，能现众生诸善恶业，以是因缘，此智名为大圆镜智。"可见，在这里，智慧已经被比喻为镜。

三是喻心性为镜。在佛教本土化的过程中，镜喻中的心性之喻最多，争论也最激烈。如《坛经》中的神秀与慧能的争论。慧能的"菩提本无树，明镜亦非台。本来无一物，何处惹尘埃。"就是将心性比喻成镜子的典型。

在中国古代文论中，"镜"常与"静"相连。对此，庄子在《天道第十三》中就明确提到："水镜则明烛须眉，平中准，大匠取法焉。水静犹明，而况精神乎？圣人之心，静乎天地之鉴也，万物之镜也。夫虚静恬淡，寂寞无为者，天地之平，道德之至。"将"镜"与"静"相连，除了两者属于同音词外，也许它还牵涉到中国传统文化的某些深层次问题。在此姑且引用于可封《至人心镜赋》来领略两者之关系：

庄生有言曰，至人用心若镜，有旨哉！是言也夫，镜也者，以明为体，是故有来而必应心也者。以净为照，亦可不思而玄通。拂试生光，挂新台而同满；罔象求得，映赤水而珠融。若炼心而比镜，信清明而在躬，尔乃以镜为心，因心载考，菱花发而群象生，灵府开而万物保，斯镜之清明，谓人心得道，至人所以卑其性而遗箴，弱其志而虚襟，听五声之和，乐天籁之音，明白四达，照

（上）铜刻"竹林高士休憩图"镜　明/清

平台圆纽，素面，黄铜工艺镌刻出一幅完整的"竹林高士休憩图"；右上部和下部刻有一片枝叶茂盛之竹林，一闲逸高士，大腹便便，左手支腮，右腿微翘。用铜镜映照面镌刻佛像者，有之，单线刻绘图画者，却鲜有多见。

（下）戏曲人物（八仙）镜　元/明早期

全镜纹饰似在舞台上表演戏曲，舞台防木结构，上有额枋，额枋下有垂柱和挂落，两侧有隔扇门，上面均雕刻花纹，额枋上部有五字铭"安□□□造"。舞台上八个人物，估计为八仙，其中一个坐于祥云之上，所有纹饰件均为独立铸造后，粘合于镜背之上，表现出镂空的舞台戏曲效果。戏曲人物纹饰铜镜极少见，此镜工艺精细，人物多且刻画细腻，所有人物五官刻画清晰，造型各异，有手持扇，有肩扛伞，有手捧桃、书、龟等。

幽烛涤，希洞视而言鉴，在无心而用心……

文中可见“镜”与“静”，两者实为一个整体。心静如镜从一定意义上说，它追求的是一种与宇宙自然、人之心性相通的状态。人之心性本质光明、清净如镜，这正如《华严经·普贤行愿品》卷十二云：“心如净明镜，鉴物未尝私。明镜唯照形，不鉴于心想。我王心镜净，洞见于心源。”

四是喻虚空为镜。镜之产生，也许与水有关。水之特性及其形态之多变，恰与镜照之虚空相通，故有“水月镜花”之说。钱钟书曾指出：《沧浪诗话》中“水中之月，镜中之象，透彻玲珑，不可凑泊”之说，与释典中的有关论述有不谋而合之妙，且揭示了其中的感通现象。

镜本身虚空澄明，镜中之象似真似幻，若有若无，正如《楞严经》卷五曰：“又于自心现大圆镜，内放十种微妙宝光，流灌十方。尽虚空际，诸幢王刹，来如镜内，涉如我身，身同虚空，不相妨碍。”又《大智度论》卷六曰：“复次如镜像实空，不生不灭，诳惑凡人眼，一切诸法，亦复如是。”又《圆觉经》卷四：“十方世界，诸如来心，于中显现，如镜中象。”可见，佛教崇尚的唯一真实是“空”，而把幻而不真、华而不实的外在世界，比喻成流动的镜像。当然在佛教中，以镜为喻的还很多，如喻修行方式等等。

总之，镜意象因佛教文化的影响而更为丰富，同时佛教也因镜意象的发展，而得以广泛传播，并深入人心。两者的互相吸收和影响，形成了良好的互动反应。

镜花水月

镜花水月即镜中花、水中月。语本唐裴休《唐故左街僧录内供奉三教谈论引驾大德安国寺上座赐紫方袍大达法师元秘塔碑铭》：“峥嵘栋梁，一旦而摧。水月镜像，无心去来。”它用来比喻虚幻的景象或空灵的诗境。

千手佛纹镜　明代

此镜无钮，中间有一千手佛像，其外饰一周铭文。

当然镜子还有诸多小意象，如在中国古代文论中镜之喻体意义就极为丰富，或以镜喻欣赏者，或以镜喻作品，有的甚至以镜比喻某种具体的创作方法等。因专论已多（如乐黛云：《中西诗学中的镜子隐喻》，《文艺研究》，1991 年第 5 期；刘艺：《镜喻与中外文论》，《外国文学评论》，2002 年第 1 期；殷国明：《中国的“镜像说”——古典文论阅读札记》，《文艺理论研究》，2003 年第 3 期），文中就不再一一详述了。

文学中作为象征的镜子

文学中的镜子最终超脱了实用性，

犀牛望月镜架　明代

此镜架呈卧牛状，中空，牛呈回首状，背部有一月牙形支架，前部饰有云纹。支架上有槽，可放置铜镜。通高 17.4 厘米，宽 30.4 厘米。

进入了象征领域。镜子不仅可以喻月、水，可以喻清官、隐士、贤人，还可以喻清明之道、君子之鉴。

喻月亮

在古代镜多为圆形，且有映物亮照之功用，这恰与月相同。于是在文人笔下，以镜喻月之诗颇多。宋之问《望月有怀》："台前似挂镜，帘外如悬钩。""挂镜"极言月之光，"悬钩"则言月之形。又元盍西村《市桥月色》："玉龙高卧一天秋，宝镜青光透。"高挂于碧空之月，像一面清光透彻之镜。如水的月色恬静地洒在桥梁，石桥也似乎化成了一条玉龙渐入梦乡。

喻 水

镜之发明，或与水有关，水之明净映物亦与镜同，故以镜喻水顺理成章。北朝周庾信《镜诗》："玉匣聊开镜，轻灰暂拭尘。光如一片水，影照两边人。"唐韩愈《寒食日出游》："宋玉庭边不见人，轻浪参差鱼动镜。""鱼动镜"以镜喻水，实在妙不可言。宋范仲淹《出守桐庐道中》："沧浪清可爱，白鸟鉴中飞。"沧浪之水平明如镜，鸟从水面掠过，可以照出影儿来，如同在镜中飞翔。再如宋范成大《晚潮》诗："东风吹雨晚潮生，叠鼓催船镜里行。"亦是以镜喻水。

此外，常言水天一色，既能以镜喻水，自然也会以镜喻天。唐杜牧就有《长安秋望》诗云："楼倚霜树外，镜天无一毫。"也有以镜喻他物的，或以质喻，或以形喻，如萧纲《咏镜诗》："如冰不见水，似扇长含晖。"就是以镜喻冰和扇。

仙人纹长柄镜　金代

喻清官（藻镜）

南朝陈江总《让尚书仆射表》："藻镜官方，品裁人物"（据《艺文类聚》卷48引）。"藻镜"常为评量和鉴别之义，后用以指能秉公选拔之官职。元稹《代曲江老人百韵》写道："裴王持藻镜，姚宋翰陶钧。"此处即是以"藻镜"一词，来称颂开元盛世之吏部长官能公正选拔擢用人才。"藻镜"也就成了清官的别称。

八仙过海镜　金代

喻隐士或仙人（磨镜）

汉刘向《列仙传》卷下《负局先生》记载：

负局先生者，不知何许人也。语似燕代间人。常负磨镜局，徇吴市中，衔磨镜，一钱因磨之，辄问主人，得无有疾苦者，辄出紫丸药以与之，得者莫不愈，如此数十年。后大疫病，家至户到，与药活者万计，不取一钱。吴人乃知其真人也。后止吴山绝崖，悬药与人。欲将去时，语下人曰："吾欲返蓬莱山，为汝曹下神水。"崖头一旦有水，白色，从石间流下，服之，多愈疾。立祠十余处。

据此传说，因称负局先生为仙人，其为仙人，为人磨镜兼以施药治病，故后便以"磨镜客"喻仙人或隐士。唐王维就有诗云（《郑果州相过》）："床前磨镜

秦始皇入海求仙 《帝鉴图说》插图

秦始皇为求长生不老之药，遂以求仙为名派人出海。可见神仙观念在古人思想意识中占据了较为重要的成分。

客，树下灌园人。"。

喻贤才或智者（明镜）

应稹《谕宝二首》其二："秦镜无人拭，一片埋雾月。"此处用"秦镜埋雾"，比喻贤才被没。又《三国志·蜀书·庞统传》裴松之注引《襄阳记》："诸葛孔明为卧龙，庞士元为凤雏，司马德操为水镜，皆庞德公语也。"《世说新语·赏誉上》中写道："卫伯玉为尚书令，见乐广与中朝名士谈议，奇之……命子弟造之，曰：'此人，人之水镜也。见之若披云雾，睹青天。'"可见水镜已代指贤者。另《世说新语·言语二》中记载：

孝武将讲孝经，谢公兄弟与诸人私庭讲习。车武子难苦问谢，谓袁羊曰："不问则德音有遗，多问则重劳二谢。"袁曰："必无此嫌。"车曰："何以知尔？"袁曰："何尝见明镜疲于屡照，清流惮于惠风？"

袁认为向别人求教，有学问修养的人是不会感到厌烦的，这好比一面明亮的镜子，人临镜而照千百次，镜也不会感到厌烦疲惫，仍能清晰地映出你的尊容。故明镜屡照不感疲劳，亦如人之智慧多用无伤。"明镜"也就成了智者的代名词。《佩文韵府》卷四下支韵"不疲"下引刘孝绰文句："明镜屡照而不疲，洪钟待叩而斯应。"明镜不疲是道家赋予镜子的属性，这里借指智者诲人不倦。

喻清明之道（秦镜）

早在《尚书》中，就有失玉（金）镜之说。《尚书·帝命期》："桀失其玉镜用之噬虎。"《尚书·考灵耀》："秦失其金镜鱼目如珠。"显然此处之镜成了清明之道的象征。

又据晋葛洪的《西京杂记》卷三记载，相传秦宫中有一面宝镜叫秦镜，可以照彻人的肺腑，故后常以"秦镜"喻政治之清明。"何辞向物开秦镜，却使他人得楚弓"（刘长卿《避地江东留别淮南使院诸公》）。此处以秦镜感叹因朝政不明，被叛乱者从中渔利。"秦帝沦玉镜，留侯降氛氲"（李白《送张秀才谒高中丞》）。诗人以玉镜之沦来指代朝政的混乱不清。再如"秦人失金镜，汉祖升紫极"（李白《商山四皓》）。这里以"失金镜"，来说明秦朝朝纲败坏，国家灭亡。

诗歌多从反面以失镜来指代朝政不明，但也有少数从正面予以肯定之

神人龟鹤齐寿镜 金代

镜纽左侧山岩上一颗枝繁叶茂的松树覆盖镜背的上部，松树下显露屋宇的大门，门旁有“尚家造”三字铭文。从敞开山门中走出一侍者，手捧一龟，龟口中香烟缭绕；纽的右侧山岩上坐一仙长，前立一侍者，手捧龟；仙长前的山岩下立一仙鹤，下有滚滚河水。此镜刻画细致，是同类纹饰镜中的精品。

作，如杜牧的《送牛相出镇襄州》：“德业悬秦镜，威声隐楚郊。”镜之清澈明净，极易引申到主考官识才之公正。“且喜礼闱秦镜在，还将妍丑付春官”（刘长卿《温汤客人舍》），这里借“秦镜”典，称颂主考官识才公正。又蒯以逸《和主司王起》：“一振声华入紫薇，三开秦镜照春闱。”“三开秦镜”言王起主持考试三次，后一“照”字则意在称赞其选才之公正。

君子之鉴（镜鉴）

将镜赋予借鉴之义，早见于《汉书·谷乐传》：“愿陛下追观夏、周、秦所以失之，以镜考已行。”颜师古注：“镜谓监照之。”又汉荀悦《申鉴·杂言上》：“君子有三鉴，世人镜鉴。前唯训，人惟贤，镜唯明……故君子唯鉴之务。若夫侧景之镜，亡镜矣。”又“君子有三鉴：鉴乎古，鉴乎人，鉴乎镜”（引自《北堂书抄》卷一百三十六）。

唐太宗以魏征为“三鉴”之一，因魏征去世，因而叹悼一鉴亡矣。《新唐书·魏征传》：“帝后临朝，叹曰：‘以铜为鉴，可正衣冠；以古为鉴，可知兴替；以人为鉴，可明得失。朕常保此三鉴，内防己过。今魏征逝，一鉴亡矣！’”唐代大诗人白居易《百炼镜》云：“我有一言闻太宗：太宗常以人为镜，鉴古鉴今不鉴容。四海安危居掌内，百王治乱悬心中。乃知天子别有镜，不是扬州百炼铜。”后人著书，喜以鉴为名，如《资治通鉴》、《品花宝鉴》等，所用即此义。

“太宗三鉴”

《新唐书·魏征传》云：“帝后临朝，叹曰：‘以铜为鉴，可正衣冠；以古为鉴，可知兴替；以人为鉴，可明得失。朕常保此三鉴，内防己过。今魏征逝，一鉴亡矣！’”简言之，太宗三鉴，即以铜为鉴、以古为鉴、以人为鉴。

清代铜镜的衰落与玻璃镜的兴起

清代铜镜不管从数量还是质量方面都明显不如明代。总的来说，这一时期铜镜质料低劣，纹饰简单，制作粗糙。只是乾隆内务府造办处铸造的铜镜做工精细，注重造型，棱角分明。但整个清代铜镜却在玻璃镜的冲击下走向衰落，以至于很多铜镜研究的著作只是对其略加描述，或是干脆一字不提。

宣宗御制铭镜　清代

此镜无钮，镜面非常平，有木质托架。镜背中央有清道光皇帝御制镜铭。

目前出土的清代铜镜种类也较少。主要有双鱼镜、吉祥图纹镜、人物故事镜和铭文镜。

双鱼镜

清代双鱼镜如“嘉庆双鱼镜”，该镜以羊（或认为是鹿）纹为大圆钮。钮两侧为隔钮首尾相对的双鱼。外区有铭文一周，为“大清嘉庆庚申闰十二月吉日仿双鱼式造于滇南”。

吉祥图纹镜

这类镜种类较多，有狮子滚绣球镜、龙凤呈祥镜、四喜镜、三友纹镜、双喜五蝠镜等。其中三友纹镜，镜背饰有松枝、竹叶、腊梅。松、竹经冬不凋，梅则迎寒开花，故称“岁寒三友”。双喜五蝠镜，镜的中心饰有两“喜”字。外区则饰五个展翅飞翔的蝙蝠。因“蝠”与“福”谐音，故“五蝠”便象征着“五福”。“五福”即五种幸福。《尚书·洪范》：“五福：一曰寿，二曰富，三曰康宁，四曰攸好德，五曰考终命。”

①松树人物木柄镜　清代

圆形，无钮，木柄。背面上涂有黑漆，上绘有一松树，下有两人，一人盘坐，手持器皿，一人站立，手持荷花。周围景物有小河、山石、花草和围栏，树两侧有云朵，柄与镜体连接处有珊瑚、象牙等装饰。通高 24.6 厘米。

②薛晋侯款镜　清代

圆形，圆钮。钮上有铭文："湖州薛晋侯自造"，钮外饰人物 46 个，各色人物形色各不相同。此镜直径 42 厘米，重 9425 克。

汉桓谭《新论》："五福：寿、富、贵、安乐、子孙众多。"

人物故事镜

清代的人物故事镜有仕女游园镜、薛晋侯造童戏镜、薛晋侯百子大镜等。仕女游园镜，镜背上方饰一楼阁，下方饰有一群仕女。旁有花草纹、小桥纹、水波纹等。薛晋侯造童戏镜，主纹为群童嬉戏图。钮上饰有"湖州薛晋侯自造"七字铭。薛晋侯百子大镜，纹饰内容较前者更为丰富，其内区饰有童子四十四人，中老年两人。整个镜背如一幅生动的社会风情画。

乾隆铭镜　清代

圆形，方钮。钮上有“乾隆年制”4字。钮周围饰弦纹三周，外有四个变形兽面纹，近缘处饰铭文一周，铭文为：“清光盈金盘，仙阁涵珠英，春花秋月景，长明凉台□馆”。此镜为清宫内府造，直径8.8厘米，重198克。

铭文镜

清代主要有清闲镜和薛惠公镜。清闲镜，多为圆形，圆钮或长方形钮。一般于钮的上下各饰一字，连为“清闲”。有的还于“清”字两侧饰有男女童子各一，“闲”字两侧饰有荷花等。薛惠公镜，多为方形，无钮，素宽边。镜背多刻有四字诗句铭文一首，有的还于镜背左上方和左下方各饰有印记，前者为“茗溪”，后者为“薛惠公造”。四字诗句铭为“如日之精，如月之明，水天一色，犀照群伦”、“方正而明，万里无尘，水天一色，屡照群伦”、“既虚其中，亦方其外，一尘不染，万物皆备”等。此外，铭文镜还有五子登科和天子万年镜等。

另外值得一提的是，清代乾隆年间铸造的铜镜，有仿汉博局纹镜、仿汉变形四叶镜、仿汉双螭镜、乾隆款镜、乾隆舞凤狻猊镜、乾隆瑞兽葡萄镜、乾

玻璃镜画描金戏曲人物图　清代

隆万春芙蓉镜、乾隆八卦菱花镜等。其中乾隆款镜上多刻有铭文，如“清光盈金盘，仙阁涵珠英，春花秋月景，长明凉台馆”等。乾隆八卦菱花镜，镜背更是刻满了铭文，铭文字数多达192字（郭玉海编：《故宫藏镜》，紫禁城出版社 1996 年）。但总的来说，都缺乏创新。清代铜镜也就在玻璃镜的冲击下，逐渐销声匿迹了。

玻璃镜大约为明清时期由国外传入。清代袁枚诗文中就曾有玻璃镜的记载，“亲唤波斯造大镜，神光闪烁金银台。……其高八尺横六尺，海水飞来堂上立。身横九亩可传真，光照诸天如沃雪。”文中“波斯”，即今天的伊朗。《嘉庆重修一统志》中也记有康熙九年入贡品中就包括有玻璃镜。

与铜镜相比，玻璃镜有着自身的优势：成本相对较低，制作起来比较方便，可以大规模地生产；鉴物更为清晰；实用性更大，更轻便。于是，玻璃镜必然逐渐取代铜镜，成为日常用品。鲁迅在《坟·看镜有感》中就云：“铜镜的供用，大约道光、咸丰时还与玻璃镜并用；至于穷乡僻壤，也许至今还用着。我们那里，则除了婚丧仪式之外，全被玻璃镜驱逐了。”

正是在新鲜事物玻璃镜的冲击下，铜镜也就逐渐走完了它最后的历程，并最终退出了历史的舞台。但它所反映的各时代的政治经济、文化生活、民俗风情、宗教信仰等，却有着极高的、永恒的价值，将永远璀璨绽放在中国艺术长河之中。

薛惠公铭文方镜　清代

方形，无钮。内有铭文“既虚其中，亦无其外，一尘不染，万物皆备。”左侧圆章内有“苕溪”二字，方章内有“薛惠公造”四字。此镜边长 9.4 厘米，重 199.7 克。

附 录

历代铜镜著录

一、北宋和清代

王黼:《宣和博古图》(北宋)

王俅:《啸堂集古录》(北宋)

梁诗正等编:《西清古鉴》(1749年)

王杰等编:《西清续鉴》、《宁寿鉴古》

王昶:《金石萃编》

翁方纲:《西汉金石记》(1789年)

钱坫:《浣花拜石轩镜铭集录》(1797年)

冯云鹏、冯云鹓:《金石索》(1824年)

梁廷枏:《藤花亭镜谱》(1845年)

刘心源:《奇觚室吉金文述》(1902年)

罗振玉:《古镜图录》(1906年)、《镜话》(1929年)

孙壮:《澂秋馆吉金图》

陈介琪:《簠斋藏镜》(1925年)

徐乃昌:《小檀栾室镜影》(1930年)

容庚:《古镜拓影文字》、《秦汉金文录》(1931年)

刘体智:《善斋藏镜》(1934年)、《小校经阁金石文字》(1935年)

梁上椿:《岩窟藏镜》(1935年)

二、解放后,各地出土的铜镜不少,且都出有专著

王士伦编:《浙江出土铜镜选集》,人民美术出版社1958年

陕西省文物管理委员会编:《陕西省出土铜镜》,文物出版社1959年

洛阳市文物管理委员会编:《洛阳出土古镜》,文物出版社1959年

四川省博物馆编:《四川出土铜镜》,文物出版社1960年

湖南省博物馆编:《湖南出土铜镜图录》,文物出版社1960年

阿城县文物管理所编:《阿城县出土铜镜》,1974年编印

湖北省博物馆、鄂州市博物馆编:《鄂城汉三国六朝铜镜》,文物出版社1986年

王士伦编:《浙江出土铜镜》,文物出版社1987年

陈佩芬编:《上海博物馆藏青铜镜》,上海书画出版社1987年

洛阳博物馆编:《洛阳出土铜镜》,

文物出版社 1988 年

张英编:《吉林出土铜镜》,文物出版社 1990 年

吴水存编:《九江出土铜镜》,文物出版社 1993 年

郭玉海编:《故宫藏镜》,紫禁城出版社 1996 年

旅顺博物馆编:《旅顺博物馆藏铜镜》,文物出版社 1997 年

程林泉编:《长安汉镜》,陕西人民出版社 2002 年

广西壮族自治区博物馆编:《广西铜镜》,文物出版社 2004 年

陈凤九主编:《丹阳铜镜青瓷博物馆·集古堂》,文物出版社 2007 年

三、对镜的某个方面或某个时代的研究著作

沈从文:《唐宋铜镜》,中国古典艺术出版社 1958 年

阮崇武、毛增滇:《中国"透光"古铜镜奥秘》,上海科学技术出版社 1982 年

何堂坤:《中国古代铜镜的技术研究》,中国科学技术出版社 1992 年

河北省文物研究所:《历代铜镜纹饰》,河北美术出版社 1996 年

刘淑娟:《辽代铜镜研究》,沈阳出版社 1997 年

马今洪编:《汉镜》,上海科学普及出版社 1999 年

上海书画出版社编:《汉代镜铭书法》,2003 年

刘永明:《汉唐纪年镜图录》,江苏古籍出版社 1999 年

四、对铜镜进行鉴赏与收藏著作

中国美术全集编辑委员会编:《中国美术全集·工艺美术编·青铜器》,文物出版社 1986 年

周世荣编:《铜镜图案——湖南出土历代铜镜》,湖南美术出版社 1987年

程长新、程瑞秀:《铜镜鉴赏》,北京燕山出版社 1989 年

孔祥星、刘一曼:《中国铜镜图典》,文物出版社 1992 年

周世荣:《中国历代铜镜鉴定》,紫禁城出版社 1993 年

裘士京:《中国古玩通鉴——铜镜》,黄山书社 1993 年

孔祥星、刘一曼:《铜镜鉴赏与收藏》,吉林科学出版社 1994 年

周世荣编:《中国铜镜图案集》,上海书店 1995 年

赵力光、李文英编:《中国古代铜镜》,陕西人民出版社 1997 年

中国青铜器全集编辑委员会编:《中国青铜器全集·铜镜》,文物出版社 1998 年

余继明:《中国铜镜图鉴》,浙江大学出版社 2000 年

丁孟:《铜镜鉴定》,广西师范大学出版社 2000 年

孙立谋:《铜镜珍藏》,辽宁画报出版社 2002 年

张金明、陆雪春:《中国古铜镜鉴赏图录》,中国民族摄影艺术出版社 2002 年

朱建新:《铜镜》,时事出版社 2002 年

刘宁:《铜镜知识三十讲》,荣宝斋出版社 2004 年

钟鸣宇 :《实用文玩收藏指南——铜镜》,山东美术出版社 2006年

倪洪林主编 :《古铜镜鉴赏及收藏》,北方文艺出版社 2006 年

姚江波等:《中国历代铜镜赏玩》,湖南美术出版社 2006 年

贾亦显、李婷:《铜镜文化与图案》,北京工艺美术出版社 2007 年

王锋钧:《铜镜的鉴藏与市场》,山东美术出版社 2007 年

王铮、王大鸣 :《古玩收藏上手丛书——铜镜》,山东美术出版社 2007 年

五、国外学者对中国铜镜的研究著作

国外一些学者如富冈谦藏、喀尔白克、梅原末治、原田淑人、后藤守一、驹井和爱、樋口隆康等都对中国铜镜有过研究,相关著作有:

《古镜的研究·蟠螭镜考》(1921 年)

《中国古镜杂记》(1926 年)

《汉式镜》(1926 年)

《汉以前古镜之研究》(1935 年)

《绍兴古镜聚英》(1939 年)

《汉三国六朝纪年镜图说》(1942 年)

《古镜聚英》(1942 年)

《唐镜大观》(1943 年)

六、对中国古代铜镜有所概述的著作

朱瑜:《铜镜的故事》,四联出版社 1955 年

孔祥星、刘一曼:《中国古代铜镜》,文物出版社 1984 年

昭明、洪海:《古代铜镜》,中国书店 1997 年

李雪梅、晓冰:《铜镜》,贵州人民出版社 1998 年

管维良:《中国铜镜史》,重庆出版社 2006 年

沈从文:《铜镜史话》,万卷出版公司 2006 年

七、渐向精神文化方面迈进的铜镜研究著作

聂世美:《中国镜文化——菱花照影》,上海古籍出版社 1994 年

常智奇:《中国铜镜美学发展史》,陕西师范大学 2000 年

刘艺:《镜与中国传统文化》,巴蜀书社 2004 年

王纲怀、孙克让 :《唐代铜镜与唐诗》,上海古籍出版社 2007 年